KB075791

일본주식시장의 승부사들

나는 이런 생각으로 이 회사주식을 샀다!

I

일본 주식시장의 승부사들

나는 이런 생각으로 이 회사 주식을 샀다!

I

이레미디어 日経マネー

일본 투자자들의 분투기

 '나는 주식투자로 이렇게 돈을 벌었다'는 무용담을 담은 책들은 서점에 차고 넘치지만, 이런 부류의 책들을 펼쳐보면 내용은 신통치 않은 경우가 대부분이다. 독자들이 책에서 부자가 되는데 유용한 팁들을 얻기보다는 오히려 책을 구매함으로써 글쓴이의 살림살이에 도움을 주는 경우가 더 많지 않았을까 싶다.

 범작이나 태작들이 많은 이 분야에서 이 책『일본 주식시장의 승부사들 Ⅰ』은 매우 독특하다. 한국이나 구미권의 투자 대가나 일반 투자자들의 경험담을 담은 책들은 흔하지만, 이 책은 일본 개인투자자들의 이야기를 담고 있기 때문이다.

 소재도 흥미롭지만 한국 투자자 입장에서는 일본의 경험을 깊이 살펴볼 필요가 있다. 일본이 어떤 나라인가? 1990년대까지만 해도 일본은 우리가 배워야 할 대상이었다. 일본은 대략 20년의 시차를 두고 한국을 앞서 나갔다. 산업구조의 유사성뿐만 아니라 관료 주도의 성장 모델이라는 점에서도 한일 양국은 닮았다. 인구 구조도 비슷하고, 심지어 올림픽까지도 20여 년의 시차를 두고 개최했다. 당대의 일본을 보면 한국의 미래가 보였다.

그러나 2000년대 들어 일본을 배우자는 구호는 사라져버렸다. 1980년대 자산버블 붕괴 이후 '잃어버린 20년'을 경험하면서 일본은 실패한 모델의 대명사로 평가 절하되었기 때문이다. 반면 한국은 중국 고성장의 최대 수혜국으로 부상하면서 승 승장구했다. 삼성전자는 소니를 넘어섰고, 현대차는 도요타의 아성을 위협했다. 한국 조선은 압도적인 글로벌 넘버원이었다.

국가 경제도 사이클이 있고, 흥망이 있기 마련인데 아쉽게도 한국 경제의 좋았던 시절은 지나가고 있는 것 같다. 2011년부터 3% 내외의 저성장이 고착화되고 있고, 주식시장을 대표하는 KOSPI의 연율화 수익률(2011~2018년 8월 말)은 1.4%에 머물고 있다. 2018년 들어 한국 금리는 미국보다도 낮아졌다.

다시 일본을 돌아봐야 한다. 우리보다 어려운 시절을 먼저 겪었기 때문이다. 실물 경제의 저성장과 자국 자산시장의 장기 침체 국면에서 일본 투자자들은 어떻게 행동했을까? 자국 자산에 대한 기대수익률이 현격히 떨어지자 '와타나베 부인'으로 불리는 일본의 아줌마 부대는 글로벌 환투기에 뛰어들었다. 살아남기 위한 나름의 몸부림으로 봐야 한다. 최근 한국에서 불고 있는 해외 투자 붐도 이와 다르지 않다. 이 땅에서 채워지지 않는 성장에 대한 욕구가 중국과 베트남 증시, 미국 기술주, 브라질 채권을 통해 발현되고 있다. 투자자에게도 해외 자산에 대한 일정 정도의 소양이 요구되는 시대이다.

  이 책은 일본 개인투자자들의 분투에 대한 기록이다. 성장주 투자자, 가치주 투자자, 역발상 투자자, 이벤트 투자자, 데이 트레이더, 해외주식 투자자 등 여섯 개의 범주로 나눠 투자 사례들을 소개하고 있다. 일본판 슈퍼개미라고 볼 수 있는 이들의 투자 성공담이라고 할 수 있는데, 투자 종목에 대한 언급도 매우 구체적이다. '일본의 피터린치', '투자의 철학자', '공수를 겸비한 승부사' 등 다양한 닉네임을 가진 인물들이 등장한다. 중간중간에는 투자자들의 대담이 실려 있기도 하다.

  반면교사의 사례로 삼을 수 있는 실패한 투자의 사례들도 풍부하게 다뤄졌으면 더 좋았을 테지만, 이런 것은 책으로 잘 쓰이지 않으니 어쩔 수 없다. 많은 투자자들이 소개되고 있다 보니 깊이가 깊지는 않고, 각 꼭지의 편차도 크다. 그래도 일본 시장의 바닥 동향을 실전 투자자들의 구체적인 진술을 통해 들을 수 있다는 것은 이 책이 가진 큰 미덕이다.

  해외 시장에 대한 정보는 대부분 톱다운 방식(개별 종목에 대한 접근보다는 경제나 업종 등에 대한 분석)으로 전해지고 있기 때문에 개별 종목 투자에 대한 이야기는 접하기 힘들다. '잃어버린 20년' 동안 일본 주식시장을 대표하는 니케이225지수가 고점

대비 1/4 토막이 났고, 아베노믹스 시행 이후 바닥에서 3배 올랐다는 사실은 금융시장에 관심이 있는 사람이라면 알고 있겠지만, 그 안에서 벌어지는 세부적인 디테일은 주식시장에 참여한 일본인이 아닌 다음에야 잘 알기 어렵다. 구체적인 투자 사례들로 채워진 이 책에는 꿈틀거리는 생동감이 있다.

『일본 주식시장의 승부사들 Ⅰ』이 단지 일본 주식에 대한 정보를 제공하는 데만 그치는 건 아니다. 한국 증시를 보는 시야도 함께 넓힐 수 있다. 일본의 저성장 국면에서 강세를 나타냈던 스타일이나 종목들을 잘 정리하면 한국 주식투자에도 도움을 받을 수 있다. 예를 들면 경제의 만성적 저성장 국면에서는 '성장'이라는 가치가 희소성을 가지기 때문에 성장에 대한 기대가 반영될 수 있는 특정 업종이나 종목이 큰 프리미엄을 받게 된다는 주장은 한국의 사례에도 비슷하게 적용될 수 있다.

'성공의 크기는 경험이 좌우한다'고 하지 않는가. 사실 이 책에서 인용한 문구인데, 우리보다 먼저 불황을 경험한 일본 투자자들의 분투기를 통해 한국의 투자자들도 영감을 받을 수 있었으면 좋겠다.

신영증권 리서치센터장 김학균

개인투자자들이 처음 투자에 나서면 막막하기 마련이다. 나름대로 주식에 대한 책을 보고 종목에 대한 분석을 하지만 막상 투자에 나서면 주식 앞에서 한없이 작아지는 자신을 발견하게 된다. 이럴 때 누군가가 나타나 친절한 조언을 해주었으면 하는 마음이 간절할 것이다. 그러한 답답함을 풀어줄 책이 출간되어 반가운 마음이다. 이 책은 오랜만에 나온 일본 주식투자의 고수들에 관한 이야기다. 일본에서의 사례이지만, 국내시장에도 적절하게 적용시켜 볼 수 있다. 특히 시장과 종목에 대한 깊은 고민 없이 습관적으로 투자에 나서는 개인투자자라면 반드시 일독을 권한다.

― 김정환, GB투자자문 대표, 『차트의 기술』 저자

일본 투자자를 소개한 책이라면 개인을 대상으로 펀드를 판매해 유명해진 사와카미 아쓰토의 책이 있다. 하지만 이 책은 그동안 볼 수 없었던 성공한 개인투자자의 투자법을 볼 수 있다는 점에서 매우 흥미롭다. 성장주, 가치주, 역발상, 이벤트, 데이 트레이딩, 해외주식 등 6개 분야로 나누어 30명의 투자자를 소개하였고, 책 말미에 붙인 '케이스 스터디 11개 주식'을 통하여 다양한 종목 발굴 방법을 볼 수 있다. 가깝고도 먼 나라 일본의 성공한 개인투자자들은 어떻게 투자하는지 느껴볼 수 있다는 것만으로도 일독의 가치가 충분하다.

― 숙향, 『이웃집 워런 버핏, 숙향의 투자 일기』 저자

　국내에 소개된 다수의 투자 서적은 미국인 저자가 쓴 책이다. 미국의 현실에서 미국 주식에 투자한 서적을 읽노라면 많은 부분이 한국의 현실과 다른 점이 발견된다. 미국은 한국처럼 IMF 위기를 겪어보거나, 일본처럼 장기불황을 경험한 것도 아니다. 특히 일본은 인구 절벽과 고용 절벽을 우리나라보다 훨씬 앞서서 경험했다. 따라서 일본의 투자자들이 어떻게 투자하는지 알 수 있다면 미국 저자들로부터 배웠던 지식보다 훨씬 더 현실적이고 실용적인 지혜를 얻을 수 있을 것이다. 이 책을 통해 가치투자뿐만 아니라 다양한 시장 참여자들의 입체적인 시각을 단권으로 배울 수 있다. 아무쪼록 일본의 선진 투자 기법들이 국내 투자자들에게도 전해지기를 무척 기대한다.

– 김철광, 네이버 카페 〈보수적인 투자자는 마음이 편하다〉 운영자

시중에 떠도는 투자 서적 중 그럴싸한 이론으로 포장된 책이 많지만, 구체적으로 어떤 매매 전략으로 투자해야 성공할 수 있는지 알려주는 책은 의외로 찾기 어렵다. 설령 투자 전략을 공개한다고 하더라도 데이터나 실전 매매로 검증되지 않은 경우가 대부분이다. 『일본 주식시장의 승부사들 Ⅰ』에서는 뜬구름 잡는 이론이나 근거가 없는 추측이 아니라 실전에서 검증된 뛰어난 개인투자자들의 실전 투자 전략을 낱낱이 공개한다. 가치 투자, 기술적 투자, 장기 투자, 단기 투자, 정성적 투자, 정량적 투자를 막론하고 주식투자에서 성공할 수 있는 모든 실전 비법을 총망라했다. 감히 일본판 『시장의 마법사들』이라 칭하고 싶다. 험난한 주식투자의 여정에서 벽에 부딪혀 고민하는 모든 투자자에게 일독을 강력히 권한다.

– systrader79, 『주식투자 ETF로 시작하라』 저자

Part1 성장주 투자자
성장하는 종목에 집중투자한다

특집 기획 대담 1

고미 다이스케 vs. 가타야마 아키라 · 88
: 100억 엔의 수익을 올리는 승부사들, 운용자금 380억 엔의 신화

Part

1

성장주 투자자

성장하는 종목에
집중투자한다

경쟁의 우위성을 유지하며 높은 성장을 지속하고 있다면
주가가 고평가 상태라 해도 과감하게 매수한다. 그리고
폭발적 상승을 노린다. 주식시장의 사냥꾼이라고 할 수
있는 '성장주' 투자자 10인이 실천하고 있는 종목 선별과
집중투자의 노하우를 살펴본다.

※주) 주가와 지표 등의 수치는 특별한 언급이 없는 이상 2017년 2월 3일 시점
※용어 설명) 증수증익(매출증가, 이익증가)
             감수감익(매출감소, 이익감소)
             증수감익(매출증가, 이익감소)
             감수증익(매출감소, 이익증가)

NO.01

재료주에 과감하게 올라타는
시니어 승부사

이마카메안(닉네임)

나이	60대
거주지	도쿄
직업	전업 투자자
투자 경력	7년
금융자산	약 26억 엔
정보	퇴직금 2,000만 엔을 자본금으로 2009년부터 주식투자를 시작해, 7년여 만에 약 26억 엔으로 불렸다. 기본적으로는 중소형 성장주에 투자하면서 강력한 재료를 배경으로 급등한 종목을 매수하는 투자법도 병용한다. 현재 자산 중 10억 엔은 부동산으로 돌리고 있다.

"이것이 제 인생의 마지막 기회라고 생각했습니다."

이마카메안 씨는 당시를 회상하는 듯한 표정으로 천천히 입을 열었다. 투자를 처음 접한 시기는 미국에서 대학 생활을 할 때로, 중소형 성장주 투자에 흥미를 느겼다고 한다. 그 후 퇴직금 3,000만 엔 중 3분의 2에 해당하는 2,000만 엔을 자본금으로 REIT(부동산투자신탁)와 개별주 투자를 시작해 7년여 만에 투자금의 130배인 약 26억 엔까지 불렸다. 개인투자자들 사이에서 '이마카메안今亀庵'이라는 닉네임은 이미 전설로 통하고 있다. 그러나 담담하게 자신의 투자 기법을 이야기하는 그에게서는 자만심도 거만함도 느껴지지 않았다.

이마카메안 씨가 퇴직한 시기는 2008년 봄, 리먼브라더스 사태가 발생하기 직전이었다. '사람들은 100년에 한 번 올까 말까 한 대불황이라고 말하지만, 경기는 호황과 불황을 반복한다. 이 이상은 나빠지지 않겠지'라는 생각에서 2009년부터 본격적으로 투자를 시작했다. 이때 구입한 것은 자스닥에 상장된 신흥 기업의 주식 등 소형 성장주였다.

"딱히 소형주만을 고집한 것은 아니지만, 10~30%의 성장을 기대할 수 있는 주식을 찾다 보니 자연스럽게 신흥 기업의 주식 위주로 투자하게 되더군요."

전기의 실적과 이번, 다음 분기 실적 예상을 바탕으로 3년에서 5년의 평균 성장률을 산출한다. 평균 성장률이 10%라면 예상 PER(주가수익비율)이 10배 이하일 때 '저평가'로 판정한다. 성장률이 20%라면 예상 PER이 20배 이하가 저평가 기준이 된다. 예상 PER은 매일 변동하므로, 투자 대상 목록도 매일 교체된다. 보유 기간은 정해져 있지 않다. 주가가 상승해도 예상 PER이 고평가되지 않는다면 계속 보유한다. 이마카메안 씨가 보유하고 있는 종목은 약 100종목에 이르는데, 이 가운데 주주 우대 제도를 목적으로 보유하고 있는 주식을 제외하면 주가 상승을 기대하는 것은 70종목 정도다.

다만 여기까지는 다른 저평가주 투자자나 성장주 투자자가 투자하는 방식과 차이가 없다. 자본금을 130배로 불릴 수 있었던 것은 사실 '특별한 기술'에 있다고 이마카메안 씨는 말한다.

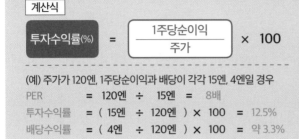

'투자수익률'이란?

계산식				

$$투자수익률(\%) = \frac{1주당순이익}{주가} \times 100$$

주가가 1주당순이익의 몇 배인지를 나타내는 PER의 역수로, 주가에 대해 얼마나 이익이 나고 있는지 나타내는 지표이다. 기업의 배당 정책에 좌우되는 배당수익률과 달리 내부 유보도 포함한 주식수익률로 다른 금융 상품과 비교할 때 이용된다. 높을수록 저평가이다.

(예) 주가가 120엔, 1주당순이익과 배당이 각각 15엔, 4엔일 경우

PER　　　　= 120엔 ÷ 15엔 = 8배
투자수익률 = (15엔 ÷ 120엔) × 100 = 12.5%
배당수익률 = (4엔 ÷ 120엔) × 100 = 약 3.3%

다섯 번 중에 한 번만 적중하면 된다

그의 특별한 기술이란 가격 제한폭까지 오른 종목을 그 이상으로 주가가 상승될 것이라고 기대하며 매수하는 것이다. 그러나 가격 제한폭까지 오르는 주식을 무조건 사는 것은 아니다. 가격 급등을 부른 재료의 내용을 자세히 살펴보고 매수할지 말지를 결정한다. 어느 정도까지 주가 상승을 기대하는지도 재료에 따라 달라진다. 재료가 강력하면 5배, 그 정도까지는 아니라면 3배를 노린다.

"물론 제 판단이 틀려서 주가가 떨어질 때도 있습니다. 하지만 급락하더라도 가격 제한폭 이내이므로 큰 손실은 보지 않습니다. 다섯 번 중에 한 번이라도 적중하면 큰 이익을 낼 수 있으므로 타율 2할만 기록하면 된다는 생각으로 편하게 투자하고 있습니다."

이런 투자로 주가가 3~5배까지 상승했을 때 매도해 큰 이익을 실현한 사례는 위의 표에 정리해두었다. 부동산 회사인 ASCOT애스코트의 경우, 모회사인 사와다 홀딩스가 보유 주식의 일부를 중국계 펀드에 매각했다고 발표하자 가격 제한폭까지 상승했다. 중국 자본이 들어오면 중국인의 매수가 확대될 것이라고 생각했다. 그

ASCOT 매매 시기

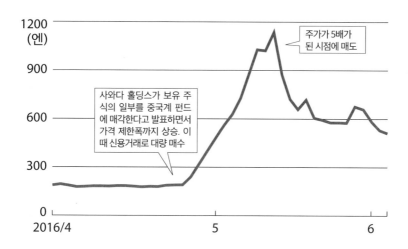

폭발적인 주가 상승으로 이익을 가져다준 종목

회사명	주가	시가총액	PBR(실적)	PER(예상)
FPG	981엔	926억 엔	5.21배	10.5배
인포테리아	821엔	126억 엔	4.43배	81.2배
사쿠라 인터넷	1,225엔	425억 엔	8.89배	74.6배
ASCOT	625엔	147억 엔	11.33배	35.4배
알파스 푸드 시스템	914엔	22억 엔	3.51배	11.2배

래서 주가가 더 상승할 것이라고 판단해 매수했고, 5배가 되었을 때 매도했다.

　이런 안목은 어떻게 갖게 되는 것일까? 그가 평소에 주시하고 있는 종목은 200종목 정도로 특별히 많지는 않다. 이마카메안 씨가 중시하는 것은 '세상을 바꿀지도 모른다는 생각이 들게 하는 재료'다. 예를 들어 일본 마이크로닉스는 2013년 11월에 안전성과 전지 수명을 대폭 향상한 2차 전지를 개발했다고 발표한 뒤 주가가 급등했다. 이마카메안 씨는 이것을 엄청난 개발이라고 생각해 상승한 지 2~3일이 지났음에도 과감하게 투자했다.

"최종적으로는 5배 정도가 되었습니다. 꿈이 있는 재료라면 주가는 그에 상응해 계속 상승합니다."

파란의 2016년, 6억 엔을 벌어들이다

최근 자산을 더욱 늘려준 종목은 웨지 홀딩스다. 덕분에 2016년 초 10억 엔이었던 주식 운용자금이 16억 엔까지 증가했다.

웨지 홀딩스는 동남아시아에서 모터사이클 판매와 금융 사업을 하는 그룹 리스GL를 자회사로 두고 있다. 그는 GL의 사업 확대에 대한 기대와 타이에 상장한 GL의 주가 상승을 통한 웨지 홀딩스의 미실현 이익 확대에 주목했다. GL은 일본의 J트러스트와 제휴해 인도네시아에서 모터사이클이나 농기구를 구입하는 사람에게 자금을 빌려주는 사업을 하고 있다. 이마카메안 씨는 2016년 8월에 있었던 IR(투자들을 대상으로 하는 기업 설명 및 홍보 활동) 이벤트에서 J트러스트의 사장이 GL과 협력에 관해 이야기하는 것을 들었다.

● 이마카에안의 주력 종목

종목명	주가	시가총액	PBR (실적)	PER (예상)
웨지 홀딩스	1,400엔	496억 엔	4.62배	49.6배
파피레스	4,595엔	237억 엔	5.83배	24.8배
마이넷	3,730엔	265억 엔	10.47배	532.0배

"GL의 실적이 확대될 가능성이 상당히 높다고 생각했습니다."

또한 그 시점에 GL의 주가는 이미 상승하고 있었기 때문에 기발행 주식(발행되었거나 발행되고 있는, 정관에 규정된 기업의 주식)의 약 3분의 1을 보유한 웨지 홀딩스의 미실현 이익도 더욱 증가할 것으로 판단했다. 그래서 즉시 웨지 홀딩스 주식을 수천만 엔어치 매수했다.

"동료가 전부터 이 회사에 주목하고 있어서 저도 다소 보유하고 있었는데, 이때 대량으로 사들였습니다."

예전부터 보유하고 있었던 종목이지만, 타이 자회사의 실적 확대를 확신하고 300엔대 중반에 대량으로 추가 매입했다. 그 후 주가는 순조롭게 상승해 1,000엔을 돌파했다. 웨지 홀딩스가 보유한 자회사 주식의 미실현 이익을 생각하면 가격이 더욱 상승할 여지도 있다.

그 후 주가는 예상대로 크게 상승해, 2016년 12월 시점에는 1억 5,000만 엔 정도의 이익을 거뒀다.

웨지 홀딩스에 관해서는 GL의 주식이 지표상으로 상당히 고평가되어 있고, 모회사 회장에 대해 과징금 납부를 명령하도록 증권거래 등 감시위원회가 금융청에 권고하는 등의 악재도 있었다. 물론 그런 악재를 알고 있었지만, '고위험—고수익 종목'이라는 생각으로 투자했다. 시장에서 주목받을 것이라고 판단한 종목을 지금이다 싶을 때 매수하는 과감함이 그의 '무기'다.

사물인터넷IoT과 부동산도 주목

"개인투자자 중에서는 제가 가장 시장을 낙관적으로 바라볼 것입니다."

마이넷
- 13주 이동평균 - 26주 이동평균

주봉

주가 (엔)
4000
3000
2000
1000

거래량 (만 주)
500

16/1   17/1

그는 금리가 억제되는 가운데 주가의 거품화도 가능하다는 생각에서 2020년까지 닛케이 평균주가가 3만 엔에 이를 것으로 보고 있다.

"2017년 전반기에는 일단 2만 1,000엔 정도가 될 것으로 예상하고 있습니다. 그 시점에 이익을 일부 실현하고 여름에는 약간 관망하는 형태가 될 것 같습니다."

이마카메안 씨가 장기적인 성장을 기대하고 있는 보유 종목 중 하나가 마이넷이다. 이용자 수와 수익 부진에 허덕이는 게임을 사들여 '게임 재생' 사업을 하는 회사다. 크루즈에서 게임 사업을 인수해 사업 기반을 확대했다. 그는 이 회사의 성장 여지가 크다고 보고 있다.

"저는 게임을 하지 않기 때문에 게임에 대해서는 잘 모르지만, 비즈니스 모델이라면 잘 압니다."

최근에는 새로운 게임이 포화 기미를 보이고 있으며, 인기를 얻지 못하는 게임도 많다. 이런 게임들을 싼 가격에 사들여 가치를 높이는 방식이라면 성공 가능성은 높다고 생각했다.

시장에서 주목받고 있는 테마 중 하나가 사물인터넷[IoT]이다.

"소프트웨어 관련은 어떤 회사가 성장할지 판단하기가 어렵기 때문에 하드웨어 관련 종목에 주목하고 있습니다."

IoT가 보급됨에 따라 세상에서 사용되는 반도체의 개수는 확실히 증가할 것으로 예상된다. 따라서 반도체 제조 장치용 특수 합금을 제조하는 신보국제철이나 반도체 실리콘 웨이퍼 재생 사업을 하는 RS 테크놀로지스[RS Technologies] 등을 주목하고 있다.

● 이마카에안이 주목하는 IoT 관련 종목

종목명	주가	시가총액	PBR (실적)	PER (예상)
신보국제철	1,186엔	41억 엔	1.54배	6.1배
RS 테크놀로지스	4,425엔	243억 엔	8.65배	32.8배
다츠모	1,578엔	181억 엔	4.09배	16.7배

● 이마카메안이 주목하는 부동산 관련 종목

종목명	주가	시가총액	PBR (실적)	PER (예상)
시노켄 그룹	1,915엔	344억 엔	1.89배	5.0배
무겐 에스테이트	662엔	161억 엔	1.05배	5.5배
일본 에스콘	378엔	266억 엔	1.61배	6.4배

또한 부동산주에도 주목하고 있다. 자산 중 절반을 부동산에 투자하고 있기 때문에 업계나 시장의 동향을 잘 알고 있다. 현재 부동산 가격은 상당히 상승했으며, 이 때문에 고가 경계감도 형성되고 있다. 그럼에도 부동산주에 주목하는 이유는 '해외의 부동산 가격에 비하면 도쿄는 아직 저렴하기' 때문이다. 또한 부유층 사이에서 높아진 상속세 대책이라는 새로운 수요에 대응하는 비즈니스가 확산되고 있기 때문이다. 그의 부동산투자 핵심 키워드는 '절세에 이용하기 용이한 소액 단위의 부동산투자'를 실시하는 기업이다.

부동산투자의 소액 단위화는 '부동산 특정 공동 사업법'으로 가능해진 기법 덕분으로, 물건 하나를 소액 단위로 나눠서 구입할 수 있게 된 것이다. '에셋셰어링'이라는 명칭으로 2015년에 JR 하라주쿠 역 근처의 물건을 판매한 인텔릭스에 따르

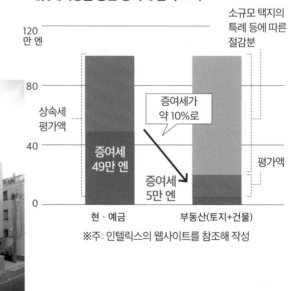

에셋셰어링을 통한 증여세 압축 효과

120
만 엔

소규모 택지의
특례 등에 따른
절감분

80

증여세가
약 10%로

상속세
평가액

40

증여세
49만 엔

증여세
5만 엔

평가액

0

현·예금

부동산(토지+건물)

※주: 인텔릭스의 웹사이트를 참조해 작성

인텔릭스가 2015년에 판매한 하라주쿠의
에셋셰어링 물건(동사 제공)

'상속 증여세 대책'과 '저평가 호실적'의 부동산주

종목명	주가	이유
인텔릭스	795엔	에셋셰어링으로 2015년의 하라주쿠 물건에 이어 2016년에 복수의 안건을 제공. 본업인 리노베이션도 호조
FPG	981엔	도쿄 시부야에서 에셋셰어링 실적. 본업은 리스업으로, 선박과 항공기 리스가 호조를 보여 이번 분기에는 과거 대비 최고 이익을 경신할 전망
아오야마 재산 네트웍스	706엔	'어드밴티지 클럽'이라는 명칭으로 부동산 공동 소유를 실시. 동사가 수집하는 연간 3,000건의 부동산 정보를 바탕으로 물건을 엄선
무겐 에스테이트	662엔	에셋셰어링 관련은 아니지만, PER이 5배로 저평가. 저금리를 배경으로 한 중고 아파트 판매가 호조
퍼스트 브라더스	1,698엔	PER 5배, 운용하는 사모 부동산 펀드의 수수료 수입이 견실해서, 이번 분기에는 순수익이 과거 최고를 경신할 전망

시노켄 그룹

- 13주 이동평균 - 26주 이동평균

주봉

주가
(엔)
2500

1500

거래량
(만 주)
20

2015/1   16/1   17/1

이마카메안 씨의
성장주 투자 3계명

1. 큰 성장이 예상되는 재료라면 주가가
급등 중이라 해도 올라탄다.

2. 주가 추이가 생각했던 것과 다르면 매도
한다. 손절매 규칙은 생각하지 않는다.

3. 중소형주가 크게 성장한다.
경기에 민감한 종목은 신중하게!

면, "4월에 판매를 개시해 7월에는 판매가 완료되었다"고 한다. 1단위 100만 엔으로 5단위 이상부터 투자가 가능하며, 운용 기간(30년)의 예상 이익률은 4.5%다. 다만 이 투자 기법의 진가는 상속세 대책에 있다. 소액 단위로 나눠서 구입한다고는 하지만 등기도 되는 엄연한 부동산이기 때문에 상속할 때 평가액이 압축된다. 인텔릭스에 따르면 현금 100만 엔의 증여세는 49만 엔이지만 부동산의 경우 최대 5만 엔으로 압축할 수 있다. 매년 1,500만 엔씩 증여해도 증여세는 연간 50만 엔인 셈이다. 이대로라면 부동산 가격이 상승해도 쉽게 구입할 수 있다. 실제로 이마카메안은 가족에게 생전 증여하기 위한 용도로 활용하고 있다고 한다. 그의 "아직 수요가 있습니다"라는 말에도 수긍이 간다.

"에셋셰어링 이외에도 부동산주 중에는 PER이 4~5배로 상당히 저평가된 종목이 많습니다. 리먼브라더스 사태의 기억이 강해서일지도 모르지만, PER 5배라는 것은 주식수익률로 환산하면 20%라는 의미입니다. 모두 이 점을 간과하고 있는 것은 아닐까요?"

부동산주 중에서는 시노켄 그룹과 무겐 에스테이트 등을 보유하고 있으며, 이런 중소형주의 장기적인 주가 상승도 착실히 노리고 있다.

NO.02

20억 엔이 넘는 자산을 보유한
바이오주 마스터

마키타니 겐고(가명)

나이	30대
거주지	사이타마현
직업	겸업 투자자
투자 경력	9년
금융자산	약 21억 엔
정보	본업은 변호사이다. 성공과 실패를 빠짐없이 분석하면서 시가총액에 주목하는 '대박 투자' 스타일을 확립했다. 운용 금액이 불어남에 따라 방어 목적으로 자산의 절반을 고배당주와 주주 우대주에 배분하고 있다. 연간 배당금 수입은 3,000만~4,000만 엔이다.

　사이타마현에 사는 마키타니 겐고(가명) 씨는 수백만 엔이었던 자본금을 10년도 되지 않는 기간 동안 1,000배에 가까운 약 21억 엔까지 불렸다. 그 원동력은 바이오주인 소세이 그룹 주식이다.

같은 주식을 계속해서 매수하다

소세이 그룹의 주식을 처음 구입한 시기는 2007년 후반이었다. 주가는 현재의 약 7분의 1인 2,000엔대였고, 시가총액은 250억 엔 정도였다. 당시 소세이는 만성 폐쇄성 폐질환COPD의 치료약을 개발하는 영국의 아라키스를 인수해 스위스의 노바르티스와 공동 개발을 진행하고 있었다. 마키타니는 '이 약이 발매된다면 소세이의 시가총액은 500억 엔까지 증가해도 이상하지 않다'며 투자를 결심했다.

그 후 소세이의 주식은 100엔 이하까지 하락했지만 신념을 굽히지 않고 매수 단가를 낮춰 추가 매수했다. 그리고 5년 후, 마침내 그 뚝심이 빛을 발하기 시작했다. 2013년에 두 번째 COPD 치료약이 발매되자 주가가 3배인 6,000엔대를 기록했다. 시가총액은 600억 원대로 처음 예상을 초월한 수준까지 확대되었다. 이에 '현재의 주가는 과열 상태'라고 판단해 이익을 실현했다.

그 후 2015년에 또다시 소세이의 주식에 투자했다. 같은 해 2월 하순에 영국의 헵타레스 세라퓨틱스를 인수했다고 발표한 직후 3,000엔대에 매수한 것이다. 발표 내용을 살펴보고 헵타레스의 기술력에 우위성이 있다고 판단한 그는 만약 개발이 성공한다면 시가총액은 당시의 5배인 3,000억 엔이 될 것으로 예상했다. 다만 주주총회에 참석했을 때 인수 자금의 조달을 위해 증자할 가능성이 있음을 느끼고 7,000~8,000엔대에서 주식을 처분했다. 그리고 예상대로 같은 해 9월에 증자가 실시되었다. 그는 주식 희석화 우려에 따른 주가 조정이 일단락되었다고 판단하였고 약 3,900엔에 다시 매수했다. 그

소세이 그룹

주가	PBR (실적)	PER (예상)	시가총액
1만 3,750엔	8.51배	17.8배	2,325억 7,600만 엔

— 12개월 이동평균 — 24개월 이동평균

월봉

주가 (엔)
15000
10000
5000

거래량 (만 주)
1000

2007   11   16

후 소세이는 구미 제약 대기업들과의 기술 제휴를 잇달아 발표했고, 내용을 살펴본 후 소세이의 시가총액이 5,000억~1조 엔까지 확대될 가능성이 있다고 봤다. 주가는 현재의 2~5배인 3만~6만 엔이 된다는 계산이다.

2015년에 대량으로 매수한 주식은 2016년에 1만 6,000~1만 7,000엔이 되었을 때 대부분 매도해 이익을 실현했다. 그리고 지금도 1억 엔어치 이상의 주식을 보유하고 있다.

"그리 멀지 않은 미래에 도쿄증권거래소 1부로 승격할 것이 예상되며, 그에 맞춰서 주식의 공모·구주舊株 매출을 실시할 가능성이 있습니다. 그 타이밍까지 주식을 계속 사들일까 생각 중입니다."

시가총액을 중시한다

소세이 주식의 투자에서 볼 수 있듯이, 마키타니 씨가 대박 주식을 노릴 때 신경쓰는 것은 시가총액이다. 투자할 주식을 선별할 경우 시가총액이 적은지, 성장 기반을 보유하고 있는지, 재무 측면에서 불안감이 작은지 등을 파악한다. 주력 업종은 주로 바이오 제약과 게임, IT(정보기술), 음식 관련주이다. 이들 업종은 히트작이 나오면 이용자가 몰려들어 수익의 급격한 확대를 기대할 수 있으며, 주가에도 그대로 반영된다는 것이 그의 생각이다.

마키타니 씨가 대박 주식을 노리는 투자를 시작한 이유는 첫 투자의 성적이 신통치 않았기 때문이다. 대박을 노리는 전략으로 전환하기 전에 구입한 주식은 주가이 제약, 파라마운트 베드 홀딩스, 다카라토미였다. 주가이 제약은 인플루엔자가 유행하면서 치료제인 '타미플루' 수요가 높아질 것을 기대했다. 파라마운트 베드 홀딩스는 고령자 간병 수요의 증가, 다카라토미는 합병이 호재가 될 것으로 예상했다. 그러나 기대와 달리 이들 회사의 주가는 오히려 떨어졌다.

"지금 생각해보면 그리 대단한 호재도 아니었습니다."

이들 종목에서 철수하면서 새로운 투자법을 모색하던 때 주목한 것이 바이오주였다. 개발 제휴 등의 공시가 있으면 주가가 급등하고, 그 후 조정을 거친다. 하지만 새로운 제휴 공시에 또다시 주가는 꿈틀거린다. 이런 점에 흥미를 느껴 매입한 것이 바로 소세이의 주식이었다. 처음에는 가격 변동을 이용해 수익을 내는 방법도 생각했다. 하지만 바이오주에 투자할 때는 개발이 성공할 확률을 판단하거나, 그 개발 분야의 예상 시장 규모와 판매 승인이 떨어진다면 어느 정도의 시장점유율을 확보할 수 있는지 분석하고, 분석 결과를 바탕으로 예상 시가총액을 계산하는 것이 중요함을 배웠다. 이 점을 깨닫자 틈이 날 때마다 IR 자료를 읽고 최고경영

성공 투자를 위한 마음가짐

바이오주에 투자할 때 명심해야 할 점
► 개발 관련 IR에서 통계적 유의성이 있는지 확인한다.
► 설명회 등에서 최고경영자의 생생한 목소리를 듣는다.

매입 전

1. 주목하는 종목은 바이오, 게임, 음식 관련주
► 다수의 투자가가 주목하기 쉬운 업종

2. 시가총액이 낮아 5배나 10배 증가를 노릴 수 있다.
► 1,000억 엔보다 10억 엔이나 100억 엔의 단계일 때보다 쉽게 상승한다.

3. 매출액보다 시가총액이 낮다.
► 과대 평가되어 있지 않다.

4. 유이자 부채의 비율이 높지 않다.
► 경영 악화의 리스크가 낮다.

매입 후

1. 최고경영자 발언의 변화에 주목
► 개발의 진척 상황을 파악하기 위한 재료로 삼는다.

2. 추격 매수는 하지 않는다.
► 자신이 수긍할 수 있는 수준이 아니면 사지 않는다. 사지 못하면 그 종목과는 인연이 없다고 생각하고 포기한다.

3. 과열되었다고 판단하면 이익을 실현한다.
► 적정 시가총액을 계산한다.

4. 구입할 때보다 10% 이상 하락하면 손절매를 검토한다.
► 그 가격으로 살 가치가 있는 종목인지 다시 한번 확인한다.

자의 이야기를 직접 들을 수 있는 설명회에 참석하게 되었다. IR 자료나 최고경영자의 말에서 개발이 순조롭게 진행되고 있는지, 아니면 지지부진한지 파악하기 위해서다.

"설명회의 모습을 인터넷을 통해 동영상으로 보여주는 기업은 많지만, 핵심을 찌르는 발언은 대부분 편집되어서 볼 수가 없습니다. 가급적 생생한 목소리를 직접 듣기 위해 총회나 그 후의 친목회 등에 참석하려고 노력합니다. 경영진에게 자본 정책 등을 직접 물어볼 때도 있지요. 그래서 담당 재판의 일정은 가급적 총회가 집중되는 날을 피해서 잡고 있습니다."

또한 바이오 비즈니스 관계자들을 대상으로 한 전문 뉴스레터 〈닛케이 바이오테크〉(닛케이BP사)도 열심히 읽고 있다. 과거 기사 검색 서비스를 이용해 주목하는 회사 사장의 발언이 어떻게 변해왔는지 추적할 때도 있다고 한다.

"인터뷰 기사의 발언 내용을 보면 개발 중인 의약품에 대한 자신감을 알 수 있습니다. 그 자신감이 점점 강해지기도 하고, 변명이 늘어나기도 하지요. 열변을 토하던 주제를 어느 시점부터 꺼내지 않는다 싶었는데, 얼마 후 임상 시험이 실패했음을 발표한 적도 있습니다."

추격 매수는 하지 않는다

마키타니 씨는 대박을 노리는 종목의 경우 주가가 자신이 수긍할 수 있는 수준이 아니라면 손대지 않는다. 그래서 자신이 적정하다고 판단한 수준을 넘어선 주식은 그 후 더욱 상승할 합리적인 이유가 있다고 판단해도 추격 매수를 하지 않는다.

"파도를 한 번 놓치더라도 대부분은 다시 한번 파도가 찾아옵니다. 그때 타면 됩니다."

물론 두 번째 기회가 찾아오지 않을 때도 있는데, 그럴 때는 '이 종목은 나와 인연이 없구나'라고 생각하고 포기한다. 2016년에 소세이의 주식을 매도해서 얻은 자금은 새로운 투자에 돌리고 있다. 앞에서 이야기했듯이 시가총액이 적고, 성장기반을 보유하고 있으며 재무의 측면에서 불안감이 작은 종목을 매입해 몇 년을 기다리며 대박을 노리는 것이 그의 기본 투자 전략이다.

"요즘은 그 원점으로 되돌아가서 투자를 하고 있습니다."

바이오주 중에서는 예전부터 보유하고 있던 산바이오를 추가 매입했고, 새로 파마푸즈를 매입했다. 파마푸즈는 관절 류머티즘 치료와 암 치료의 파이프라인(신약 후보)을 보유하고 있으며, 국립암연구센터와 공동 연구 개발도 진행하고 있다. 또한 현재의 주력 사업인 기능성 식품 소재의 통신 판매가 호조를 띠고 있어서 재무적 측면에서 불안감이 작다는 것도 투자 판단을 뒷받침했다.

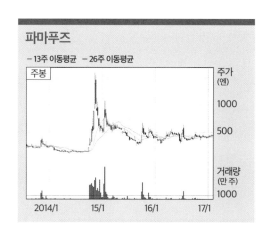

"통신 판매의 수익을 신약 개발을 위한 자금으로 충당할 수 있다는 것은 분명한 이점입니다. 현재의 시가총액은 128억 엔 정도이지

● 주목하는 바이오 관련 주

종목명	주가	시가총액	PBR (실적)	PER (예상)
산바이오	1,216엔	548억 엔	11.41배	-
파마푸즈	442엔	128억 엔	4.19배	160.1배
소세이 그룹	1만 3,750엔	2,325억 엔	8.51배	17.8배

만, 신약 개발 사업에서 진전이 나타난다면 대폭적인 성장도 가능하다고 봅니다."

방어적인 투자도 확실하게

바이오주와 함께 주력으로 삼고 있는 게임·IT 관련주 중에서는 게임 제작 능력을 높게 평가받고 있는 닛폰이치 소프트웨어 등을 보유하고 있다. 또 최근에는 새로 어드벤처와 비노스BEENOS 등도 매입했다. 어드벤처는 저가 항공권 예약 사이트가 주력 사업으로 사이트의 다언어화를 진행하고 있어 인바운드(방일 외국인) 수요의 확보가 기대된다.

"시가총액은 약 238억 엔으로, 같은 업종의 에볼라블 아시아에 비하면 아직 절반에도 못 미칩니다. 하지만 시장 전체가 확대되고 있음을 생각하면 따라잡을 수 있지 않을까요?"

비노스는 고급 브랜드 상품의 택배 매입 서비스인 '브랜디아'가 성장하고 있으며, 이 분야 인터넷 관련 회사 치고는 주가가 저평가되었다고 판단했다고 한다.

그는 이런 대박을 노리는 공격적인 투자와 동시에 자산의 절반을 우대·배당이 매력적인 종목에 분산하는 방어적인 투자도 병용하고 있다. 2017년의 일본 주식 시장은 "전체적으로는 약세일 것이라는 전제로 임해야 한다"라는 것이 마키타니 씨의 견해다.

"미국에서 트럼프가 대통령으로 부각되고 있고, 유럽에서는 선거가 잇달아 실시될 것입니다. 일본에서는 일본은행의

'총알'이 언제쯤 떨어질 것이냐는 우려도 있습니다."

소세이 주식의 일부를 일단 이익 실현한 이유 중 하나가 바로 이와 같은 신중한 자세 때문이다. 그래서 방어적인 투자도 착실히 진행하고 있다. 주주 우대와 배당

● 주목하는 바이오 관련 주

종목명	주가	시가총액	PBR (실적)	PER (예상)
닛폰이치 소프트웨어	1,360엔	69억 엔	2.79배	52.0배
유크스	1,208엔	134억 엔	2.75배	37.1배
일본 서드파티	1,140엔	68억 엔	3.43배	72.4배
어드벤처	1만 560엔	238억 엔	19.85배	9.5배
비노스	1,540엔	189억 엔	2.79배	25.2배
테크노스재팬	1,193엔	243억 엔	7.27배	51.7배

최근 주목한 주주 우대·고배당주

종목명	주가	PBR(실적)	PER(예상)	배당수익률 (예상)
아사히 홀딩스	2,138엔	1.36배	10.5배	2.80%
하이맥스	1,507엔	1.13배	12.1배	2.65%
오카야 강기	8,000엔	0.46배	6.4배	2.12%

최근 주목하고 있는 종목

종목명	주가	시가총액	PBR(실적)	PER(예상)
카르나 바이오사이언스	2,204엔	203억 엔	11.09배	-
온코테라피 사이언스	264엔	388억 엔	3.46배	-

에 주목해 귀금속 재활용 사업을 펼치는 아사히 홀딩스와 시스템 개발을 하는 하이맥스, 제철·기계 상사인 오카야강기 등의 주식을 매입했다. 이런 종목을 선택할 때도 실적의 상승이나 현금흐름 상황, 유이자부채의 수준 등을 충분히 분석한다. 방어적인 투자는 주가의 동향을 그다지 신경 쓰지 않고 장기적으로 보유할 수 있어야 한다는 전제다.

자산이 줄어들게 하지 않는다

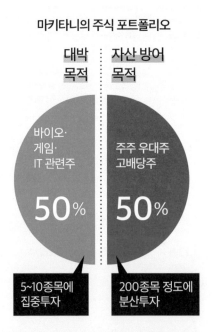

마키타니의 주식 포트폴리오

대박
목적 / 자산 방어
목적

바이오·
게임·
IT 관련주
50%

주주 우대주
고배당주
50%

5~10종목에
집중투자

200종목 정도에
분산투자

운용자산의 절반은 주주 우대주·고배당주로 돌려서 약 200종목에 분산투자하고 있다. 대박을 노리는 투자의 경우는 히트작이 나오면 이용자가 몰려들어 수익의 급격한 확대를 기대할 수 있다. 주로 바이오나 게임, IT 관련 종목을 주목한다.

마키타니 씨는 관심이 가는 종목의 목록을 만들어서 정기적으로 주가 동향과 실적 추이를 확인하는 작업을 계속하고 있다. 주가가 상승할 가능성이 있다고 본 종목이라도 앞에서 말했듯이 자신이 수긍할 수 있는 주가(시가총액) 수준이 아니라면 추격 매수는 하지 않는다.

대박을 노리는 주식의 경우, 먼저 투자하고자 하는 금액의 절반 정도만 매입해서 주가가 하락했을 때 추가 매입할 여력을 남겨 놓는다. 고배당주나 주주 우대주(발행회사가 업종과 관련하여 주주를 우대하는 주식)를 살 때는 권리 획득을 노린 매입 수요로 주가가 상승하는 시기를 피한다. 또한 실적의 진척률을 확인해서 하방 수정

리스크가 없는지도 확인한다.

"자산이 줄어들게 하지 않는다는 것이 대전제이므로, 주가가 잘 하락하지 않는 종목을 찾습니다."

주주 우대주의 경우 우대 실시가 연 2회일 것도 기준으로 삼는다. 우대 종목은 기본적으로 권리 확정일이 다가옴에 따라 주가가 상승하는 경향이 강하다. 그런데 우대가 연 2회 이상 실시되면 권리 확정일이 지난 뒤 주가가 하락해도 몇 달만 참으면 다시 주가가 상승할 가능성이 높기 때문이다.

"이것은 감정적으로 손절매하는 것을 방지하기 위해서입니다. 저는 성격이 급한 편이어서 주가 하락으로 손실이 계속되는 상태를 오래 견디지 못하거든요. 손실을 내지 않기 위해서는 주가가 잘 떨어지지 않는 상황이 된 뒤에 매수할 필요가 있습니다."

권리 확정일 이후에 주가가 급락해도 당장은 사지 않는다. 잠시 동안은 시장의 분위기에 좌우될 때도 있으므로 권리 확정일 2~3개월 전에 주가가 꿈틀대기 시작할 때 매수한다.

"매수 시기가 2사분기 이후일 경우는 실적의 진척 정도를 확인합니다. 진척이 더디면 실적의 하방 수정으로 주가가 하락할 가능성이 있으니까요."

이런 견실한 투자는 많은 개인투자자의 모범이 될 만하다.

운용자산의 절반은 주주 우대주·고배당주로 돌려서 약 200종목에 분산투자하고 있다. 대박을 노리는 투자의 경우는 히트작이 나오면 이용자가 몰려들어 수익의 급격한 확대를 기대할 수 있다. 주로 바이오나 게임, IT 관련 종목에 주목한다.

NO.03

10배로 상승할 주식을 찾는
일본의 피터 린치

오쿠야마 쓰키토(닉네임)

나이	40대
거주지	도쿄
직업	겸업 투자자
투자 경력	약 30년
금융자산	수억 엔
정보	'에나훈 씨의 배나무(http://ameblo.jp/okuyama-tukito/)' 블로그 운용, 저서 《세상에서 제일 쉬운 주식 책(世界一やさしい株の本)》/(주케이출판)

겸업 투자자인 오쿠야마 쓰키토(닉네임)는 블로그 '에나훈 씨의 배나무'에서 장기 투자법을 설명해 인기를 모으고 있다. 또한 2017년 1월호부터 〈닛케이 머니〉에서 '에나훈 씨의 이기는 투자'라는 칼럼도 연재하고 있다.

회사원으로 일하고 있기 때문에 하루 종일 컴퓨터 앞에 앉아서 주가 변동을 확인할 수는 없다. 그래서 단기적인 주가 변동은 무시하고 장기 보유하면서 기업의 성장이나 실적 회복에 따른 장기적인 주가 상승을 노리는 투자법을 고수하고 있다.

보유 종목은 많지 않아서, 5종목 정도에 집중투자하고 있다. 너무 많은 종목을 보유하면 그중에서 크게 상승하는 주식이 나오더라도 전체적으로는 미미한 수준이 되어버리기 때문이다.

"조금은 공격적인 스타일인지도 모르겠습니다만, 애초에 주식투자를 시작한 이유가 여유 자금을 이용해서 지금보다 부자가 되고 싶어서였기 때문에 개인적으로는 제게 맞는 투자 스타일이라고 생각합니다."

피터 린치의 '이기는 투자'를 따르다

이런 투자 스타일을 확립하기까지는 시간이 걸렸다. 그전까지는 수익과 손실이 반복되어 자산이 전혀 불어나지 않았다. 단기 트레이딩이나 차트도 공부해봤지만 자신과는 맞지 않았다. 이 때문에 고민하던 무렵, 한 권의 책을 접하게 되었다. 미국의 자산 운용사 피델리티의 전설적인 펀드 매니저가 쓴 《피터 린치의 이기는 투자》다. 그 책은 '지금의 일본 시장을 설명한 책이 아닌가?'라는 착각이 들 만큼 보편적이고 본질적인 내용이 담겨 있었다.

'이 투자법이 현재의 일본에서도 통용될지 한번 시험해보자. 그리고 그 내용을 블로그에 공개해서 모두에게 널리 알리자!'

이런 생각으로 2008년 5월에 블로그 '에나훈 씨의 배나무'를 개설했고, 같은 해 7월에는 100만 엔의 자금으로 공개 운용을 시작했다. 2개월 뒤 리먼브라더스 사태가 발생하면서 투자 금액이 순식간에 70만 엔까지 줄어들었다. 하지만 그 후에는 좋은 성적을 올렸다. "마음이 침울해지는 업종의 회사는 다른 사람들이 사고 싶어

하지 않는 만큼 주가가 저평가된 채 방치되기 쉽다"라는 피터 린치의 설명에서 힌트를 얻었다. 그래서 나고야에서 급성장하고 있던 장례 회사 티아의 주식을 매입했는데, 때마침 같은 해에 영화 〈굿 바이Good & Bye〉가 대히트를 기록하면서 이 종목의 주가도 급상승했다. 덕분에 오쿠야마 씨는 시장 전체가 침체의 늪에서 허우적대고 있을 때 첫 1년을 플러스 수익으로 마감했다.

이어서 급등한 종목은 돈카츠 전문점 '가쓰야'를 운영하는 아크랜드 서비스 홀딩스였다. 피터 린치는 특이하고 어려운 주식이 아니라 '주변의 친근한 종목'을 노려야 한다고 주장했다. 당시 PER이 5배, PBR(주가순자산비율)이 0.5배 전후로 저평가되었던 이 주식은 7년에 걸쳐 EPS(주당순이익)를 4배 이상으로 끌어올렸다. 그리고 여기에 저평가가 해소되면서 바닥 가격에서 20배라는 경이적인 상승을 연출했다. 그 밖에도 10배 상승한 순환의료기기 판매 회사 DVX와 5배 상승(바닥 가격을 기준으로 하면 10배 상승이지만, 늦게 발견하는 바람에 2배 상승한 뒤에 매입했다)한 재활용품점 트레저 팩토리 등의 투자 성공이 다른 많은 실패를 상쇄함으로써 투자금 100만 엔은 2016년 12월 말 시점에 1,000만 엔 이상의 플러스를 기록했다.

피터 린치를 모방한 투자법의 핵심은 이것이다.

"성장을 기대할 수 있는 기업을 찾아내 저평가된 상태에서 매입한 후 조용히 기다리면 아마추어라도 큰 수익을 낼 수 있다."

10배 상승 주식을 놓친 쓰디쓴 기억

오쿠야마 씨는 어떤 제품이나 서비스를 이용했을 때 만족스러운 경험을 했다면 반드시 그 회사에 관해 조사한다. '대박 주식은 아주 가까운 곳에 숨어 있기' 때문이다. 예를 들어 규슈 지방으로 출장을 갔을 때 ANA와 공동 운항하고 있는 스타플

라이어의 여객기를 타게 되었는데, 좌석은 편안했고 커피를 줄 때 초콜릿을 함께 제공하는 서비스도 좋았다. 그래서 이 회사의 웹사이트를 살펴보니 'JCSI(일본판 고객 만족도 지수) 조사' 결과 일본 국내 항공 부문에서 8년 연속 1위를 기록하고 있었다. 미국 대통령 선거에서 트럼프가 승리하고 환율과 원유 가격이 크게 요동치는 가운데 양쪽의 영향을 강하게 받는 항공 회사의 주식을 사는 것은 리스크가 크게 느껴졌다. 하지만 오쿠야마 씨는 '조금만 사 놓고 잠시 지켜보자'라는 판단을 내렸다. 과거에 다음과 같은 실패를 겪었기 때문이었다.

교리츠 메인터넌스
- 12개월 이동평균 - 24개월 이동평균
월봉
6년 후 10배가 되었다.
900엔대일 때 이 주식을 샀지만, 금방 팔아버렸다.
주가(엔)
6000
4000
2000
거래량(만 주)
100
2007/1 09/1 11/1 13/1 15/1

스타플라이어
- 12개월 이동평균 - 24개월 이동평균
월봉
엔화 약세와 유가 하락이라는 양대 호재와 함께 새 사장의 경영 합리화 정책이 빛을 발해 2016년 1월에 주가가 크게 상승했다.
휴식기를 두고 다시 한 번 노리고 싶지만, 미국 대통령 선거에서 트럼프가 승리함에 따라 양대 호재는 희석이 되었다.
주가(엔)
4000
3000
2000
거래량(만 주)
20
2012/1 13/1 14/1 15/1 16/1

'도미 인 하카타 기온'의 객실과 공동 목욕탕과 아침 식사

독특한 검은색 도장이 눈에 띄는 스타플라이어의 운항편

2010년경, 비즈니스 호텔 체인인 '도미 인'에 처음 숙박한 오쿠야마 씨는 수준 높은 객실과 공동 목욕 그리고 맛있는 아침식사에 크게 만족해 도미 인을 운영하는 교리츠 메인터넌스의 주식을 900엔 정도에 사들였다. 주가지표도 PER이 10배 전후, PBR이 0.5배 전후로 저평가 수준이었다. 그러나 리먼브라더스 쇼크의 상처가 남아 있었던 당시의 경제 상황을 고려했을 때 '디플레이션에 허덕이는 호텔 업계에서 급성장은 어렵겠지'라는 생각이 들어 30% 정도 주가가 상승한 시점에서 매도했다. 하지만 그 후에도 주가가 계속 상승해 2015년 12월 18일에는 1만 650엔까지 올랐다.

"고객의 니즈를 정확히 파악한 기업이 성장 궤도에 오르면 주가는 무시무시하게 상승합니다. 2배나 3배는 기본이고, 교리츠 메인터넌스처럼 10배가 되는 경우도 있습니다."

디플레이션 같은 외부 환경의 부정적 요인은 장기적으로 보면 매수 타이밍을 만들어준다는 교훈을 이 실패를 통해 배웠다.

겸업 투자자에게는 겸업 투자자로서의 강점이 있다

"겸업 투자가에게는 겸업 투자가로서의 강점이 있다"는 것이 오쿠야마 씨의 신념이다. 한 업계의 프로로서 그 업계의 비즈니스를 잘 아는 상태에서 주식투자를 하는 쪽이 유리한 면이 있기 때문이다. 요즘 시대의 비즈니스 종사자들은 회계나 경영을 공부해야 하는데, 이 지식을 그대로 활용할 수 있다. 제일선에서 생생한 정보를 지속적으로 접할 수 있다는 점도 유리하게 작용한다. 비즈니스 호텔이나 항공 회사를 투자 대상으로 삼은 것도 자주 출장을 다닌 덕분이었다.

"일반적인 비즈니스에서 별 생각 없이 사용하고 있는 정보들을 통합해서 응용하

<오쿠야마의 주식투자에 필요한 5가지 기술>

1 강점을 알아라. ➡ 자신의 강점을 이해한다.

2 흐름을 알아라. ➡ 복잡한 주가의 흐름을 이해한다.

3 원리를 알아라. ➡ 주가가 결정되는 원리 원칙을 이해한다.

4 약점을 알아라. ➡ 개인투자자 혹은 인간의 약점을 이해한다.

5 이면을 들여다봐라. ➡ 결산서나 회사 자료를 볼 때 반드시 이면을 들여다봐야 한다.

면 비즈니스 종사자만의 투자 스타일을 확립할 수 있습니다. 주변의 기업이나 비즈니스의 지식을 응용해서 투자한다는 발상은 피터 린치 장기 투자법의 근간이라고 할 수 있습니다."

오쿠야마 씨는 다른 측면에서도 비즈니스 종사자가 좀 더 주식투자를 즐겨야 한다고 말한다. 그 사업에 관해 잘 아는 비즈니스 종사자가 기업의 평가자로서 주주가 되면 주식시장은 더욱 효율적이 될 것이라고 생각한다. 여기에 또 한 가지 중요한 점이 있다. 현대는 자본주의 사회라는 사실이다. 귀족 사회나 무가武家 사회에서는 귀족이나 무사가 농민의 부를 빨아들였다. 이와 마찬가지로 자본주의 사회에서는 구조상 기업에서 일하는 사람들이 벌어들인 부가 최종적으로 자본가인 주주에게 흘러들어간다.

"좋고 나쁨을 떠나서 이것이 현실입니다."

누구나 주주가 되고자 한다면 수만~수십만 엔의 자금만으로도 될 수 있다. 물론 귀족이나 무사가 서로 세력을 다퉜던 것과 마찬가지로 주주끼리도 치열한 생존 싸움을 벌여야 한다.

"개인투자자라도 몇 가지 포인트를 파악하여 나름의 투자 전략을 구축한다면 전문 투자자를 상대로 충분히 싸울 수 있습니다".

오쿠야마 씨는 '초보 투자자라도 스스로 종목을 선정할 수 있다면'이라는 마음에서 자신만의 프레임워크를 고안해냈다. 그리고 주식투자에 필요한 기술을 '강점을 알아라, 흐름을 알아라, 원리를 알아라, 약점을 알아라, 이면을 들여다봐라'라는 다섯 요소로 집약했다.

성장을 중요시하는 방법으로 새롭게 도전하다

오쿠야마 씨는 2015년부터 새로운 도전을 시작했다. 투자 대상을 '알기 어려운' 기업으로 넓히려는 시도다. 그 배경에는 많은 종목의 주가가 적정 수준이 되어 '효율적 시장 가설(주식시장 등에서는 기업의 실적 전망 등 다양한 정보가 참가자들에게 정확히 공유되어 합리적인 계산을 바탕으로 거래됨으로써 가격에 반영된다는 이론)'이 성립하는 상황이 되었다는 인식이 자리잡고 있다.

아베노믹스 경기가 시작된 것으로 이야기되는 2012년 11월부터 일본은행이 제2차

아베노믹스 경기 전반기의 이미지

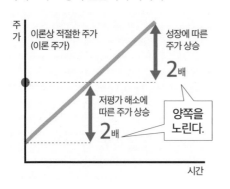

현재 시장 환경의 이미지

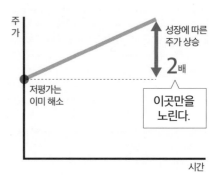

추가 완화(구로다 바주카포 2탄)를 발표한 2014년 10월까지는 주가가 저평가된 종목이 많았다. 때문에 주가 저평가의 해소와 실적 성장이라는 두 측면에서 주가 상승을 기대할 수 있었다. 그러나 주가의 적정화가 진행됨에 따라 저평가와 성장에 따른 주가 상승을 모두 노리기는 어려운 상황이 되었다. 그래도 "시간축을 잘 설정하면 성장만으로도 충분한 수익을 기대할 수 있다"고 말한다.

아는 범위를 넓히기 위해 노력하다

이것은 말처럼 간단한 일이 아니다. 주가가 저평가인지 아닌지는 PER 등의 지표로 어렵지 않게 파악할 수 있다. 하지만 성장성은 그 기업의 사업 모델이나 소속된 업계의 특성, 업계에서 그 기업의 위치 등을 분석해야 한다.

"신규 출점이 매출이나 이익의 성장으로 직결되는 서비스업처럼 성장성을 알기 쉬운 종목은 이미 고평가 상태입니다. 좀 더 알기 어려운 종목으로 범위를 넓히지 않으면 투자에 성공할 수 없습니다."

그런 종목으로서 2015년 7월부터 매매하기 시작한 것이 정보 시스템 구축 지원 사업을 하는 코무츄아다. 사실 IT는 그가 잘 모르는 분야다. 그동안은 이해할 수 있는 종목에 투자하라는 피터 린치의 가르침에 따라 매수를 삼갔지만, 자신이 근무하는 곳에서도 AI(인공지능)나 빅데이터, IoT(사물인터넷), VR(가상현실) 같은 IT의 새로운 조류를 무시할 수 없게 되었다. 잘

코무츄아

주가	PBR (실적)	PER (예상)	시가총액
3,050엔	4.81배	17.1배	187억 6,600만 엔

— 13주 이동평균 — 26주 이동평균

주봉

주가 (엔)
3000
2500
2000

거래량 (만 주)
10

2015/1   16/1   17/1

모르는 분야라고 언제까지 멀리할 수는 없다는 생각에 공부를 겸해서 코무츄아의 주식을 매수하기 시작했다. 그리고 IT의 상세한 내용을 전부 이해할 필요는 없으며 고객에게 무엇을 제공하는지만 알면 충분하다는 사실을 알게 되었다.

소니 주식에 거는 대박의 기대

소니

주가	PBR (실적)	PER (예상)	시가총액
3,537엔	1.82배	171.6배	4조 4,685억 엔

− 13주 이동평균 − 26주 이동평균

주봉

주가
(엔)
3000
2500

거래량
(만 주)
2000

2015/1   16/1   17/1

IT의 새로운 조류인 VR에도 흥미를 느끼게 되어 2016년 2월부터 소니의 주식을 매수하기 시작했다. 같은 해 10월에 발매된 '플레이스테이션 VR'에 주목한 것이다. 머리에 고글 형태의 기기를 장착하면 주위에 게임 화면이 펼쳐져서 마치 그 속에 있는 듯한 감각을 즐길 수 있다.

"가전제품 판매점을 들여다보면 소

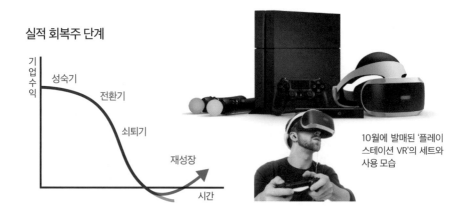

실적 회복주 단계

기업수익

성숙기

전환기

쇠퇴기

재성장

시간

10월에 발매된 '플레이스테이션 VR'의 세트와 사용 모습니의 부활을 예감하게 하는 새로운 콘셉트의 제품이 잇달아 나오고 있습니다. 그 중 대부분이 품절되었거나 예약 대기 상태여서 경영 상태가 변했다는 인상을 받았습니다."

오쿠야마 씨는 도산 직전의 상황에서 재기해 다시 성장한 미국의 크라이슬러(현 FCA US)나 애플처럼 린치가 정의하는 '실적 회복주'가 될 가능성이 있다고 기대를 모으고 있다.

NO.04

자산을 10배로 불린
고성장주 투자자

스포(닉네임)

나이	40대
거주지	도쿄
직업	전업 투자자
투자 경력	약 10년
금융자산	수천만 엔
정보	블로그 '스포 씨의 투자 블로그(www.spotoushi.net)' 운용

블로그 '스포 씨의 투자 블로그'로 인기를 모으고 있는 스포(닉네임) 씨는 〈닛케이 머니〉에서 2017년 2월호부터 '스포 씨의 성장주 선택'이라는 칼럼의 연재를 시작했다.

PER 10배보다 20배인 주식을 매입한다

스포 씨는 기존에 PER이 10배 전후로 저평가인 종목을 매입해 PER이 20배가 될 때까지 오르기를 기대하는 가치(저평가주)투자가 중심이었다. 그런데 생각만큼 결과가 나지 않았다. 많은 종목이 기대와 달리 낮은 가격대를 벗어나지 못했다. 반면에 어떤 종목은 PER이 30배, 40배가 되어도 주가가 상승했다.

"PER은 20배로 수렴하지 않으며, 적정 PER은 성장력에 따라 다르다는 것을 깨달았습니다."

그래서 투자 방식을 재검토했다. 종목의 성장력을 분석해 다음 그림처럼 'S, A, B, C'의 4단계로 평가했다. 그리고 연간 20% 이상의 고성장을 지속해 'S'로 평가되는 성장력을 잠재적으로 보유하고 있으면서, PER이 20배 전후에 머물러 있는 종목에 투자하는 형태로 전환한 것이다. 이에 대해 스포 씨는 이렇게 설명한다.

"주가가 2배가 되기를 노린다는 점은 같지만, PER이 10배인 종목보다 20배인 종목이 더 성장력이 높으므로 주가가 2배가 될 확률도 높습니다."

종목을 선택할 때는 세 가지 요소를 고려한다. 먼저 매출이 성장하고 있고, 매출액 영업이익률이 항상 10%를 초과하고 있는지, 순자산이 쌓여서 무차입에 가까운 상태인지 등을 확인한다. 그다음에는 비즈니스 모델을 분석해 높은 매출액 영업이익률을 실현하고 있는 이유를 밝혀낸다. 비즈니스 모델에 초점을 맞추는 이유는

'개인투자자로서는 그 이상의 기업 내용을 파악할 수 없기' 때문이다. 그리고 마지막으로 PER 등의 지표를 통해 저평가 상태인지 살펴본다. 연간 20% 이상의 성장이 예상된다면 PER이 20배라도 매수한다.

현재 그가 보유하고 있는 주식은 8종목이다. 종목을 압축하는 이유는 '보유한 종목이 많으면 종목 하나하나의 영향력이 작아지기' 때문이다. 목표는 '5년 사이 2배'이지만, 주력 종목의 운용 수익은 '아베노믹스 경기의 순풍'을 타서 2017년 1월 말 당시, 2011년 11월 말 시점보다 약 9.7배까지 증가했다. 그러나 도취감은 없었다. 주가가 내려가면 손절매하지 않고 추가 매수해서 매수 단가를 낮춘다. 주가가 2배가 되면 절반을 매도하고, 비즈니스 모델이 무너지면 포기한다. 이런 규칙을 정해 놓고 담담하게 투자를 계속할 생각이다.

그런 그도 2016년에는 시련에 직면했다. 같은 해 8월 중순에 당시 보유 비율이 가장 높았던 PC디포 코퍼레이션의 주가가 급락한 것이다. 2016년 8월 초순, 아들이 월정액 1만 엔으로 PC 디포와 계약한 것을 해약하려 하자, 그에게 거액의 위약금을 물린 사건이 인터넷을 통해 알려졌다. 이에 대한 비판이 쏟아졌고, 회사의 적

PC디포가 '논란'에 휘말리면서 매매를 고민했다

스포의 보유 종목(2017년 1월 말)

종목명	주가	PBR(실적)	PER(예상)	시가총액	구성 비율
웨지 홀딩스	1,400엔	4.62배	49.6배	496억 6,800만 엔	15%
슈핀	1,275엔	5.13배	21.0배	152억 6,200만 엔	15%
퍼스트로직	2,188엔	6.41배	33.4배	128억 6,500만 엔	14%
FPG	981엔	5.21배	10.5배	926억 6,600만 엔	12%
마크라인즈	2,890엔	7.16배	27.7배	94억 2,300만 엔	12%
콜라보스	2,812엔	3.24배	21.4배	39억 6,900만 엔	12%
렌트랙스	711엔	3.73배	15.0배	55억 6,100만 엔	11%
엠케이시스템	1,915엔	5.15배	23.4배	51억 5,300만 엔	8%

절치 못한 대응도 겹치면서 주가가 절반 이하로 떨어졌다.

스포 씨의 투자 금액 단가는 약 1,000엔이었다. 급락 직후 '비즈니스 모델이나 기업 가치 자체가 망가진 것은 아니니 회복될 가능성이 있다'고 보고 일단 물타기를 했다. 하지만 하락이 멈추지 않았고, 결국 860엔에 전부 매도했다. 손익 자체는 '거의 본전'이었다.

'논란주'의 교훈

스포 씨가 매도를 망설인 이유는 기업 가치에 변화가 없다면, 평판 악화 등에 따른 일시적인 급락

논란주의 교훈

1 기업 가치에 변화가 없다면 물타기 매수의 기회

2 논란이 '심각'해지면 기업 가치도 떨어지기 시작한다.

3 논란이 시작된 직후에 다른 문제점도 드러나며 사태가 심각해지기 쉽다. 요즘 시대에는 논란주를 버리는 것이 맞을지도 모른다.

은 매수 기회가 되기 때문이다. 다만 도저히 가라앉을 기미가 보이지 않는 비판을 보면서 논란이 심각해져 기업의 가치를 좀먹기 시작했다고 느끼자 '손을 떼는 것이 무난'하다고 결론을 내렸다.

스포 씨의 시선은 즉시 다른 곳을 향했다. 클라우드 기반의 콜센서 시스템을 개발하는 콜라보스, 성과 보수형 광고 서비스를 제공하는 렌트랙스, 투자용 부동산 물건 소개 사이트 '라쿠마치'를 운영하는 퍼스트로직, 완성차와 자동차 부품 제조회사의 정보를 제공하는 포털 사이트를 운영하는 마크라인즈의 주식을 잇달아 매수하며 보유 종목의 절반을 교체했다.

스포 씨의 블로그에는 다른 곳에 없는 특색이 있다. 종목 분석을 의뢰한 사람과 블로그의 독자가 참가해서 토론함으로써 종목의 이해를 깊게 한다는 점이다. 한 가지 사례로 2016년 9월 초순에 있었던 콜라보스와 관련된 토론을 살펴보자.

* * *

스포   토론을 시작하기 전에 먼저 토론의 전제로서 기본적인 내용을 정리하겠습니다. 먼저 의뢰자에게 다음과 같은 질문을 하겠습니다.

① 5년 후의 매출, 이익은 어느 정도입니까?
② 이 기업의 강점과 약점에 대해 어떻게 생각하십니까?
③ 그 밖에 물어보고 싶은 점이 있으면 말씀해주십시오.

의뢰자   5년 후에도 10%대의 수익 증대가 계속될 것으로 생각합니다. 매출의 거의 80%를 차지하는 (클라우드 기반 전화 대응 시스템인) '에니플레이스@nyplace' 가 견실하게 성장할 것으로 예상하고 있습니다. (중소기업을 대상으로 하는 전화 대응 시스템인) '콜라보스 폰COLLABOS PHONE'은 적자가 계속되고 있지만,

'중소기업이라도 저렴한 비용으로 콜센터를 가질 수 있다'는 니즈는 변함이 없습니다. 따라서 조금이나마 수익에 보탬이 될 가능성도 있습니다. 강점은 선두주자라는 점과 에니플레이스가 장기적으로 안정적인 고객을 다수 확보하고 있다는 점입니다. 고객으로서는 오래 이용할수록 최종 사용자의 목소리가 클라우드에 축적되므로 에니플레이스를 계속 이용하는 편이 유리합니다. 이동이 비교적 자유로운 클라우드 비즈니스에서

종목 분석 포인트

사업 개요 클라우드 기반의 콜센터 시스템을 제공, 콜센터에서 사용되는 전화 응답 시스템이나 고객 정보 관리 시스템 등의 서비스를 월정액으로 제공한다.

POINT

STEP 1 　실적 확인

- 매출액은 10% 정도 상승, 영업 이익은 20% 이상 성장. 매출액 영업이익률은 15%까지 향상
- 재무상태표는 현금이 넘쳐나고 있어 견실함

STEP 2 　사업의 확인, 비즈니스 모델은?

- 콜센터 시스템을 클라우드 기반으로 제공. 아름다운 스톡형 비즈니스
- 클라우드 기반 전화 응답 시스템으로 점유율 확대

STEP 3 　주가의 확인

- 예상 PER 15.8배(2016년 9월 7일 기준)

해약률을 낮게 해 이익을 확보하고 있는 데는 이러한 이유가 있다고 생각합니다. 약점이라고 할까, 우려되는 점은 경쟁자가 많다는 것입니다. 이에 따른 단가 하락은 이익의 감소로 직결됩니다. 이를 방지하기 위해 콜라보스는 서비스 수의 확대에 주력하고 있는 듯합니다.

어떤 업계든 마찬가지이지만, IT의 경우는 기술 혁신 등을 통해 새로운 서비스가 끊임없이 탄생하고 있습니다. 콜라보스는 '클라우드 기반 콜센터'가 사업의 대부분을 차지하고 있기 때문에 대체될 위험성도 있을 것입니다. 그 점에 대해 스포 씨는 어떻게 생각하십니까?

점유율 1위의 우위성을 지속할 수 있을까

M   의뢰자께서 말씀하신 것 이외에 '도입 실적'도 강점 중 하나라고 생각합니다. 이런 종류의 시스템은 도입 실적이 많아야 고객의 선택을 받을 가능성이 높아지거든요. 여기에 '전화와 고객 정보 관리 시스템을 동시에 제공하고 있다'는 것도 강점입니다. 콜센터 시스템이 일정 규모가 되면 고객 정보 관리 시스템은 필수이기 때문에 이 둘을 한꺼번에 제공할 수 있다는 점도 큰 강점이 될 겁니다.

스포 저도 두 분과 같은 의견입니다. 비즈니스 모델에서 가장 특징적인 점은 시스템 내부에 정보가 축적되기 때문에 다른 서비스로 갈아타기가 어렵다는 것입니다. 데이터 구조나 인터페이스에도 규격이 없는 듯해서 갈아타기의 난이도가 높아 보입니다.

강점과 약점에 관해서도 거의 같은 의견입니다. 신규 참가가 용이해 경쟁자가 늘어나기 쉬운 것은 난점입니다. 하지만 높은 점유율을 바탕으로 남들보다 먼저 투자금을 회수하고 있으므로 경쟁에서 우위에 설 수 있을 듯합니다. 또 애초에 가격이 저렴한 까닭에 다른 회사가 극단적인 저비용 전략을 들고나오기는 힘들 것으로 생각됩니다.

기술 진화의 영향에 관해서는 그다지 생각하지 않아도 될 것이라고 봅니다. AI형 시스템이 등장해서 콜센터가 사라진다는 식의 시나리오가 불가능하지는 않습니다. 하지만 콜센터 업무가 전부 사라지는 일은 당분간 없을 것입니다. 때문에 약간의 기술 진화라면 따라잡기 용이한 포지션이라고 생각합니다.

성장에 관해서는 매출액 10%, 이익 15% 정도가 기본이 아닐까 싶습니다. 신규 개발도 어느 정도 필요하겠죠. 하지만 요즘은 중국이나 필리핀 등 신흥국에 콜센터를 두는 추세이므로, 이쪽에 대한 접근도 마음 든든한 요

토론에서 사용한 콜라보스의 실적과 주가

주가	2,074엔
PBR(실적)	2.62배(예상)
PER	15.8배
시가총액	29억 2,900만 엔

주봉 차트

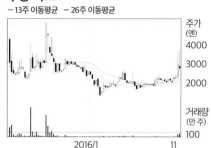

— 13주 이동평균 — 26주 이동평균

스톡형 수익 모델로 수익 증가는 계속된다
매출액 추이

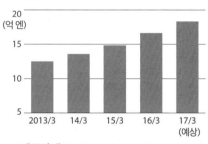

매출액 영업이익률이 3년 사이 1.5배로
이익의 추이

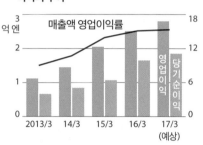

재무상태표 (2016년 9월 30일 기준)

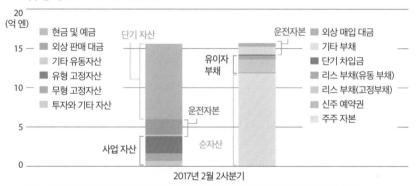

2017년 2월 2사분기

*주가는 2016년 12월 1일의 주식 분할을 반영해서 수정, 지표를 포함해 모두 2016년 9월 7일 시점

결론 평가는 4.0*

콜센터 시스템을 고비용의 레거시 시스템에서 저비용의 클라우드 기반 시스템으로 이전하도록 촉진한다. 클라우드 비즈니스다운 아름다운 스톡형 비즈니스 모델이다. 시스템에 정보가 축적됨으로써 갈아타기가 어려워지는 점이 특징으로, 안정적인 매출 성장과 이익률 개선이 진행된다. 신규 참가가 비교적 용이하다는 점이 우려되지만, 점유율 1위에 상품력도 높아서 당분간은 걱정이 없다. 성장, 비즈니스 모델, 저평가라는 요소가 모두 갖춰져 있으며, 개인적으로도 선호하는 기업이다.

* 5단계 평가로 5가 최고점. 기본적으로 4.0 이상인 주식만을 매수 대상으로 삼는다.

소입니다.

A   지금 하는 토론과 직접 관련은 없지만, 성장성에 관해서는 저도 10~15% 정도로 예상하며 급격한 성장은 없을 것으로 보고 있습니다. 그래서 'A→S 전략(20% 성장 기업을 PER 20배 정도일 때 매수한다)'을 구사하는 스포 씨께서 이 회사의 주식을 매수하셨다는 데 조금 놀랐습니다.

스포   클라우드 기반은 변동비가 적고, 매출과 함께 이익이 상승한다는 특징이 있습니다. 그래서 매출액이 10% 성장했을 뿐인데 이익은 20%로 성장하고 있는 것입니다. 매출액 10% 성장은 조금 보수적인 예측이기 때문에 그보다 더 성장한다면 큰 이익 성장도 가능하리라고 생각합니다. 이런 점에서 전체적으로는 S급(20% 성장)에 가깝다고 봐도 무방할 듯합니다.

현재 대기업에서도 클라우드 시스템을 도입하고 있으며, 앞으로도 클라우드 시스템으로 전환하는 대기업이 늘어날 것으로 생각됩니다. 이러한 흐름에서 가장 우위에 설 수 있는 곳은 점유율 1위인 콜라보스이겠지요.

분석하기 전에는 콜센터라는 말을 듣고 '이익이 나지 않을 것 같은데'라고 생각했지만, 전형적인 클라우드 기반의 우수한 비즈니스 모델이어서 놀랐습니다. 의뢰자께서 말씀하셨듯이 '이익이 날 것 같지 않은 업계'의 주식은 저평가되는 경향이 있습니다. 하지만 이 PER이 유지된다면 5년 사이에 2배가 될 것입니다. 그러니 매수 대상으로 삼아도 좋지 않을까요?

NO.05

시가총액 30억 엔 이하의
대박 주식 사냥꾼

컴스톡(닉네임)

나이	30대
거주지	간사이 지방
직업	전업 투자자
투자 경력	12년
금융자산	약 4억 엔
정보	'컴스톡 씨의 투자일기 블로그(http://blog.livedoor.jp/hk_131/)' 운용

"창업하거나 상장한 지 몇 년 되지 않았고 시가총액이 적은 소형 성장주에 집중 투자한다."

전업 투자가 컴스톡(닉네임) 씨는 이런 명쾌한 투자 기법을 철저히 고수해 약 4억 엔의 자산을 쌓았다. 지금까지 가장 성공한 투자 종목은 투자용 맨션과 아파트를 판매하는 시노켄 그룹의 주식이다. 주가가 50엔대에 머물렀던 2011년부터 12년에

시노켄 그룹

주가	PBR (실적)	PER (예상)	시가총액
1,915엔	1.89배	5.0배	344억 2,500만 엔

— 12개월 이동평균 — 24개월 이동평균

월봉

주가
(엔)
2000
1000

거래량
(만 주)
200

2007   11   16

걸쳐 매수했는데, 이 회사의 주식은 2016년 5월에 62배인 3,110엔까지 상승했다. 그리고 2017년 2월 초에는 38배인 1,900엔대 전후를 오가고 있다. 주가가 10배가 된 시점에 절반을 매도했지만, 나머지 절반은 아직 보유하고 있다.

주식투자를 시작한 시기는 고이즈미 경기가 한창이던 2004년 중반이다. 고이즈미 준이치로 전 총리가 실시한 구조 개혁에 대한 기대감으로 외국인 투자자들의 매수 주문이 몰리며 주식시장은 활황을 맞이했다. 라이브도어가 프로야구 구단을 인수하겠다고 나서는 등 세간의 주목을 받으면서 신흥시장 열풍도 불었다.

"어떤 주식을 사든 가격이 올랐기 때문에 저도 그 흐름에 올라타 이익을 낼 수가 있었습니다."

그러나 2006년 1월에 도쿄 지검 특수부가 증권거래법 위반 혐의로 라이브도어 본사 등을 압수 수색했고, 이를 계기로 '라이브도어 쇼크'라고 부르는 주가 폭락이 시작되었다.

전환의 계기가 된 한 권의 책을 만나다

보유하고 있던 주식이 내려가는 가운데, 컴스톡 씨는 '주식에 관해 제대로 공부해서 뭔가 방법을 찾아야겠다'라고 생각했다. 당시 유행하던 가치(저평가)주 투자에 관한 책을 중심으로 주식과 관련된 책이라면 모조리 읽었는데, 그 가운데 지금의 투자법을 확립하는 계기가 된 책과 만나게 되었다. 바로《시장의 마법사들: 호주편》(팬롤링)이다. 미국의 정상급 트레이더들의 투자법을 소개한 《시장의 마법사들》 (이레미디어)의 속편 중 하나로 호주에서 성공을 거둔 펀드 매니저의 투자법을 소개한 책이다. 그중에서도 가장 참고가 된 것은 제2장에 소개된 피터 가이의 투자법이었다. 피터 가이는 벤저민 그레이엄이나 워런 버핏의 가치주 투자를 신봉하는 사람으로, 아직 초기 성장 단계인 소형주에 전문적으로 투자하고 있었다.

"버핏의 투자법을 설명한 책이나 피터 린치의 저서에는 개별 종목의 매수 이유나 과정이 자세히 소개되어 있지 않았습니다. 그런데 가이의 경우에는 그런 것들이 자세히 적혀 있었습니다. 저는 가이의 투자 기법을 그대로 실천했습니다."

그렇다면 그 투자 기법은 어떤 것일까? 순서에 따라 구체적으로 살펴보자.

소매와 서비스업으로 타깃을 좁힌다

앞에서 설명했듯이 투자 대상은 창업하거나 상장된 지 몇 년 되지 않았으며 시가총액이 적은 종목이다.

"시가총액의 상한선은 50억 엔입니다. 가능하면 30억 엔 이하가 좋지요."

업종은 소매와 서비스업으로 한정하며,

프로세스 1

투자 대상을 압축한다

시가총액 50억 엔 이하(가능하면 30억 엔 이하)의 소매·서비스업으로 창업 또는 상장된 지 얼마 되지 않은 종목을 추출한다.

제조업은 제외한다. 소매나 서비스업의 비즈니스 모델이 단순해 쉽게 이해할 수 있기 때문이다. 또한 인터넷이나 시스템 관련 종목도 제외한다. '기술 혁신의 속도가 빨라서 비즈니스 모델의 수명이 짧은 탓에 장기 보유에는 적합하지 않다'는 이유에서다.

다음으로 상장 시기와 창업 시기를 조사한다. 상장되거나 창업한 지 얼마 되지 않은 편이 성장의 여지가 크고 의욕도 높다고 생각하기 때문이다.

"상장 시기 또는 창업 시기 중 하나가 10년 이내를 기준으로 합니다."

상장 시기를 확인할 때는 〈닛케이 신문〉 인터넷판의 시장 코너에 있는 'IPO 일정'을 이용한다. 여기에 있는 과거 데이터에서 상장일이나 임시 조건 등을 확인한다. 예를 들어 2016년 8월에 매수한 윌플러스 홀딩스는 피아트 크라이슬러 오토모빌스, BMW, 볼보 등 수입차를 판매하는 회사다. 설립연도는 2007년이며, 2016년 3월 24일에 자스닥에 상장되었다. 컴스톡 씨가 이 종목을 찾아냈을 때는 시가 종목이 30억 엔을 밑돌았기 때문에 투자 대상의 조건을 완벽하게 만족시켰다.

주가에서 중시하는 것은 안전마진

시가총액, 업종, 창업 시기, 상장 시기 등의 조건을 충족한다면 주가와 실적을 조사한다. 주가를 조사할 때는 그레이엄과 버핏이 제창한 '안전마진'을 고려한다. 컴스톡 씨의 설명에 따르면 안전마진은 1주당 실제 가치와 주가의 차액을 가리킨다. 이 차액이 클수록 주가가 저평가된 것이며, 가격이 상승할 여지가 있다고 할 수 있다. 그 밖에 PER도 확인하지만 딱히 집착하지는 않는다. '감가상각이나 특별이익·손실, 선행투자 부담 같은 특수 요인으로 PER이 실제와 다를 때'가 있기 때문이다.

1주당 실제 가치를 산출하는 바탕이 되기도 하는 실적의 추이는 결산서에서 확인한다. 과거에 매출액과 이익이 얼마나 상승했는지, 회사는 이번 분기의 실적을 어떻게 예상하고 있는지, 월차 보고서가 있는 기업의 경우 기존 점포의 전년 동월 대비 매출액 증감을 조사해 사업의 성장성을 확인한다. 그리고 이런 데이터에 입각해 이번 분기의 실적을 독자적으로 예상해본다. 그렇게 해서 구한 예상 이익을 바탕으로 1주당 실제 가치를 계산한다.

사업의 경쟁력을 꼼꼼하게 분석한다

동시에 사업의 경쟁력도 꼼꼼하게 분석한다. 예를 들어 지방에서 시작한 비즈니스라면 전국으로 비즈니스의 영역을 넓힐 수 있는지, 아니면 그 지방의 비즈니스에 그칠지, 강력

프로세스 2

성장성을 확인한다

결산서나 월차 보고서 등의 자료를 분석해 기업의 성장성과 비즈니스 모델의 경쟁력을 확인한다.

한 경쟁자는 존재하는지, EC(전자상거래) 사이트에 점유율을 크게 빼앗길 가능성은 없는지 등 이런 점들을 하나하나 확인해서 장래의 성장을 위협하는 리스크 유무를 분석한다. 그리고 '향후 10년 정도는 안심할 수 있다'는 판단이 서면 투자 대상으로 남긴다.

"예전에 노인 요양 시설을 운영하는 회사의 주식을 검토한 적이 있습니다. 그런데 정부가 결정하는 공정 가격인 간호 보수의 개정에 따라 수입이 크게 좌우되더군요. 그래서 경영이 제삼자의 영향을 크게 받는 주식은 피하자고 생각해 매수를 보류했습니다."

윌플러스를 예로 성장성과 경쟁력의 분석에 관해 조금 더 자세히 살펴보자. 인구 감소 등을 배경으로 전국의 자동차 판매가 감소 추세를 보이는 가운데, 2008년의 리먼브라더스 사태 이후 꾸준히 회복되어 오던 수입 승용차 판매량도 2014년부터 제자리걸음을 하기 시작했다. 이런 성숙기에 접어든 시장에서는 남은 파이를 둘러싸고 합종연횡(중국 정국시대에 진과 그밖의 여섯 나라 사이에서 전개된 외교 전술)이 벌어지며, 동종 타사를 잡아먹는 M&A(합병·매수)의 달인만이 살아남을 수 있다.

업계 4위 규모인 윌플러스는 신규 출점보다 동업 타사의 인수를 통해 사업을 확대해왔다. 또한 경영 부진에 빠진 인수처의 영업 사원들을 재교육해 실적을 개선시키고 있다. 사업의 확대와 함께 매출액도 꾸준히 증가하고 있으며, 재무상태표에 계상되어 있는 영업권이 4억 8,781만 엔(2016년 9월 30일)으로 낮은 수준이어서

윌플러스의 실적 추이

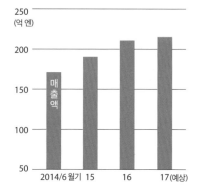

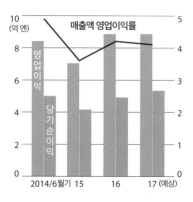

윌플러스 홀딩스

주가	PBR(실적)	PER(예상)	시가총액
2,199엔	1.40배	9.4배	52억 3,900만 엔

윌플러스의 주요 M&A와 출점 추이

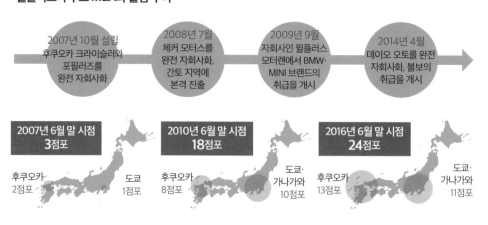

2007년 10월 설립 후쿠오카 크라이슬러와 포필러즈를 완전 자회사화

2008년 7월 체커 모터스를 완전 자회사화, 간토 지역에 본격 진출

2009년 9월 자회사인 윌플러스 모터렌에서 BMW·MINI 브랜드의 취급을 개시

2014년 4월 데이오 오토를 완전 자회사화, 볼보의 취급을 개시

2007년 6월 말 시점 **3점포**
후쿠오카 2점포 / 도쿄 1점포

2010년 6월 말 시점 **18점포**
후쿠오카 8점포 / 도쿄·가나가와 10점포

2016년 6월 말 시점 **24점포**
후쿠오카 13점포 / 도쿄·가나가와 11점포

적절한 가격에 인수했음을 엿볼 수 있다. 2016년 11월에 발표된 2017년 6월 1사분기 결산은 실적 예상의 상향 수정을 전망하게 하는 양호한 숫자였다.

프로세스 **3**

최고경영자를 관찰한다

기업의 최고경영자가 출연해서 자사에 관해 이야기하는 동영상 인터뷰를 주로 보면서 신뢰할 수 있는 인물인지 확인한다.

사장의 사람됨을 판단한다

이런 분석 결과를 바탕으로 윌플러스가 성숙기에 접어든 국내 수입차 판매 시장에서 M&A를 통해 지속적으로 실적을 확대할 수 있을 것이라고 판단한 컴스톡 씨는 마지막 단계로 넘어갔다. 최고경영자가 신뢰하기에 부족함이 없는 인물인지 확인하는 작업이다.

인터넷에 정보가 충분하지 않았던 시대에는 도서관에 가서 최고경영자가 상장 경위나 경영 방침 등을 이야기한 잡지 기사를 찾아 읽어야 했다. 하지만 지금은 다양한 사이트에 동영상 인터뷰가 올라와 있기 때문에 그것을 보고 판단할 때가 많다. 특히 인터넷과 텔레비전, 라디오에서 주식시장 정보 방송을 제작·제공하는 스톡보이스의 '스토보! IR'을 자주 이용한다. 기업의 최고경영자가 직접 출연해 자사의 강점이나 장래 전망을 이야기하는 동영상 인터뷰다.

윌플러스의 경우는 '스토보! IR'에서 나루세 다카아키 사장의 인터뷰를 보고

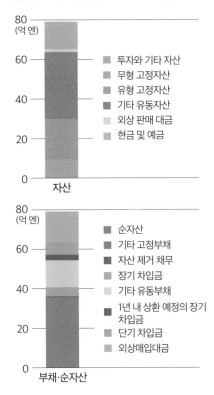

윌플러스의 재무상태표(2016년 6월)

80 (억 엔)
60
40
20
0
자산
- 투자와 기타 자산
- 무형 고정자산
- 유형 고정자산
- 기타 유동자산
- 외상 판매 대금
- 현금 및 예금

80 (억 엔)
60
40
20
0
부채·순자산
- 순자산
- 기타 고정부채
- 자산 제거 채무
- 장기 차입금
- 기타 유동부채
- 1년 내 상환 예정의 장기 차입금
- 단기 차입금
- 외상매입대금

'M&A를 적극적으로 추진하는 경영자 중에는 자신감이 과하다는 인상을 주는 사람이 많은데, 나루세 사장은 겸손한 느낌이어서 안심할 수 있겠다'는 판단을 했다.

이렇게 해서 컴스톡 씨는 윌플러스의 주식을 매수하기로 결정했다. 현재 보유하고 있는 종목은 10종목이며, 주가가 상당히 고평가되었거나 예상했던 성장 스토리의 한계에 다다랐다고 판단했을 때, 혹은 애초에 예상이 틀렸음을 깨달았을 때 매도했다. 2016년에 5종목을 교체했기 때문에 당분간은 지금의 보유 종목을 유지할 생각이라고 한다.

NO.06

시간을 들이지 않는 투자법으로 2억 엔의 수익을 올리다
성장주를 찾는 여행자

로쿠스케(닉네임)

나이	40대
거주지	간토 지방
직업	겸업 투자자
투자 경력	약 15년
금융자산	약 2억 엔
정보	블로그 '로쿠스케의 장기 투자 여행(http://blog.goo.ne.jp/6_suke)' 운용

기존의 사업이 벽에 부딪히면 스스로 변화를 일으켜 수익 구조나 업태의 전환을 실현한다. 이렇게 변화하는 기업의 주식을 사들이기 시작한 개인투자자 중 한 명이 로쿠스케(닉네임) 씨다. 본업은 대기업의 영업직이며, 블로그 '로쿠스케의 장기 투자 여행'에 자신의 투자 방침과 투자 이력, 개별 종목 분석 결과 등을 소개해 개인투자자들의 주목을 받고 있다.

기존의 투자법

고객에게서 정기적으로 일정한 수입이 들어오고, 고객의 증가에 따라 매출액과 이익이 연간 15~20%씩 안정적으로 증가하는 스톡형 비즈니스를 하고 있으며, 수입을 밑천 삼아 주변 사업으로 확대를 꾀하고 있는 종목에 투자한다. 주목해서 보는 지표로는 매출액 영업이익률 (10% 이상)과 ROE(자기자본이익률)이다.

지금까지 로쿠스케 씨는 고정 고객에게서 정기적으로 수익을 올리는 스톡형 비즈니스 기업이면서, 연간 15~20%씩 안정적으로 매출과 이익을 성장시키고, 본업 주변에서 신규 사업을 전개해 사업 내용을 확대하고 있는 종목에 집중투자해왔다.

보유 비율이 가장 높은 릴로 그룹은 그 전형적인 예다. 전근을 가게 되면서 집을 어떻게 할까 고민하던 중, 빈집을 임대하는 리로케이션 서비스를 전국에서 최초로 시작했고, 휴양소 관리나 사택 관리 등의 복리후생 대행, 기업의 해외 부임자 지원 등으로 사업 영역을 확대해온 릴로 그룹을 주목하게 되었다.

"투자에 시간을 들이지 않고 평일에는 본업에 주력하고 싶다는 생각에서

기대 수익률을 산출해 매매의 기준으로

일본관리센터	2016년 7월 29일
현재 주가	1,305엔
직전 BPS(주당순자산)	196.75엔
직전 배당	24엔
예상 EPS	76.48엔
설정 ROE (전기말 BPS 기준)	35.0%
배당 성향	41.8%
지속 가능 성장률	20.4%
10년 후 예상 BPS	1,256.31엔
10년 후 예상 EPS	439.71엔
설정 PER	20.0배
10년 후 예상 주가	8,794엔
10년간 예상 세전 배당 누계	635엔
합계	9,429엔
기대 수익률	21.9%

10년 후 예상 주가 계산식	1,256.31엔 (10년 후 예상 BPS)	×	0.35 (설정 ROE)	=	439.71엔 (10년 후 예상 EPS)
	439.71엔 (10년 후 예상 EPS)	×	20배 (설정 PER)	=	8,794엔 (10년 후 예상 주가)

주력 종목

종목명	주가	PBR(실적)	PER(예상)	시가총액	구성 비율
릴로 그룹	1만 6,330엔	6.91배	29.7배	2,497억 6,900만 엔	15%
아이 홀딩스	2,125엔	2.91배	15.9배	1,202억 5,400만 엔	30%
일본관리센터	1,278엔	7.38배	16.7배	243억 1,400만 엔	20%
구스리의 아오키 홀딩스	4,585엔	-	22.1배	1,441억 8,200만 엔	10%
마루이 그룹	1,516엔	1.28배	18.7배	3,542억 2,900만 엔	4%
아반트	950엔	2.62배	22.8배	89억 1,800만 엔	4%
닛토쿠 엔지니어링	1,771엔	1.50배	15.9배	320억 5,300만 엔	4%
유니버설 원예사	1,466엔	1.26배	11.7배	73억 6,600만 엔	3%
마에다 공섬	1,301엔	1.72배	14.4배	419억 3,900만 엔	2%

확립한 투자법입니다. 스톡형 비즈니스를 통해 수익을 안정적으로 증가시키면서 사업도 확대해나가는 종목에만 투자하면 가만히 내버려둬도 주가가 올랐지요."

기존의 투자법에서 대상에서 제외된 종목에 투자하다

2016년부터 새로운 투자를 시도하기 시작했다. 그 이유 중 하나는 '기존 투자법의 관점에서 좋다고 생각되는 종목들은 이미 PER이 높아져서 주가의 상승이 이익 증가 속도와 같거나 오히려 밑돌 우려가 생겼기' 때문이다. 여기에 '히후미 투신'을 운용하는 레오스 캐피털워크스의 포트폴리오 상위에 마루이 그룹이 모습을 드러낸 것도 하나의 계기가 되었다.

깜작 놀라서 조사해보니, 마루이 그룹은 기존의 본업인 소매·점포 사업에서 쇼핑센터와 같은 정기 임대형 점포로 이행을 추진해 투자 부담을 줄이고 있었다.

마루이 그룹의 사업별 영업이익 추이

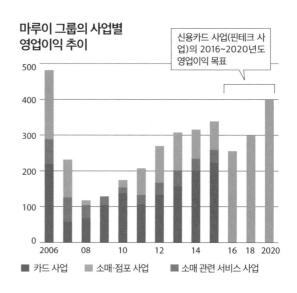

신용카드 사업(핀테크 사업)의 2016~2020년도 영업이익 목표

■ 카드 사업   ■ 소매·점포 사업   ■ 소매 관련 서비스 사업

마루이 그룹

주가	PBR (실적)	PER (예상)	시가총액
1,516엔	1.28배	18.7배	3,542억 2,900만 엔

-13주 이동평균 -26주 이동평균

마루이 그룹의 예

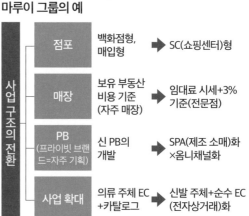

사업 구조의 전환	점포	백화점형, 매입형	➡ SC(쇼핑센터)형
	매장	보유 부동산 비용 기준 (자주 매장)	➡ 임대료 시세+3% 기준(전문점)
	PB (프라이빗 브랜드=자주 기획)	신 PB의 개발	➡ SPA(제조 소매)화 ×옴니채널화
	사업 확대	의류 주체 EC +카탈로그	➡ 신발 주체+순수 EC (전자상거래)화

또한 이와 동시에 신용카드 분야에서 외부와 연계를 확대해 전국 진출을 꾀함으로써 소매업에서 신용카드 회사로 변신을 추진하고 있었다. 그 결과 신용카드 사업의 매출과 이익이 꾸준히 상승하고 있어서, 2016년 3월 분기에는 감수減收이면서도 증익增益을 계상했음을 알게 되었다.

"증수증익을 지속하는 스톡형 비즈니스(고객이 확보되면 그 고객으로부터 수익이 정기적으로 발생) 기업에 초점을 맞추는 기존 투자법의 경우, 변혁을 통해 매출이 감소함에도 이익 증가를 유지하는 회사가 투자 대상에 포함되지 못합니다. 앞으로는 의식적으로 마루이 그룹 같은 종목을 찾아보려 합니다."

그는 기존의 투자법도 유지하면서 20%는 새로운 투자법으로 발굴한 종목으로 구성한다는 계획이다. 2016년 9월 이후로는 자동으로 코일을 감아주는 기계를 제조하는 닛토쿠 엔지니어링과 고기능 섬유를 사용한 지반 보강재를 제조하는 마에다 공섬의 주식을 새롭게 매수하고 있다. 특히 닛토쿠에 대해서는 경기 순환을 초월해서 성장할 수 있는 회사로 기대를 모으고 있다.

NO.07

경영 능력을 파악해 투자하는
개인투자자의 새로운 스타

펜타(닉네임)

나이	30대
거주지	도쿄
직업	전업 투자자
투자 경력	7년
금융자산	약 1억 엔

　펜타(닉네임) 씨는 처음에는 우대주를 중심으로 투자했다. 그런데 '히후미 투신'을 운용하는 레오스 캐피털워크스의 후지노 히데토 사장의 책을 읽게 되면서 전환기를 맞이했다. 레오스 캐피털워크스의 세미나에 참석해 후지노 사장과 일대일로 대화하면서 '개별 기업의 사업 내용 등을 조사해서 개별 종목 투자로 매매 차익을 노려보자'라고 생각하게 되었다.

　당시에는 제조 회사에서 경리 업무를 담당하고 있었기 때문에 일을 하면서 얻은 지식을 살릴 수 있겠다는 생각으로 가치투자를 공부했다. 그리고 사업 내용을 알기 쉬운 소매나 외식 종목에 투자했다. 그러나 개인투자자들의 오프 모임에서 스포 씨(48페이지 참조)를 비롯한 단기 투자자들의 이야기를 듣고 '이런 방법으로 수익을 올리고 있구나'라고 충격을 받았다. 그리고 그들의 공통점을 살펴봤는데, PER이 높더라도 성장력이 있는 비즈니스 모델을 지닌 기업에 집중투자한다는 것이었다. 그래서 이후로는 시가총액 100억 엔 이하의 중소형주이면서 고정 고객으로부터 정기적으로 수익을 올리는 스톡형 비즈니스 회사의 주식을 매수하게 되었다.

다만 비즈니스 모델만을 중시하지 않았다. 경영자의 역량을 파악하는 데도 역점을 두고 있다. '회사가 경영자의 그릇 이상으로 커지지는 않는다'고 생각하기 때문이다. 사장의 이야기를 듣기 위해 주주총회나 IR 설명회에 부지런히 참석하며 "밑에서 일하고 싶다는 생각이 드는 사장인가?", "나도 일하고 싶은 회사인가?"라고 자문한다. "그렇다"라는 답이 나오면 주식을 사들인다.

현재 보유하고 있는 주력 종목은 4개다. 기가프라이즈는 인터넷 서비스 제공 회사인 프리비트의 자회사로, 아파트 등에서 인터넷 접속 서비스를 일괄적으로 수주하는 비즈니스를 하고 있다. 아파트 관리 회사와의 제휴를 강화해 계약을 늘리고 있어 증수증익이 기대된다.

미로쿠 정보 서비스는 회계 사무소나 중소기업을 대상으로 회계 소프트웨어를 개발·판매하고 있다. 현재 업계에서 TKC와 일본 디지털 연구소에 이은 3위이지

펜타의 종목 선정 주요 포인트

1. 20% 이상의 ROE를 유지할 수 있는가?
2. 높은 PER을 허용할 수 있는 강력한 비즈니스 모델인가?
3. 현금흐름에 문제는 없는가?
4. '이 사람의 밑에서 일하고 싶다'는 생각이 드는 사장인가?
5. '나도 일해 보고 싶다'는 생각이 드는 회사인가?

2017년 1월 하순 시점의 주력 종목

종목명	주가	PBR(실적)	PER(예상)	시가총액	구성비율
기가프라이즈	5,740엔	5.95배	19.6배	81억 6,900만 엔	40%
미로쿠 정보 서비스	1,665엔	3.63배	21.0배	579억 5,200만 엔	15%
일본관리센터	1,278엔	7.38배	16.7배	243억 1,400만 엔	15%
뷰티개러지	1,111엔	3.54배	19.0배	66억 3,900만 엔	10%

만, 펜타 씨는 "기쿠카와 레이 씨(여배우)를 모델로 기용해 텔레비전 광고를 하는 등 가장 공격적으로 비즈니스를 하고 있습니다. 향후의 성장에 기대하고 있습니다"라고 말한다.

NO.08

주가가 오를 때까지 끈기 있게 기다리는
투자의 철학자

아일(닉네임)

나이	40대
거주지	아이치현
직업	전업 투자자
투자 경력	27년
금융자산	약 3억 엔
정보	블로그 '중장기 투자로 초부자가 되자(http://7oku.seesaa.net/)' 운용

"변동폭이 커서 조금 놀랐지만, 그렇다고 해서 특별히 투자 방법을 바꾸지는 않았습니다. 일시적으로 자산이 줄어들었고, 회복되기까지는 시간이 걸리겠다고 생각했을 뿐이지요. 주력 종목의 주가를 지켜보기만 했습니다."

2016년 6월 24일 금요일. 유럽연합[EU]에서 탈퇴하기로 결정한 영국 국민투표 결과의 영향으로 닛케이 평균주가는 전일 대비 1,286엔이나 급락했다. 그로부터 사흘 뒤인 6월 27일 월요일 저녁, 도쿄 시부야의 찻집에 동료 투자자와 함께 모습을 드러낸 40대 남성은 담담한 표정으로 이렇게 말했다. 그의 투자 스타일은 외식이나 소매 등 우리와 친근한 서비스업 회사에 주목해 성장력이 있다고 판단한 종목에 집중투자한 후 주가가 크게 오르기를 몇 년 동안 기다리는 것이다.

주주총회에서 성장력을 판단한다

아일(닉네임) 씨는 블로그와 트위터를 통해 자신의 투자 기법과 경험을 공개하고 있다. 거주지인 나고야에서 매달 '나고야 현금흐름 게임 모임'이라는, 게임 요소를 도입한 스터디 클럽을 주최해 개인투자자들의 교육에도 힘쓰고 있다.

아일 씨가 현재의 투자 기법을 확립한 계기는 미국의 거대 운용 회사인 피델리티에 몸담고 있었던 전설적인 펀드 매니저의 저서 《피터 린치의 이기는 투자》를 읽은 후였다. 그때부터 피터 린치의 투자 기법에 매료되어 따라 하게 되었다. 그의 종목 선정 방법은 친근하고 사업 모델을 알기 쉬운 외식이나 소매 등의 서비스업 가운데 연고지인 나고야에서 전국으로 진출할 것 같은 종목에 집중투자하는 것이다.

먼저 사업 모델과 과거의 실적을 조사해 후보를 가려낸 다음, 근처 점포를 직접 찾아가 상품이나 서비스, 손님은 많이 오는지, 접객 수준은 어떤지 등을 확인한다. 그리고 가장 관심이 가는 회사의 주식을 최소 거래 단위만큼만 매수한다. 왜냐하면 주주총회에 참석하기 위해서다. 주주총회에서는 최고경영자에게 직접 질문을 던진다.

"여러 번 참석해보면 경영자의 수완을 알 수 있게 됩니다."

또한 경쟁사의 주식도 매수한 후 주주총회에 참석해 라이벌을 어떻게 생각하는지 물어보는 것도 잊지 않는다. 이런 작업을 반복해 성장에 대한 확신이 서면 주식 보유량을 늘려 나간다.

아일의 투자 기법

소매나 외식 등 우리와 친근한 서비스업 회사로 타깃을 좁힌다.	회사의 비즈니스 모델이나 과거의 실적을 분석한다.	실제로 점포를 찾아가 상품·서비스의 질과 접객 자세, 인기도 등을 관찰한다.	주식을 최소 거래 단위만 매수하고 주주총회에 참석한다.	주주총회에서 경영자의 이야기와 설명 자료를 확인한다.	주주총회에서 궁금한 점을 질문하고 회사 답변의 의미를 파악한다.	경쟁사의 주식도 매수하고 주주총회에 참석해 라이벌을 어떻게 생각하는지 물어본다.	투자할 가치가 있다고 판단하면 주식을 조금씩 늘려 나간다.

4종목에 집중하다

현재는 200사에 가까운 종목을 보유하고 있는데, 대부분 주주 우대를 노린 것들이다. 큰 폭의 주가 상승을 기대하는 주력 종목은 2007년에 집중 매수한 자동차 딜러 VT 홀딩스와 장례 회사 티아, 2015년부터 매수하기 시작한 지풋 그리고 주식수병 씨(126페이지 참조) 등 다수의 저명한 개인투자자가 매수하고 있는 웨지 홀딩스다. 이 가운데 지풋은 거대 유통 회사인 이온의 자회사로서 신발 전문점 체인을 운영하고 있는데, 이온몰의 해외 전개와 발 맞춰 해외 출점이 늘어날 것으로 기대를 모으고 있다.

아일 씨는 보유 종목의 주주총회에 참석하기 위해 2016년 6월 19일부터 29일까지 11일 동안 도쿄에 머물렀다. 이 기간 동안 34개사의 주주총회에 참석했으며, 이 가운데 12개사의 주주총회는 매도 시기 파악 또는 신규 투자처 조사를 위해 참석한 것이었다. 또한 시간이 날 때마다 다른 개인투자자들과 만나 정보를 교류하는 등 '브렉시트 충격'으로 시장이 동요하는 가운데서도 주력 종목의 조사와 신규 후보의 발굴에 힘을 쏟았다.

트럼프의 경제 정책에도 그의 투자 방침은 굳건하다.

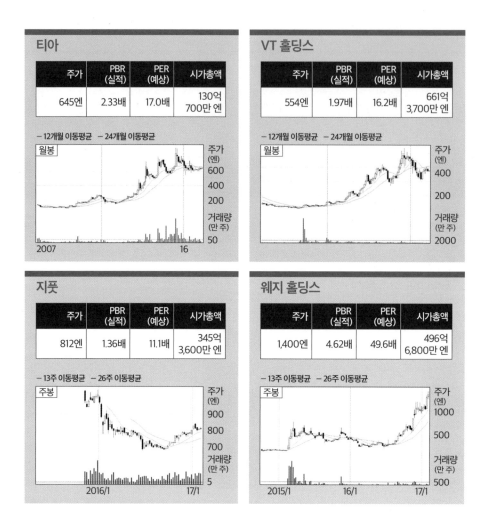

티아			
주가	PBR (실적)	PER (예상)	시가총액
645엔	2.33배	17.0배	130억 700만 엔

− 12개월 이동평균 　− 24개월 이동평균

월봉
주가 (엔) 600 400 200
거래량 (만 주) 50
2007　　　　16

VT 홀딩스			
주가	PBR (실적)	PER (예상)	시가총액
554엔	1.97배	16.2배	661억 3,700만 엔

− 12개월 이동평균 　− 24개월 이동평균

월봉
주가 (엔) 400 200
거래량 (만 주) 2000

지풋			
주가	PBR (실적)	PER (예상)	시가총액
812엔	1.36배	11.1배	345억 3,600만 엔

− 13주 이동평균 　− 26주 이동평균

주봉
주가 (엔) 900 800 700
거래량 (만 주) 5
2016/1　　　　17/1

웨지 홀딩스			
주가	PBR (실적)	PER (예상)	시가총액
1,400엔	4.62배	49.6배	496억 6,800만 엔

− 13주 이동평균 　− 26주 이동평균

주봉
주가 (엔) 1000 500
거래량 (만 주) 500
2015/1　　　16/1　　　17/1

"시장의 미래는 예측이 불가능하다고 생각합니다. 그래서 예측 불가능한 일을 예측하려고 시간이나 노력을 들이지는 않습니다. 외부 환경이 바뀌어도 중장기적으로 실적이 성장할 회사를 정확히 골라내기 위해 노력하고 있습니다. 그런 회사의 실적이나 장래성이라면 제 나름대로 상상할 수 있으므로 그쪽에 힘을 쏟을 생각입니다."

NO.09

투자법을 바꿔 재기에 성공한

투자의 신화

아키(닉네임)

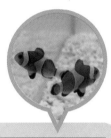

나이	40대
거주지	시코쿠 지방
직업	겸업 투자자
투자 경력	16년
금융자산	수천만 엔
정보	블로그 '성장주로 억만장자(http://growth-stock.blog.jp)' 운용

"지금은 주가 상승이 예상되는 종목을 새로 찾아내기가 어렵습니다. 그리고 무엇인가를 바꿔야 한다고 생각하지 않습니다. 기존의 방법으로 시간과 노력을 들여서 신규 매수할 종목을 찾고 있습니다."

2016년 9월 하순, 개인투자자인 아키(닉네임) 씨는 전화 통화에서 이렇게 말했다. 기업에서 일하면서 16년에 걸쳐 주식투자를 해온 아키 씨의 투자 기법은 성장주 투자다. 과거 3년 사이 매출액이 전기 대비 10% 이상, 영업이익이 20% 이상 성장하고 있으면서 주가 상승의 기폭제가 될 재료를 기대할 수 있는 종목을 매수한다.

"과거의 실적은 보지만 미래의 실적은 예상하지 않습니다. 예전에는 미래 실적을 예측해본 적도 있지만 적중률도 낮고, 무엇보다 미래에 대한 기대를 버릴 수가 없어서 손절매가 어려워지더군요. 그래서 그만뒀습니다."

시가총액을 기준으로 선별하지는 않지만, 어떤 한 가지 재료가 기업 전체의 실적에 큰 영향을 끼치는 종목을 찾다 보니 자연스럽게 시가총액이 1,000억 엔 미만의 중소형주에 투자할 때가 많다. 투자지표로는 PER을 중시한다.

"적정 주가는 PER(주가수익비율)과 EPS(주당순이익)를 곱해 추정합니다. EPS의 성장뿐만 아니라 PER의 성장도 기대하기 때문에 PER이 20배 미만인 종목을 투자 대상으로 삼고 있습니다."

물타기 매수로 손실이 계속되다

아키 씨가 투자를 할 때 반드시 지키는 원칙이 또 하나 있다. 과거의 실적이 기준에 일치하고, 주가 상승으로 이어질 것 같은 재료도 있으며, PER도 20배 미만이라 해도 '현재 하락 추세인 종목은 매수하지 않는다.'

그 배경에는 과거의 실패가 있다. 2001년 주식투자를 시작한 이래 2005년까지는 운용 성적이 플러스였는데, 2006년부터 2008년까지 3년 동안은 약 27~42%의 손실이 계속되었다. 주가가 하락해 저평가 상태의 주식을 사들였는데 주가 하락이 멈추지 않아 결국 손절매하기를 반복했기 때문이었다. 그렇다고 주식투자에서 손을 떼지는 않았지만, 집안 사정으로 갑자기 현금이 필요해져 2008년 8월에 보유 주식의 대부분을 매도했다.

2006년부터의 손실이 2005년까지의 수익을 소멸시킨 탓에 전체 운용 성적은 거

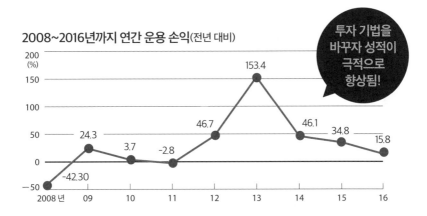

2008~2016년까지 연간 운용 손익(전년 대비)

투자 기법을 바꾸자 성적이 극적으로 향상됨!

의 본전이었다. 그 후 회사에서 받는 급여가 늘어나 투자할 자금에 여유가 생긴 2012년에야 비로소 본격적으로 주식 매매를 재개할 수 있었다. 이때 과거의 경험을 살려서 지금의 투자 방법을 실천하게 되었다.

그때까지의 경험에서 배운 또 한 가지 교훈은 현금의 중요성이었다. 아키 씨는 2007년에 주가지수와 연동되는 인덱스 펀드도 구입하였다. 그런데 이때 운용사가 투자자들이 해약할 것을 대비해 일정 비율의 현금을 보유하고 있다는 사실을 알게 되었다.

"예전에는 남는 돈이 있으면 전부 주식투자로 돌렸었는데, 그때 비로소 현금 보유의 중요성을 깨달았습니다. 여기에 자금 부족으로 2008년부터 2011년까지 소액 거래밖에 하지 못했던 경험도 있어서 현금의 필요성을 피부로 느꼈지요."

현금을 보유하는 것은 손실에 따른 리스크를 억제하는 '방어'와 상승장이 찾아왔을 때 운용자금을 늘릴 수 있는 '공격'의 효과를 동시에 누릴 수 있다고 한다.

4년 연속으로 30%가 넘는 성적을 기록하다

투자법을 바꾼 덕분인지, 2012년에 본격적으로 투자를 재개한 뒤 운용 성적은
극적으로 개선되었다. 2015년부터 4년 동안 매년 30%가 넘는 운용 수익을 기록한

주력 종목(보유 비율 10% 초과)

사가미 고무공업

주가	PBR(실적)	PER(예상)	시가총액
1,907엔	3.06배	18.3배	119억 9,800만 엔

유니버설 엔터테인먼트

주가	PBR(실적)	PER(예상)	시가총액
4,115엔	1.42배	15.0배	3,300억 200만 엔

그 밖의 주요 보유 종목(보유 비율 5~10%)

종목명	주가	PBR(실적)	PER(예상)	시가총액
겐키	6,070엔	3.09배	15.1배	428억 300만 엔
시티에스	1,517엔	4.42배	21.6배	169억 9,000만 엔
기가프라이즈	5,740엔	5.95배	19.6배	81억 6,900만 엔
웨지 홀딩스	1,400엔	4.62배	49.6배	496억 6,800만 엔
MCJ	1,150엔	2.18배	11.3배	584억 9,100만 엔

것이다. 특히 2013년의 운용 수익은 153.4%에 이르러서, 이 1년 동안 자산을 2.5배로 불렸다. 그런데 2016년에 들어서면서 상황이 변해 1월부터 운용 성적이 마이너스를 기록했다.

"하락 기조임을 5월에 인식하고 보유 주식을 매도해 현금비율을 운용자금의 35%로 끌어올렸습니다. 덕분에 보유 주식의 평가액은 절반이 되었지만, 자산 전체의 손실은 30% 이하로 억제할 수 있었습니다."

주력 종목에 대한 변함없는 기대

다만 앞에서 말한 것처럼 신규 주식의 매수나 보유 주식의 주가 상승에 대한 기대를 단념한 것은 아니다. 실제로 2016년 6월부터 7월 그리고 같은 해 9월부터 2017년 1월의 운용 성적은 플러스였다.

현재의 주력 종목은 파친코·슬롯머신 제조 회사인 유니버설 엔터테인먼트와 사가미 고무공업이다. 유니버설 엔터테인먼트는 예상 실적을 계속 상향했다. 뿐만 아니라 필리핀에 건설한 카지노 리조트 '오카다 마닐라'가 2016년 말에 카지노 운영을 시작한 것이 호재로 작용해 주가가 지속적으로 상승했다. 2017년 2월 1일에는 2008년 1월에 기록한 10년간 최고가인 4,400엔에 육박하는 4,340엔까지 상승했다.

사가미 고무공업의 경우 2016년 6월에 인기 상품인 박형薄型 콘돔의 판매를 재개한 것이 주가 상승으로 이어질 것이라고 예상하고 주식을 매수했다. 하지만 예상대로 600엔 전후였던 주가가 같은 해 8월 하순부터 상승하기 시작해 2017년 2월 2일에는 1,159엔까지 오르며 연내 최고가를 경신했다.

신규 주식의 매수도 활발히 진행하고 있다. 2016년 12월에는 히로세 통상과 일본 에셋마케팅, 2017년 1월에는 G-7 홀딩스의 주식을 매수했다.

NO.10

지속적 성장 가능성에 주목하는
전직 애널리스트 투자자

심판부장(닉네임)

나이	50대
거주지	사이타마현
직업	겸업 투자자
투자 경력	4년 6개월(부동산투자 경력 1년 9개월)
금융자산	3억 9,000만 엔
정보	운용자산: 일본 주식 2억 6,000만 엔, 미국 주식 8,000만 엔, 주식펀드 1,000만 엔, 현금/예금 4,000만 엔, 부동산 3억 6,000만 엔(이 중 3억 4,000만 엔을 차입)

　휴일에는 유소년 야구의 심판으로 활약하는 심판부장(닉네임) 씨. 심판으로서 성장기의 선수들을 지켜보듯이, 주식투자에서도 중소형 성장주의 동향을 지켜본다. 투자에 본격적으로 뛰어든 시기는 2012년 여름으로, 리먼브라더스 사태 이후 외자계 증권 회사의 애널리스트에서 일반 회사로 이직해 새로운 환경에 어느 정도 익

숙해졌을 무렵이었다.

금융자산 약 1억 엔 중 절반을 일본 주식에 투자한 지 4년 반 만에 자산은 약 5배 인 2억 6,000만 엔으로 불어났고, 전체 금융자산도 4배에 육박하는 3억 8,000만 엔 으로 증가했다. 2015년 여름부터는 부동산투자도 시작해 5동 38실을 보유하고 있 으며, 구입 금액은 3억 6,000만 엔에 이른다.

지속적으로 성장할 가능성이 있는가

성장주에 주목하는 심판부장 씨가 종목을 선별할 때 중요하게 생각하는 것은 지 속적으로 실적을 성장시킬 수 있는 구조인가이다.

"중소형 성장주의 경우 이익은 물론이고, 성장을 지속할 수 있는지에 대해 주목 합니다."

심판부장 씨는 종목을 선별할 때 결산 등의 중요 정보를 공시하는 적시 공시를 활용해왔다. 도쿄증권거래소의 웹사이트나 닛케이 인터넷판 등에서 입수할 수 있 으며, 태블릿 단말기 애플리케이션인 '적시 공시 나우'도 활용한다. 외출할 때도 태

투자 전략

중소형 성장주

심판부장의 종목 선별 포인트

1. 적시 공시 정보로 실적이 좋은 종목을 확인한다.
일정 규모의 영업 이익이 있고 두 자릿수 성장률을 기록하고 있는가.

2. 각종 자료를 바탕으로 지속 성장이 예상되는지 조사한다.
매출을 증가시키는 구조적인 성장 요인을 보유하고 있는지 확인한다.

3. PER은 중시하지 않는다.
성장 능력이 있기 때문에 고평가를 받는다고 생각한다.

블릿을 가지고 나가서 애플리케이션으로 관심 종목을 확인한다.

그렇다면 심판부장 씨는 실적 정보를 어떤 식으로 활용할까?

"1억 엔이었던 영업이익이 1억 5,000만 엔이 되어도 신경 쓰지 않지만, 10억 엔이 15억 엔으로 증가했다면 조사해봅니다."

규모가 작은 회사의 대폭 증익은 여명기의 일시적인 현상으로 끝날 때가 많다. 하지만 일정 규모의 이익을 내고 있는 회사가 두 자릿수의 고성장을 이루었다면 사업이 지속적으로 성장하는 구조로 변화가 일어났을 가능성이 있기 때문이다.

심판부장 씨에게 수익을 가져다준 종목 중 하나가 의료기기 판매 및 제조 회사인 일본 라이프라인이다. 개인투자자인 가타야마 아키라 씨가 2014년 가을에 집중투자해서 유명해진 종목이다. 심판부장 씨도 이 회사의 구조 변화를 감지하고, 같은 해 11월부터 300엔대(분할 조정 후)에 매수를 시작해 지금까지 3,500만 엔이 넘는 수익을 올렸다.

감수증익에 두 자릿수 성장의 조짐을 보다

이 종목에 주목한 계기는 2014년 10월 하순의 적시 공시 정보였다. 당초 예상했던 실적보다 감수증익이 예상된다는 내용이었는데, '자사 그룹 제품의 매출 구성비가 증가해 매출 총이익이 계획을 웃돌 전망'이라는 설명이 눈길을 사로잡았다. 그리고 아직 매출액은 적지만 이익률이 높은 신제품으로 수익 기반이 변화하는 과도기에 접어들었으며, 두 자릿수의 증수증익을 기대할 수 있을 것으로 판단했다. 심판부장 씨는 투자를 실행하기 전에 과거의 실적을 엑셀에 직접 입력한다. 변화의 조짐을 눈으로 뿐만 아니라 몸 전체로 느끼기 위해서다.

현재 보유 주식은 약 20종목이며, 그중 하나인 일본 M&A센터도 지속 성장의 사업 구조를 갖췄다고 판단해 매수하였다. M&A를 중개하는 이 회사의 타깃은 중소

기업인데, 그중에서도 조제 약국의 중개가 증가하고 있다. 현재 조제 약국 업계는 대형 10개사의 점유율이 10%대 정도다. 즉 앞으로 집약 재편이 진행될 것이며, 따라서 이 회사의 수익 기회도 안정적으로 증가할 가능성이 있었다.

심판부장 씨는 지속 성장의 원동력을 파악한 종목에 투자할 때는 PER을 그다지 신경 쓰지 않는다.

"저보다 먼저 주식을 사들이고 있는 투자자가 있을 것입니다. 또 애초에 성장에 대한 기대가 높은 주식의 경우 멀티플(투자 척도)은 높아지게 되어 있습니다."

그런 만큼 기대가 시들었을 때 주가가 급락한다는 점도 의식하고 있다. 보유 종목 중 하나인 아사히 인텍은 2016년 5월 중순에 6,480엔까지 오른 뒤 같은 해 12월 초순에 3,840엔까지 하락했다. 이렇게 주가가 하락한 요인 중 하나는 같은 해 8월에 공표한 실적 전망으로, 2017년 6월의 실적이 전년 대비 1.2% 증수와 0.5% 증익에 그칠 것으로 예상된다는 내용이었다. 2013년 6월부터 3분기 연속으로 두 자릿수 증수증익을 달성했던 만큼, 이 전망에 실망 매물이 쏟아졌다. 이 회사의 주식을 8,000주 보유하고 있었던 심판부장 씨는 2016년 3월과 7월에 모두 합쳐서 4,000주

심판부장 씨가 보유한 종목의 예

종목	사업 내용과 주목할 점
일본 라이프라인	의료기기 판매 및 제조 회사. 이익률이 높은 자사 개발품의 성장 기대
일본 M&A 센터	중소기업의 M&A(합병·매수) 중개. 제조 약국의 M&A가 성장할 것으로 전망
M&A 캐피털 파트너스	일본 M&A센터와 같음
아사히 인텍	의료기기 제조 회사, 해외 판매도 하고 있다.
에스엠에스	의료·간호 인력 소개. 만성적인 일손 부족 현상이 계속되고 있어 수요가 견실하다.

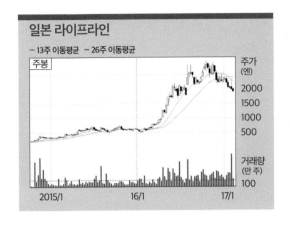

일본 라이프라인

- 13주 이동평균 - 26주 이동평균

주봉

주가
(엔)

2000
1500
1000
500

거래량
(만주)

100

2015/1   16/1   17/1

를 매도해 약 1,100만 엔의 수익을 실현했다. 다만 남은 주식을 모두 처분할 생각은 없다. 실적 부진에 빠진 주요 요인은 엔화 강세이며, 달러화 기반으로 보면 해외 사업은 성장하고 있기 때문이다. 따라서 지속적으로 성장하는 구조가 유지되고 있다고 보고 있으며, 저점 매수할지 검토하는 단계라고 한다.

지속적으로 성장할지, 반대로 성장기가 끝났는지를 판단하기란 쉬운 일이 아니다. 심판부장 씨는 투자 대상의 범위를 의료 관련 종목으로 좁혀서 업계와 사업 환경에 대한 지식에 깊이를 더함으로써 대처해왔다. 성장주에 분산투자하는 전략으로 연간 10~15%의 수익을 올리면 합격점이라고 생각하며, 애널리스트 출신답게 TOPIX(도쿄증권거래소 주가지수)보다 자신의 운용 성적이 좋았는지를 월/년 단위로 확인한다. 또한 큰 이익을 낸 종목, 반대로 손해를 본 종목을 기록해서 교훈으로 삼는다.

운용 성적은 인터넷을 통해 쉽게 확인할 수 있지만, 엑셀에 자신의 손으로 직접 입력하면 기쁜 마음도, 화난 마음도 더욱 피부에 와 닿는다고 한다. 종목 선별이든 운용 성적이든 자신의 손으로 정보를 재편집하는 것이 심판부장 씨의 특징이다.

부동산투자에도 주식투자의 기술을 활용한다

부동산투자도 주식투자와 같은 기법으로 물건을 선별해왔다. 부동산 회사에서 보내주는 물건 정보를 매일 30건 정도 살펴보고, 관심이 가는 물건을 검토한다. 그 다음 이것이다 싶은 물건은 현장으로 가서 직접 확인한다. 그리고 근처 지하철역이나 교통편의 노선도를 직접 그리며 유동인구를 확인한 후 임대 수요를 파악해 참고로 삼는다. "편하게 돈을 벌 방법은 없습니다"라고 말하는 그의 목소리에서 힘이 느껴졌다.

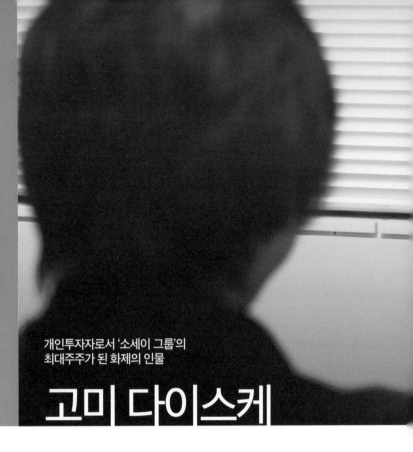

고미 다이스케

개인투자자로서 '소세이 그룹'의 최대주주가 된 화제의 인물이다.

과거의 믹시나, 현재의 소세이 그룹 등 최근 수년 사이 주가가 급등한 '대박' 종목의 주주 명부에 대주주로 이름을 올려 주목받은 개인투자자이다. 지방에 거주하는 회사원으로, 중학생 때 주식투자를 시작해 경력은 20년이 넘는다. 2016년에는 소세이 주식의 급등으로 한때 운용자산이 300억 엔을 넘기기도 했다.

개인투자자로서 '소세이 그룹'의
최대주주가 된 화제의 인물

고미 다이스케

100억 엔의 수익을 올리는 승부사들
운용자금 380억 엔의 신화

대담을 시작하며

가타야마 먼저 트럼프의 미국 경제에서부터 이야기를 시작할까요? 제 경우 투자의
측면에서 전과 달라진 부분은 거의 없기는 합니다만…. 고미 씨도 그렇지
않은가요?

고미 네, 달라진 것은 하나도 없습니다.

가타야마 2016년 11월 미국 대통령 선거 이후로 미국은 물론이고 일본에서도 주가

운용자산
약 **130억 엔**

카타야마 아키라
2016년 운용자금을 100억
엔으로 불린 승부사이다.
2005년, 23세 때 65만 엔
으로 주식투자를 시작하여
7년 반 만에 12억 엔으로 불
렸다. 2013년에 자산운용
회사에 들어가 기관 투자
업무를 담당한 뒤, 2014년
에 벤처기업 투자회사인 시
리우스 파트너즈를 설립했
다. 2016년에는 연초에 25
억 엔이었던 운용자산을 순
식간에 130억 엔까지 확대
했다. 집중투자가 특기이며,
공매도도 한다.

2016년에 운용자금을
약 100억 엔이나 불린 승부사

가타야마 아키라

최고의 개인투자자 두 사람이 주식투자에서 성공할 수 있었던
투자 방법, 마인드와 종목 발굴의 힌트를 이야기한다.

가 올랐습니다. 하지만 현재 상황은 왠지 너무 장밋빛 전망만 넘쳐나고

있다고 생각됩니다. 이럴 때 단기 포지션으로 수정하면 낭패를 보는 경우

가 많지요.

고미   저는 선거 시점에 이미 상당한 포지션을 구성해놓았기 때문에 지금 수정

할 수 없다고 말하는 쪽이 정확할 겁니다. 트럼프 대통령의 당선에 관해

서는 2012년의 일본에서 정권이 바뀌었을 때 정도의 시장 충격이 있지 않

을까 생각합니다. 대통령과 의회의 과반 정당이 모두 공화당이기 때문에

정책이 빠르게 진행될 것입니다. 그리고 공공투자도 증가할 것으로 보여 주가는 상승 흐름을 타지 않을까 예상하고 있습니다.

가타야마 그렇군요.

고미 다만 아베노믹스(일본 아베 신조 총리가 침체된 경기를 부양하기 위해 실시한 경제정책) 경기도 첫 반년 동안은 크게 상승했지만, 그 뒤 숨 고르기에 들어갔지 않았습니까? 미국도 마찬가지로 기대감이 선반영되어서 주가가 올랐지만, 생각만큼 경기가 좋아지지 않는다면 그 후에는 하락세로 전환될 것이라고 생각됩니다. 그래서 반년 정도 주가가 상승할 것으로 보고 있습니다. 그런 관점에서 2017년 봄까지 수익을 낼 수 있을 만큼 내면서 현금 포지션도 늘리려고 생각 중입니다.

> 미국 대통령 선거에서 누가 승리하더라도 주가는 상승하리라고 생각해 최대한 포지션을 구성해놓았습니다.
>
> —고미 다이스케

가타야마 저는 2016년 여름 이전부터 신중한 자세를 유지하고 있습니다. 지금도 상황을 낙관적으로 보고 공격적으로 투자할 생각은 없습니다. 제 생각에 아베노믹스의 주가 상승 원동력은 금융 완화였는데, 지금 미국은 금융 긴축 정책을 펴고 있습니다. 그로 인해 금리가 상승하고 달러가 강세로 전환되면 결국 실물경제에 부작용이 나타날 것이라고 생각합니다. 미국의 기업 결산에서 달러 강세의 부정적 영향이 나타날 경우, 지금의 장밋빛 분위기가 얼마나 계속될 수 있을지 걱정스럽네요.

고미 물론 그런 리스크는 있습니다만, 제 경우 어느 정도는 계속될 것이라고 보고 있습니다.

현물 매수로 200억 엔의 수익을 올리다

가타야마 고미 씨는 전체 주식시장의 단기적인 움직임에 대해 어떤 포지션을 취하고 계신가요?

고미 기본적으로는 장기 투자입니다. 하지만 자금의 10~20%를 단기 매매할 때도 있습니다. 다만 이번 대통령 선거 때는 어떤 결과가 나오든 악재가 해소되어 주가가 상승하리라 생각합니다. 그래서 최대한 주식을 사 놓은 상태이기 때문에 여유 자금이 없습니다.

가타야마 어떤 후보가 승리하든 주식이 오를 것으로 생각하고 구입하셨단 말씀입니까? 대단하네요. 그러고 보니 소세이 그룹의 주주 명부에 개인투자자로서 고미 씨가 최대주주로 등재된 것이 한때 인터넷에서 큰 화제가 되었었지요.

고미 그랬지요(쓴웃음). 주가가 4,000엔 정도였을 때 사들이기 시작해 1년에 걸쳐 서서히 사 모을 생각이었습니다. 그리고 2~3년 사이에 회수할 계획이었는데, 화이자와 엘러간에 관련된 호재가 터져서 갑자기 주가가 상승하는 바람에 서둘러 포지션을 늘렸지요. 일단 고가를 찍고 떨어질 때 다시 한번 추가 매수를 했으니까 타이밍상으로는 잘 샀다고 생각합니다.

가타야마 그러니까 주가가 싸졌을 때 추가 매수한 결과 최대주주가 된 것이군요. 한 가지 더 여쭙고 싶은데, 고미 씨께서는 거래를 할 때 레버리지를 사용하시나요?

고미 기본적으로는 사용하지 않습니다.

가타야마 공매도는 하시나요?

고미 가끔은 하지만, 딱히 재미는 못 봤습니다. 2015년 가을 마쓰다와 후지중공업을 공매도했지만 별 재미를 보지 못하고 금방 철수했습니다. 그리고

일본 라이프라인의 주가 추이

－13주 이동평균 －26주 이동평균

주봉

주가 (엔)
2000
1500
1000
500

거래량 (만 주)
50

2015/5   2016/1   2017/1

집중투자한 의료기기 수입 회사 일본 라이프라인의 주가 상승으로 2016년에 운용자산을 크게 늘렸다. 전자책 서점 파피레스, 유료 노인 요양 시설을 운영하는 참 케어 코퍼레이션도 대량 보유하고 있다.

● 가타야마의 주요 투자 종목

종목명	보유 비율	주가	시가총액	PBR(실적)	PER(예상)
일본 라이프라인	4.78%	1,995엔	901억 엔	3.87배	16.1배
파피레스	10.44%	4,595엔	237억 엔	5.83배	24.8배
참 케어 코퍼레이션	6.85%	2,721엔	88억 엔	5.20배	21.1배

*주 : 2017년 2월 3일 기준, 보유 비율은 가장 최근의 유가증권 보고서, 대량 보유 보고서에서 발췌

화낙을 천장에서 팔았다가 금방 되산 적도 있고요.

가타야마 그렇다면 거의 현물 매수만으로 200억 엔을 넘겼다는 말씀이신가요?

고미 기본적으로는 그렇습니다.

가타야마 200억 엔이 넘는 자산이 있는데도 투자를 계속하는 동기는 무엇인가요?

고미 솔직히 3억 엔만 있으면 살기에는 충분하기 때문에 지금은 게임에서 얼마나 높은 스코어를 낼 수 있는지 도전하는 느낌도 있습니다.

하지만 이것이 전부는 아니고, '이 회사는 좋은 회사다'라고 판단한 제 안목에 책임을 진다고나 할까요. 이 종목에 제 자산의 절반을 걸 정도의 각

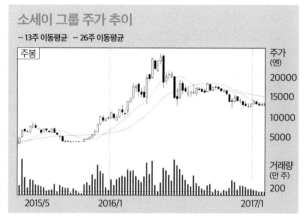

소세이 그룹 주가 추이

- 13주 이동평균 - 26주 이동평균

주봉

주가
(엔)
20000
15000
10000
5000

거래량
(만 주)
200

2015/5   2016/1   2017/1

신약 개발 벤처기업인 소세이 그룹에 투자해, 2016년 9월 말의 주주 명부에서 최대주주로 기재되었다. 소셜 통신 판매 사이트를 운영하는 에니그모, 부동산 정보 사이트를 운영하는 넥스트 등의 대주주로도 이름을 올렸다.

● 고미의 주요 투자 종목

종목명	보유 비율	주가	시가총액	PBR(실적)	PER(예상)
소세이 그룹	4.43%	1만 3,750엔	2,325억 엔	8.51배	17.8배
에니그모	3.52%	1,579엔	336억 엔	11.70배	32.0배
넥스트	1.68%	769엔	913억 엔	5.42배	29.0배

*주 : 2017년 2월 3일 기준, 보유 비율은 가장 최근의 유가증권 보고서, 대량 보유 보고서에서 발췌

오가 있음을 보여주기 위해서 주식을 사고 있습니다.

주변에서 투자의 씨앗을 발견하다

가타야마 예전에 믹시에 대한 투자로 재미를 보셨던 것을 기억합니다. 스마트폰용 게임의 인기 순위를 보면 매출 수준을 알 수 있기 때문에 이를 눈치채고 주식을 산 사람들은 아마 큰 수익을 올렸을 것입니다. 새로운 것이 나왔

을 때 그런 재료를 재빨리 찾아내서 돈을 버는 사람은 반드시 있기 마련이
죠. 그리고 그런 기회는 언제나 있음을 통감했습니다.

고미   게임주는 예전부터 좋아했습니다. IT 거품 당시 스퀘어(현 스퀘어-에닉스
홀딩스)의 주식을 사서 큰 이익을 보기도 했고, DeNA의 주가가 쌀 때 사서
2배 정도 상승했을 때 팔았는데 그 뒤로 더 올랐던 적도 있지요.
그런 경험 덕분에 경호 온라인 엔터테인먼트와 코로프라의 주가 상승을
놓치지 않을 수 있었다고 생각합니다. 오래전부터 조작하기 편리한 스마
트폰 앱 게임이 주류가 될 것이라고 확신했기 때문에 크게 인기를 끈 게임
'퍼즐&드래곤'이 세상에 나왔을 때 '기다렸던 기회가 마침내 찾아왔구나'
라고 생각하고 거의 모든 자금을 경호에 투자했습니다.

가타야마   그런 게임주를 살 때는 무엇을 보시나요?

고미   게임주의 경우는 제가 직접 해보고 재미있다고 생각한 것에 투자합니다.

가타야마   그렇군요. 저는 게임을 거의 하지 않습니다. 스마트폰 게임은 매일 안 하
면 손해를 보도록 설계되어 있지 않습니까? 저는 일을 할 때 다른 것을 하
게 되면 쉽게 주의가 산만해지는 경향이 있어서요. 게임을 하게 되면 투
자에 소홀해지게 될 것 같아요. 시간이 아니라 정신적인 측면에서 말이지
요. 아, 그런데 '섀도버스'는 얼마 전부터 하고 있습니다. 그 게임 꽤 재미
있더라고요.

고미   그 게임 재미있지요. 많은 돈을 쓰지 않고도 즐길 수 있어요.

가타야마   제 생각에는 양심적인 게임 같습니다.

고미   네, 상당히 양심적인 게임이지요. '포켓몬 GO'도 그렇고, 최근 들어 과금
을 하지 않아도 즐길 수 있는 게임이 늘어난 것을 보면 스마트폰 게임 업
계가 전체적으로 상황이 어려워진 게 아닌가 하는 생각이 듭니다.

가타야마   맞습니다. 지금은 다양한 콘텐츠와 오락거리가 동일한 영역에 겹쳐 있어
요. 저는 파피레스라는 전자책 회사에 투자하고 있는데요. 그 회사 사장

의 이야기에 따르면, 종이책 시장이 반 토막이 났는데 그 줄어든 분량 중 약 20%만 전자책 시장으로 유입되었다고 하더군요. 나머지는 게임 등에 빼앗긴 것이지요.

고미   죽었다 깨어나도 하루에 쓸 수 있는 시간은 24시간뿐이니까요.

가타야마   그래서 말인데요. 앞으로 게임 업계가 어려워진다고 해도 다른 분야가 성장할 가능성이 있다고 봅니다. 그런 분야의 기업이 매출이든 이익이든 '불쑥' 성장할 조짐을 보였을 때 그 '불쑥'이 진짜 성장이 될지 아닐지를 제대로 예측해 투자하려 합니다.

고미   게임 업계도 그렇지만, 저는 주변에서 투자의 씨앗을 발견하는 경우가 많습니다. 그중 하나가 부동산 정보 사이트 '홈즈'를 운영하는 넥스트인데, 몇 년 전에 임대 물건을 찾을 때 홈즈를 이용하면서 이용자에게 참 친절한 사이트구나 하고 느꼈습니다. 물건을 지도상에서 시각적으로 검색하는 편리한 기능이 있더라고요. 그래서 더 조사해보니 당시 주가가 꽤 낮은 수준이었고, 그래서 투자하게 되었습니다. 제이아이엔도 그런 식으로 투자하게 된 회사입니다.

가타야마   안경 판매점 JINS를 운영하는 회사 말씀이시군요.

고미   네. 안경을 사봤는데, 품질이 좋고 가성비도 우수하더군요. 그래서 투자하게 되었습니다. 다만 주변에서 찾은 종목은 실적에 뚜렷한 개선이 나타나기 전에 입도선매(벼를 논에서 거두지 않은 채로 팔아버린다는 뜻-편집자 주)하지만 실패로 끝나기도 합니다.

가타야마   주변에서 발견한 종목의 투자 성공률은 얼마나 되나요?

고미   50% 정도입니다. 2배 이상 오른 것도 있지만 절반 이하로 떨어진 것도 있어요.

가타야마   투자 후 '이건 실패다'라는 생각이 들 때는 어떻게 하십니까?

고미   팔 수 있으면 빠르게 손절매합니다. 하지만 거래량이 적어 팔기 힘든 중소형주는 묵혀두기도 합니다.

가타야마 유동성이 없으면 빠르게 손절매한다고 해도 의미가 없을 정도까지 떨어지니까요.

고미 그렇습니다. 제가 팔면 더 떨어질 테고요.

가타야마 결국 '에라, 나도 모르겠다. 적어도 도산은 안 할 것 같으니 그냥 놔두자'라는 심리가 되는 것이지요.

고미 현금화하고 싶지만 매수 주문이 너무 적은 까닭에 팔 수 없다는 점이 고통이지요.

가타야마 투자 금액이 크면 아무래도 그런 고민이 생기게 되죠. 최근에 낭패를 본 투자는 없으신가요?

고미 이젠 다 끝난 일입니다만, 어떤 신약개발 벤처 회사의 주식을 절반 이하의 가격에 전부 손절매해서 큰 손해를 봤습니다. 기대했던 신약의 국내 허가가 좀처럼 나지 않고, 대형 사업 파트너의 자금 원조도 기대에 못 미치는 수준이었어요. 그대로 가지고 있다가는 휴지 조각이 될 것 같아 손절매했습니다.

가타야마 저는 최근에 게오 홀딩스에 투자했다가 낭패를 봤습니다. 게오는 본업인 대여 사업의 상황은 악화되고 있지만, 재사용 사업 분야에서 엄청난 기세로 점포를 늘리고 있습니다. 그래서 '시대의 흐름은 재사용이지'라고 생각해 투자했는데, 대여 사업의 수익이 너무 심각하게 악화되는 바람에 주가가 많이 떨어져버렸습니다. 덕분에 매출이나 이익 등에서 '불쑥'이 나타났을 때 일단은 확인해보고, 어느 정도 확신이 선 뒤에 사야 한다는 뼈저린 교훈을 얻었습니다.

저평가 종목이 급상승하는 이유

고미　최근의 주식시장을 보면 비교적 자산을 많이 보유하고 있고, 실적도 그럭 저럭 안정적인데 단순히 개인투자자들에게 인기가 없었던 탓에 PER이 낮 은 상태로 방치되었던 종목의 주가가 갑자기 상승하는 사례가 두드러지 고 있습니다. 예를 들면 가타야마 씨가 최근까지 보유하고 계셨던 히로세 통상 같은 종목 말이지요.

가타야마　조금 지나치다 싶을 정도로 올랐지요.

고미　유니클로를 운영하는 패스트리테일링과 공동으로 니트 사업을 실시한다 고 발표해 주가가 오른 시마세이키 제작소도 마찬가지입니다. 이렇게 저 평가 상태로 방치되었던 종목이 어떤 재료를 계기로 재조명되어 주가가 오르는 사례가 앞으로도 많이 등장할 것이라고 생각합니다.

가타야마　그렇게 생각하십니까?

고미　실적 등의 뒷받침이 있는 종목은 기대감만으로 주가가 오르는 종목에 비 해 폭락의 위험성이 작습니다.

가타야마　주가가 폭등해 거품이 있을 때 어떻게 대응하시는지도 궁금합니다. 주식 은 파는 것이 사는 것보다 100배는 더 어렵더라고요.

고미　제 경우는 주가가 상승하면 단계적으로 매도합니다. 2~3배가 되었을 즈 음에는 대개 보유 주식의 3분의 1 정도를 처분합니다. 사실 소세이의 주 식도 1만 엔을 넘긴 시점부터 조금씩 팔았습니다. 그러다 1만 엔이 무너 졌을 때 다시 사들였습니다.

가타야마　오, 대단하시네요.

고미　그런데 2만 엔을 넘긴 후 3만 엔까지 갈 것 같아 보유하고 있었더니 떨어 지더군요.

가타야마　어떤 근거로 3만 엔까지 오를 것이라고 예상하셨습니까?

고미	소세이의 주가가 3만 엔까지 오르면 시가총액은 5,000억 엔 정도가 됩니다. 그 정도면 보유하고 있는 주식을 일단 매도하기에 알맞은 수준이 아닐까 생각했지요. 만약 계속 올라서 5만 엔까지 갔다면 전부 팔았겠지만, 역시 그런 일은 없었습니다.	시가총액이나 주가에 따라 일부를 팔거나 되사기도 합니다. 과거의 매수 가격은 신경 쓰지 않습니다. —고미 다이스케

가타야마 그렇군요. 저는 고미 씨께서 '3년 후에는 3만 엔도 저평가인 수준이 될 것이다'와 같은 예상을 하고 계신 것이라고 생각했습니다. 3년 후라면 그 사이에 무슨 일이 일어날지 알 수 없죠. 그래서 너무 멀리 보고 계신 것 아닌가 싶었는데, 역시 어느 정도 포지션을 정리하여 대응하시는군요. 전부 남긴다든가, 전부 판다든가 하지 않으시고요.

고미 네. 저는 그렇게 하고 있습니다.

가타야마 분명히 주가 수준에 맞춰서 보유량을 조정하는 것이 가장 현명한 대처 방법이겠지요.

고미 그래서 저는 과거의 매수 가격은 전혀 신경 쓰지 않습니다. 주가가 올랐더라도 더 오를 것이라고 생각하면 추가 매수하고, 어느 수준에 이르면 일부를 줄여서 현금화합니다.

특히 경호 온라인 엔터테인먼트 투자에서 성공한 뒤부터 주가에 맞춰서 포지션을 조정하고 있습니다. 그전에는 실력이 부족해서 그런 방법을 쓸 수 없었죠. 시가총액의 경우는 동종 업계의 다른 기업이나 다른 업종이라도 성장성이 비슷한 기업과 비교해서 현재와 미래의 주가 수준을 볼 때 참고 자료로 삼습니다.

가타야마 어떤 때 주식을 사자고 생각하십니까?

고미 예를 들어 실적을 상향 조정한 회사의 정보를 트위터에서 발견해 어떤 새로운 상품이나 서비스가 호조임을 알게 되면 그것을 자세히 조사하고 결산 자료도 검토합니다. 그래서 현재의 주가가 회사의 가치보다 낮다는 판단이 서면 사죠. 그 밖에는 기업의 중기 경영 계획도 살펴봅니다. 계획의 신뢰성을 곰곰이 생각해본 다음 몇 년 후

> 투자 경험이 쌓여가면 '이건 분명히 오른다'라는 종목을 만났을 때의 '악력'이 강해집니다.
> —가타야마 아키라

이익 수준이나 목표 주가를 생각합니다. 솔직히 저는 아주 어려운 분석 작업은 하지 않습니다.

성공의 크기는 경험이 좌우한다

가타야마 회사원인 고미 씨께서는 하루에 어느 정도의 시간을 들여서 투자를 하시는지 궁금합니다.

고미 상황에 따라 다릅니다만, 업무 시간 중에는 10분이나 20분 정도 하고 있습니다.

가타야마 네, 정말입니까?

고미 기본적으로는 아침에 주문을 걸어 놓고 장이 끝난 뒤에 결과를 확인하고 있습니다. 여유가 되면 점심시간에 주문을 걸기도 하죠. 업무가 끝난 뒤에는 1시간 정도 하고 있습니다. 그때 결산 단신이나 실적 등을 검토하지요. 나머지 시간에는 트위터라든가 게임을 합니다. 이래도 되는 건가 싶은 생각도 조금 들기도 하지만….

가타야마 뭐가 말입니까?

고미 그러니까 좀 더 투자에 시간을 할애하는 편이 좋지 않을까라고 생각하고 있습니다.

가타야마 그 정도의 시간만을 투자해서 어떻게 지금 같은 자산을 만드신 겁니까?

고미 무엇보다 처음 시작했을 때 신용거래를 하지 않았던 덕분에 대폭락장에서도 살아남은 것이 컸다고 봅니다. 그리고 지금은 오랫동안 투자를 지속해온 경험 덕분에 수익을 내고 있는 것 같습니다.

경호나 믹시, 소세이 같은 종목은 많은 개인투자자도 그 존재를 알고 있었고, 살 기회도 얼마든지 있었을 겁니다. 저는 매수 타이밍이 좋았습니다. 또 조금 떨어졌을 때 다들 팔았지만 팔지 않고 오히려 추가 매수를 했어요. 이런 투자 포지션이 다른 사람들과 달랐던 것 같습니다.

가타야마 경험은 분명히 중요하지요. 완전히 똑같은 패턴은 존재하지 않지만 비슷한 패턴은 수없이 반복되니까요. 전혀 다른 산업 분야의 종목이라도 '이런 회사가 이러이러하게 성장해서 주가가 형성되어가는 패턴은 전에도 본 적이 있어.' 같은 식의 경험이 쌓여가면 다음에 '이건 분명히 오른다'라는 종목을 만났을 때 '악력'이 훨씬 강해집니다.

고미 물론 경험이 있다고 반드시 투자에 성공하는 것은 아니고, 경험을 쌓은 상태에서 정말로 좋은 기회를 만날 수 있느냐가 중요하지요. 다만 그 기회가 찾아왔을 때 크게 성공하느냐 작게 성공하느냐는 역시 경험의 차이가 영향을 끼친다고 생각합니다.

가타야마 이 주식은 오를 것 같다는 감각이나 그렇게 생각했을 때 실제로 사들이는 용기, 최종 결정을 내릴 수 있는 자신감 같은 것은 경험이 없으면 좀처럼 생기지 않는 부분이라고 생각합니다. 조금 떨어지면 뭔가 악재가 있는 것은 아닌가 싶어서 이리저리 알아보고, 조금 오르면 이번에는 시장이 과열된 것 같으니 일단 팔자고 생각해 매도합니다. 그러다가 계속 상승하는 바람에 매수 타이밍을 놓쳐버리기도 하지요. 그런 실패나 후회를 피할 수 있도록 도와주는 것은 역시 경험이라고 생각합니다.

고미 네, 저도 그렇게 생각합니다.

고미 다이스케는
이런 정보·지표를 보고 있다

 트위터

종목 발굴을 위해 정기적으로 확인하는 매체는 트위터뿐이다. 트위터에서 결산 정보나 뉴스 등을 보고 흥미를 느끼면 그 기업의 홈페이지에 들어가 상품이나 서비스, 기술 우위성을 홍보한 내용을 검토하고 과거 2년 정도의 결산 설명회 자료와 가장 최근의 결산 단신도 확인한다. 중요한 적시 공시 정보나 언론 보도자료 는 누군가가 반드시 트위터에서 언급할 것이므로, 반대로 아무도 언급하지 않는 정보는 중요하지 않다고 생각해 찾아보지 않습니다.

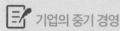 기업의 중기 경영

흥미를 느낀 기업의 중기 경영 계획은 꼼꼼하게 살펴본다. 과거의 중기 경영 계획도 확인해서 지금까지 목표를 달성해왔는지, 아니면 매번 하향 수정을 했는지 알아보고 이것을 근거로 현재 계획의 신뢰성을 판단한다. 계획의 내용을 잘 곱씹어본 다음 그 기업의 몇 년 후 이익 수준을 추측하고, PER이 20배라면 주가는 어느 정도라든가 수년 후에는 저경쟁 기업보다 이익이 높아질 것이므로 시가총액도 추월하겠다든가 하는 예상을 하면서 어느 정도의 목표 주가를 구상해 나간다.

 이익 잉여금과 유이자 부채

재무제표에서는 특히 이익 잉여금과 유이자 부채의 크기에 주목한다. 시가총액에서 이익 잉여금을 빼서 주가가 저평가 상태인지 판단하는 데 사용한다. 예를 들어 시가총액이 200억 엔인 기업의 영업 이익이 15억 엔이라면 '평범한 수준'이라고 생각하는데, 이익 잉여금 100억 엔이 있다면 그 금액을 시가총액에서 빼서 '영업 이익 15억 엔인 종목을 시가총액 100억 엔 수준에 살 수 있으니 싼 것이려나⋯'라는 식으로 생각한다.
유이자 부채는 장래의 증자 리스크(주식의 희석화 리스크, 주가 하락 리스크)를 추정할 때 참고 자료로 삼는다. 유이자 부채가 많을 경우 앞으로 어느 정도의 증자가 실시될 가능성이 있는지 생각한 다음 그래도 지금 투자할 가치가 있는지, 아니면 증자 발표로 주가가 떨어질 때까지 기다려야 할지 판단한다.

---

*유이자 부채 : 장·단기 차입금에 사채, 전환사채, 받을 어음 할인금 등 어떤 형태로든지 이자를 지불해야 하는 부채

가타야마 경험이 적으면 정말 이렇게 많이 사들여도 되는지 불안해지지 않습니까? 저도 처음에 10배의 수익을 내는 종목에 투자했었는데, 그 종목의 비중이 자산의 10%도 되지 않아서 땅을 쳤던 기억이 납니다. 그런 기회는 날마다 찾아오는 것이 아닌데 말이지요.

기회의 질과 양은 결코 평등하지 않지 않습니까? 그러니까 지금이다 싶을 때 과감하게 실행하지 않으면 타임 오버가 되어버릴 것 같은 기분이 들더군요. 그래서 그 교훈을 어떻게든 살리기 위해 지금 투자하고 있는 일본 라이프라인을 살 때는 정말 제가 살 수 있는 최대한으로 사들였습니다. 수익률뿐만 아니라 절대적인 금액의 측면에서도 만족하고 싶어서 말이지요.

고미 그러셨군요.

가타야마 이 주식은 오를 것 같다는 생각은 누구나 할 수 있는 것이고, 주식투자의 레벨로 치면 1 정도에 불과합니다. 그 주식을 실제로 사는 것이 레벨 2라면, 그것을 충분한 양(금액)만큼 사는 것이 레벨 3일 겁니다. 그리고 그것을 끝까지 들고 있는 것이 레벨 4이지요. 이 레벨 1부터 4에 도달하는 과정에는 상당한 '무엇인가'가 있다고 생각합니다. "내가 예전에 저 주식을

2017년 주식시장의 예상과 투자 방침

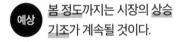

고미 씨

예상 봄 정도까지는 시장의 상승 기조가 계속될 것이다.

방침 그때까지 최대한 수익을 낸 다음, 현금 포지션을 늘린다.

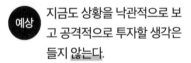

가타야마 씨

예상 지금도 상황을 낙관적으로 보고 공격적으로 투자할 생각은 들지 않는다.

방침 당분간 신중한 자세를 유지하고, 헤지를 걸면서 운용한다.

갖고 있었는데, 지금 주가가 4배가 됐더라고." 같은 소리는 정말 의미 없다고 생각하지 않으십니까?

고미   그런데 뭐, 실제로 자주 있는 일이니까요. 저도 예전에는 일본 라이프라인 주식을 갖고 있었는데…(웃음).

가타야마   사실 저도 한때 소세이 주식을 갖고 있었습니다. 물론 그런 일은 얼마든지 일어날 수 있다고 생각합니다. 하지만 정호나 믹시의 경우를 보면 고미 씨는 이 레벨 3이나 4를 실천해오신 게 아닙니까? 어쨌든 오랫동안 투자 경험을 쌓아가게 되면서 필요한 단계를 거치면, 다음 단계로 나아갈 수 있게 되는 것 같습니다.

고미   그 밖에는 급락장을 여러 번 극복해온 경험 덕분에 그에 대한 대처법이라든가, 급락장 뒤에는 기회가 찾아온다는 사실을 피부로 느낀 것도 크지 않나 싶습니다.

가타야마   오랫동안 살아남아온 사람이 얻은 경험치의 이점은 상당히 크다고 생각합니다.

고미   맞습니다. 주식시장에서 살아남은 것만으로도 굉장한 강점이 된다고 봅니다.

목표는 최소한 2~3배로 정하라

고미   결산서 등을 꼼꼼히 살펴보고 하락 리스크가 작은 종목을 구입합니다. 그리고 예상이 빗나가더라도 그리 큰 손해는 보지 않는 투자를 한다는 것이 가타야마 씨에 대한 저의 인상입니다. 실적이 어느 정도 뒷받침해주는 주식만을 사니까 급락장이 찾아와도 그렇게 큰 손해는 보지 않으실 것 같은데요. 그래서 앞으로 자산이 반 토막이 나거나 3분의 1로 줄어드는 일은 없을 것 같다는 인상을 받았습니다.

가타야마 주식시장에서 무슨 일이 일어날지는 알 수 없습니다. 하지만 하락 리스크는 그 종목을 얼마나 살지 결정할 때 중요한 판단 요소 중 하나입니다. 대박이 터질 수도 있지만 쪽박을 찰 수도 있고, 주식을 팔고 싶어도 팔 수 없을 만큼 끌어안고 있을 수는 없으니까요. 고미 씨의 투자 스타일은 어떻습니까?

고미 기본적으로 10~20% 정도의 상승을 노리고 투자하는 경우는 거의 없습니다. 기왕 투자를 하려면 못해도 2~3배는 목표로 삼아야지요. 물론 2~3배가 한계라고 생각되는 종목인지, 아니면 10배 정도 노릴 수 있는 종목인지에 따라 달라지기는 합니다. 그래서 가급적 3~4종목에 집중해서 자금을 크게 투자합니다. 그러는 편이 자산 전체에서 한 종목이 지니는 파급력도 커지고, 기업을 공부할 시간을 확보할 수 있으니까요.

가타야마 겸업 투자자이시다 보니 투자에 할애할 수 있는 시간도 제한이 있을 것 같습니다.

고미 맞습니다. 다만 현재는 보유하고 있는 종목이 20개 정도로 늘어나버렸습니다. 그중에는 그냥 보유하고 있거나, 주가조차 보지 않아서 결산 시기가 된 것도 몰랐다가 주가 변동을 나중에서야 알게 된 종목도 있습니다.

가타야마 이야, 대단하시네요(웃음).

고미 뭐 어쩔 수 없으니, 그중에서 특히 3~4종목에만 확실히 투자하자고 생각하고 있습니다.

가타야마 저도 현재 집중해서 자금을 투입한 종목은 4~5종목 정도입니다. 예전과 비교하면 절반 정도로 줄었습니다.

가타야마 씨가
실감한, 성패를 가르는 주식투자의 기법

누구나 할 수 있다

레벨 **1**

이 주식은 오를 것 같다고 생각한다.

결산 자료나 잡지, 인터넷 등의 정보를 보고 자기 나름의 판단 기준으로 유망한 종목을 찾아낸다. 이것이 주식투자의 첫걸음이다.

▼

용기가 필요

레벨 **2**

그 주식을 실제로 산다.

찾아낸 종목의 사업 내용이나 실적, 재무 상태, 주가 수준 등을 고려해 '이건 오른다'고 판단했다면 용기를 내 주식을 산다.

▼

기회를 최대한 살린다

레벨 **3**

충분한 양(금액)을 산다.

주가 상승을 확신하는 종목에는 자금을 크게 투입한다. 승부처를 놓치지 않는 것이 자산 증식을 가속시키는 비결이다.

▼

조금 떨어지더라도 발을 빼지 않는다

레벨 **4**

끝까지 보유한다.

오른다고 판단한 근거에 변함이 없다면 다소간의 등락에 동요하지 않고 목표로 정한 주가가 될 때까지 계속 보유한다.

동일한 투자 방법에 집중하는 사람들

가타야마 종목 수가 줄어든 것과도 관계가 있습니다만, 최근 들어 개인투자자들이
중소형의 좋은 종목으로 몰려드는 경향이 점점 강해져서 매수 기회가 줄
어들고 있다고 생각됩니다.

고미 예전에는 아무리 호조를 보이는 기업이라 해도 며칠 오른 뒤에는 잠시 떨
어져서 이른바 눌림목에서 매수할 기회가 있었습니다. 그런데 지금은 적
정 가격까지 곧바로 올라가는 현상을 말씀하시려는 것 같군요.

가타야마 지금은 그런 투자 방법이 유행입니다. 중소형주의 개별 실적을 보고 투자
하는 사람들이 많아져서 예전에 비해 리스크 대비 수익이 줄어들었다는
느낌이 듭니다. 트위터의 보급 등으로 개인 간 정보 전달이 빨라져 수동
적인 사람도 정보를 손쉽게 입수할 수 있게 된 것도 한 가지 원인이 아닐
까 생각합니다.

고미 예전에는 정보를 얻을 수 있는 수단이 인터넷 게시판뿐이어서 그 종목에
흥미가 있는 사람이 아니면 상세한 정보를 볼 수 없었죠.

가타야마 이런 상황에서 자금이 풍부한 사람이 신규로 주식을 사들이려 한다면 실
적이나 매수 가격 등을 매우 신중하게 생각해야 할 겁니다. 하지만 어떤
방법이든 동일한 투자법을 사용하는 사람들이 많아지면 결국은 붕괴하기

고미에게 묻다

Q 자극을 받은 사람은 누구입니까?

A 역시 B·N·F 씨나 cis 씨 같은 개인 투자가입니다. 대학생 때 6,000만 엔 정도를 벌어들여서 이 정도면 꽤 대단한 게 아닌가 생각한 적이 있는데, 저보다 훨씬 대단한 사람들이 있는 것을 보고 더 노력해야겠다고 느꼈습니다.

....

Q 벌어들인 돈은 어디에 사용하십니까?

A 평소에는 업무가 바쁜 편이어서 돈을 쓸 시간이 거의 없습니다. 집이나 자동차를 사고, 가끔 가족 여행을 가서 좋은 호텔 방에서 묵는 정도입니다. 그러고 보니 스마트폰 게임에 200만 엔 정도 과금한 적은 있습니다.

....

Q 투자 상담은 누구와 하십니까?

A 없습니다. 투자는 온전히 저 스스로 판단해서 결정을 내립니다. 긴밀하게 연락을 주고받거나 정보를 교환하는 개인투자가도 없습니다. 정보 수집을 위해 다른 사람의 트위터나 블로그는 자주 봅니다.

가타야마에게 묻다

Q 어떤 투자 서적을 읽습니까?

A 투자 관련 서적은 거의 읽지 않지만, 잭 D. 슈웨거의 《시장의 마법사들》만큼은 여러 번 읽었습니다. 투자 경험을 어느 정도 쌓은 뒤로는 《일본 주식시장의 신 고레카와 긴조(相場師一代)》 같은 고레카와 긴조의 책이 가슴에 와 닿았습니다.

....

Q 벌어들인 돈은 어디에 사용하십니까?

A 최근 들어 취미로 경주마를 샀습니다. 지금은 10여 마리의 마주가 되었지요. 얼마 전에 영국의 경매에서 번식용 암말도 구입했습니다. 또한 장기적으로 저만이 할 수 있는 사회 환원 방법이 없을까 모색 중입니다.

....

Q 자극을 받은 사람은 누구입니까?

A B·N·F 씨(2005년의 제이콤 주식 오발주 사건으로 20억 엔 이상을 벌어 들여 유명해진 개인투자자)는 개인이 주식투자로 수백억 엔을 벌 수 있음을 실제로 보여준 선구자적 존재로서, 그 뒤를 따르는 사람들에게 원동력이 되었다고 생각합니다.

마련입니다. 그렇게 되면 내릴 준비를 하면서 새로운 투자법을 모색하게 되겠지요.

고미 지금은 꽤 많은 자산을 보유한 개인투자자들도 많이 등장하고 있는데요. 다음에 아베노믹스 같은 큰 물결이 밀려오면 자산 1,000억 엔에 도달하는 개인투자자도 나오지 않을까 싶네요.

가타야마 으음…. 제 생각에 그건 좀 힘들 것 같습니다. 일본 주식시장의 규모를 생각하면 시가총액 1,000억 엔에서 1조 엔이 되는 회사는 거의 나올 수가 없습니다. 그렇다면 시가총액 100억 엔의 주식을 사서 1,000억 엔에 파는 투자를 여러 차례 반복해야 하는데, 이건 생각만 해도 정신이 아득해지는 작업이거든요.

고미 저는 오래전부터 닛케이 평균주가가 언젠가 4만 엔에 이르지 않을까 생각하고 있습니다. 2012년이 일본 주가의 바닥이었다고 생각합니다. 그러기 위해서는 어느 정도 거품도 발생할 것이고, 얼마나 먼 미래가 될지도 모르지만…. 딱히 깊은 고찰을 통해 내린 결론은 아니고 어디까지나 느낌입니다.

가타야마 만약 자산 1,000억 엔의 개인투자자가 나온다면 그건 틀림없이 고미 씨일 겁니다. 소세이 주식이 5~6배가 된다면 말이죠.

고미 그렇게 되어만 준다면…(웃음).

Part

2

가치주 투자자

저평가된 주식을
사들인다

보유한 자산이나 수익에 비해 주가가 저평가된 종목을 노린다. 그리고 재평가되어 주가가 오르기를 기다린다. 이런 인내를 필요로 하는 '가치(저평가)주' 투자를 주력으로 하는 투자자 6인의 정확하고 치밀한 투자 비법을 살펴본다.

NO.11

저평가주 투자를 추구하는
도카이의 구도자

주식1000(닉네임)

나이	40대
거주지	도카이 지방
직업	전업 투자자
투자 경력	약 30년
금융자산	약 3억 엔
정보	블로그 '주식1000의 투자일기(https://plaza.rakuten.co.jp/kabu1000/)' 운용

    중소형주 중심의 가치(저평가)주 투자로 약 3억 엔의 자산을 쌓아올린 전업 투자자 주식1000(닉네임) 씨의 주력 투자법은 '넷넷 종목 투자'다. 미국의 저명한 투자자 벤저민 그레이엄의 투자 스타일로 유명한 이 방법은 현금 등의 유동자산에서 총부채를 뺀 '순유동자산'과 주가 수준을 비교해서 저평가 수준을 판단한다.

대가의 투자 기법을 자신만의 스타일로 변형시키다

주식1000 씨는 이것을 살짝 변형시킨 독자적인 계산법을 이용해 유망한 넷넷 종목을 찾아낸다. 아래에 있는 것이 기본적인 계산식으로, 유동자산에 재고 평가액을 포함시키지 않고 투자유가증권을 더한다.

"자산의 범위를 환금성이 높은 것으로 좁혀서 구한 순유동자산을 가지고 저평가 수준을 평가합니다."

주가를 1주당 순유동자산으로 나눈 수치인 '넷넷 지수(주식1000 씨는 이렇게 불렀다)'가 1배 이하라면 저평가로 판단한다. 이 수치가 낮을수록 저평가가 심하다고 판단할 수 있다. 예를 들어 오다와라 기기의 경우, 2016년 8월 31일 현재의 수치가 0.48배로 상당한 저평가 종목임을 알 수 있다.

1주당 순유동자산과 주가를 비교해 저평가 종목을 발굴한다(오다와라 기기 사례)

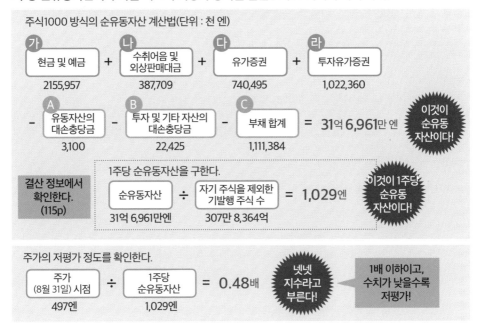

오다와라 기기

− 13주 이동평균 − 26주 이동평균

주봉

저평가도가 약해졌기
때문에 대부분을 매도

서서히 추가 매수

본격적으로 투자 개시

주가 하락으로
다시 저평가 상태가
되자 매수했다.

주가
(엔)

600

500

400

2013/1   14/1   15/1   16/1

**재무상태표에서 넷넷 지수를
산출한다**

결산 재무상태표에 기재된 각 항
목의 숫자를 사용해 손쉽게 계산
할 수 있다. 1주당 순유동자산의
계산에 사용하는 주식 수도 결산
정보에 기재된 기발행 주식 수로
확인할 수 있다.

　넷넷 지수가 낮은 종목을 사놓았다가 주가가 상승해 지수가 적정 수준인 1에 가
까워지면 파는 것이 넷넷 종목 투자의 방법 중 하나다. 주식1000 씨는 실제로 보유
하고 있는 10~15종목 외에도 항상 투자 후보 종목을 40~50개 정도로 정해놓는다.
그리고 보유 중인 종목보다 저평가된, 투자하고 싶은 종목이 생기면 보유 종목을
팔고 신규 종목으로 교체한다.

　"그런 평범한 작업을 주 단위로 실시하고 있습니다."

　오다와라 기기의 경우 2013년에 심한 저평가 상대로 판단하고 본격적으로 투자
를 시작해 2015년에 주가가 올랐을 때 대부분을 매도했으며, 이후 주가가 하락해
넷넷 지수가 0.5배 정도가 되자 다시 사들였다.

오다와라 기기의 2016년 12월 제2사분기 결산

3. 4분기 연결재무제표
(1) 4분기 연결재무상태표

단위: 천 엔

	당 제2사분기 연결 회계 기간 (2016년 6월 30일)		당 제2사분기 연결회계 기간 (2016년 6월 30일)
자산		**부채**	
유동자산		유동부채	
가 현금 및 예금	2,155,957	지급어음 및 외상매입대금	361,713
나 수취 어음 및 외상판매대금	387,709	단기 차입금	120,000
다 유가증권	740,495	미지급법인세 등	40,517
상품 및 제품	7,298	상여 충당금	27,710
재공품	522,131	제품 보증 충당금	49,697
원재료	239,604	수주 손질 충당금	22,077
이연법인세 자산	55,816	기타	167,416
기타	27,584	유동부채 합계	789,193
A 대손충당금	△3,100	고정부채	
유동자산 합계	4,133,497	임원 퇴직 위로 충당금	131,291
고정자산		퇴직 급여 충당 부채	190,779
유형고정자산		기타	120
건물 및 구축물(순액)	126,224	고정부채 합계	322,190
기계장치 및 운반구(순액)	171	C 부채 합계	1,111,384
토지	238,226	**순자산**	
기타(순액)	42,752	주주자본	
유형고정자산 합계	407,375	자본금	319,250
무형고정자산		자본잉여금	299,250
기타	63,924	이익잉여금	4,117,257
무형고정자산 합계	63,924	자기주식	△397
투자 및 기타 자산		주주자본 합계	4,735,360
라 투자유가증권	1,022,360	기타 포괄 이익누계액	
이연법인세 자산	32,618	기타 유가증권 평가 차액금	45,090
기타	254,483	기타 포괄 이익누계액 합계	45,090
B 대손충당금	△22,425	순자산 합계	4,780,450
투자 및 기타 자산 합계	1,287,037	부채 순자산 합계	5,891,834
고정자산 합계	1,758,337		
자산 합계	5,891,834		

성장주 투자에 뛰어들다

2016년은 연초부터 하락장이 이어져 가치투자만으로는 좀처럼 이익을 낼 수가 없는 국면이 이어졌다. 그래서 큰 폭의 주가 상승을 기대하며 중고차 경매를 하는 애플 인터내셔널과 부동산 회사인 일본 에셋마케팅의 주식을 매수했다. 둘 다 '스톡옵션(주식 매수 선택권)'을 키워드로 발굴한 종목인데, 스톡옵션을 활용하는 기업은 주가를 중시하며 경영한다고 생각했기 때문이었다.

다만 주식을 매수하기로 결정하기까지의 과정은 그렇게 단순하지 않았다. 일본 에셋마케팅의 전신은 부동산 경매 사업 등을 하는 디 어스라는 회사였는데, 적자가 계속된 탓에 2012년 3월에 채무 초과 상태로 전락하였다. 그러자 2013년 3월에 할인 잡화점 돈키호테 등과 자본 업무 제휴를 맺었다. 그리고 이후 그룹에 편입

애플 인터내셔널 주식 매수 과정

스톡옵션 발행에 관한 **보도자료를 읽다.**

⬇

매수 방어책**으로 보고** IR에 전화해 의중을 **파악하다.**

⬇

어떤 사업을 지키려 하는지 조사한다.

⬇

타이에서 중고차 경매 사업을 **강화**하고 있음을 알다.

⬇

TPP 발효로 관세가 철폐**되면** 수익이 확대될 것으로 예상된다.

⬇

주식 매수를 감행하다.

되어 돈키호테의 점포 물건을 소유, 관리하는 회사로 변신했다. 그리고 2014년 11월, 일본 에셋마케팅이 발행하는 스톡옵션 등을 돈키호테가 인수한다는 발표가 있었다. 행사 가격은 148엔이었는데, 주식1000 씨는 돈키호테가 주가를 조기에 148엔까지 끌어올리기 위해 점포 물건을 일본 에셋마케팅으로 이전해 수익 확대를 지원할 것이라고 예상했다.

한편 애플 인터내셔널의 발표 내용은 임원을 대상으로 스톡옵션을 부여한다는

일본 에셋마케팅

주가	PBR (실적)	PER (예상)	시가총액
168엔	2.08배	4.1배	464억 4,000만 엔

– 13주 이동평균 – 26주 이동평균

주봉

주가(엔)
140
100

거래량(만 주)
500

2015/1　16/1　17/1

애플 인터내셔널

주가	PBR (실적)	PER (예상)	시가총액
281엔	0.51배	4.9배	35억 100만 엔

– 13주 이동평균 – 26주 이동평균

주봉

주가(엔)
300
200

거래량(만 주)
500

2015/1　16/1　17/1

것이었다. 그런데 주식1000 씨는 스톡옵션의 규모가 전체 주식의 2%에 해당한다는 데 주목했다. 사장이 보유한 32.1%의 주식과 합쳐 회사 보유분을 3분의 1 이상으로 끌어올림으로써 매수 방어를 꾀하고 있는 것은 아닌지 추측한 것이다. 그래서 이 회사에 대해 조사하다 사장이 타이에서 거의 살다시피 하면서 동남아시아에서 중고차 경매 사업 강화를 진두지휘하고 있다는 사실을 알게 되었다. 그리고 '시가총액이 35억 엔밖에 안 되므로 10배도 노릴 수 있다'고 판단해 주식을 매수했다.

NO.12

공수를 겸비한
승부사

다-짱(닉네임)

나이	40대
거주지	간사이 지방
직업	겸업 투자자
투자 경력	19년
금융자산	수억 엔
정보	블로그 '다-짱 펀드(https://plaza.rakuten.co.jp/tachanfund?)' 운용

"주가가 100분의 1이 된 주식을 좋아합니다."

2016년 5월 말 간사이 지방의 조용한 주택가에 위치한 어느 단독 주택의 서재에서 이야기를 듣는데, 갑자기 이런 말을 했다.

가치투자는 사실 '방어적 투자'

다—짱(닉네임) 씨는 2003년에 조기 퇴직한 후 본격적으로 주식투자를 시작한 40대 남성이다. 이미 수억 엔의 자산을 쌓아 올렸으며, 블로그 '다—짱 펀드'에 자신의 투자 기법과 운용 성적을 공개해 인기 있는 개인투자자가 되었다. 정보 발신의 주축을 트위터로 옮긴 현재 약 8,800명에 이르는 팔로워를 보유하고 있다(2017년 2월 3일 기준).

그의 투자 기법에 영향을 준 인물은 미국의 전설적인 투자자 벤저민 그레이엄이다. 고전이 된 《현명한 투자자》를 읽은 후 그의 가치(저평가주)투자 기법에 감명을 받았다. 그때부터 가치투자에 대한 전문 서적들을 탐독했고, 일본 주식시장의 실정에 맞게 수정하여 다음과 같은 독자적인 가치투자 기법을 만들어내 실천해왔다.

먼저 전기前期의 영업 현금흐름에서 설비 투자액을 빼 회사가 자유롭게 사용할 수 있는 자유 현금흐름을 산출한다. 그리고 매출액 성장세에 따라 무성장 기업의 경우는 10배, 저성장 기업의 경우는 12배, 고성장 기업의 경우는 15배를 기준으로 현금흐름의 총액을 계산한다.

다음으로 기업의 현·예금과 유가증권의 합계에서 유이자 부채를 빼 순현금을 구하고, 이것을 현금흐름의 총액과 더해 '기업 가치'를 산출한다. 그런 다음 이를 기준으로 시가총액의 2배인 기업을 '저평가'로 판단하고 투자 대상으로 삼는다.

독자적인 가치투자에 대해 설명하는 도중 그는 "주가가 100분의 1이 된 주식을 좋아한다"라고 말한 것이다. 그 말의 의미에 대해 재차 설명을 부탁했다. 다—짱 씨의 말에 따르면, 독자적인 가치투자 기법에 입각한 주식 매수는 매매 차익을 착실히 쌓아 올리는 '방어적'인 투자라고 한다.

미래를 예측하고 폭락주를 줍다

그의 '공격적'인 투자는 '주가가 최고점에서 100분의 1 이하로 떨어진 주식'을 사는 것이다.

"그래서 최고점의 10분의 1 수준까지 회복되면 10배 수익을 올리는 거죠."

다-짱 씨는 이렇게 말하며 유쾌하게 웃었지만, 물론 말처럼 간단한 일은 아니다. 통찰력과 꼼꼼한 업계 분석을 해야만 감행할 수 있는 투자다.

본격적으로 주식투자에 나서기 전, 다-짱 씨는 이 투자 기법을 통해 말 그대로 10배의 수익을 낸 적이 있다. 현재 1트로이온스에 1,100달러대(현재는 1,300달러대-역주)인 금 가격이 300달러까지 하락하는 바람에 금 채굴 회사가 적자에 빠져서 광산 노동자들이 채굴 작업을 중단하게 되었다는 뉴스를 본 것이 계기가 되었다.

'이대로 금이 채굴되지 못하는 걸까? 아니, 그럴 리는 없어. 금 가격은 틀림없이 다시 오를 거야.'

이렇게 판단하고 주가가 최고점일 때의 100분의 1 이하인 5센트까지 떨어졌던 호주 광산 회사의 주식을 샀다. 그리고 예상대로 주가가 다시 상승해 10배인 50센트가 되었을 때 팔았다. 이 시점에 다-짱 씨의 금융자산은 1억 엔을 넘겼다.

크게 상승해 이익을 가져다준 종목

종목명	주가	PBR(실적)	PER(예상)
아크랜드 서비스 홀딩스	3,060엔	3.57배	25.6배
아이풀	329엔	1.50배	23.3배

다시 한 번 10배 수익을 노리다

이때의 성공 체험이 마음속 깊은 곳에 남아 있었던 다–짱 씨는 2007년에 다시 한 번 10배 수익을 노리는 투자를 시작했다. 이번에 주목한 종목은 소비자로부터 외면받아 실적이 악화되었던 외식 프랜차이즈 체인이었다.

'저렴한 가격으로 승부하는 외식 프랜차이즈 체인은 경기가 좋으면 손님의 발길이 뜸해지고 경기가 악화되면 손님이 늘어나지. 지금은 경기가 좋지만, 경기가 다시 악화된다면 손님들이 돌아올 거야.'

이렇게 내다보고 상장된 모든 외식 프랜차이즈 체인의 실적과 재무 상황, 예상 PER이나 PBR 같은 주가지표, 원가율 등을 철저히 분석했다. 또한 분석 과정에서 회전식 초밥집 갓파즈시를 운영하는 갓파 크리에이트나 주점인 와타미, 쇠고기덮밥 체인 '스키야'를 운영하는 젠쇼 홀딩스 등 과거 주가가 지금의 10배 이상이었던 적이 있는 외식 프랜차이즈 체인이 있었음을 알게 되면서 확신이 더욱 강해졌다.

모든 외식 프랜차이즈 체인점을 돌아다니며 상품의 맛과 접객 자세, 점포의 인테리어 등도 조사했다. 그 결과 돈가스 체인 '가쓰야'를 운영하는 아크랜드 서비스

아크랜드 서비스 홀딩스의 주가 추이와 매매 시기

아이풀의 주가 추이와 매매 시기

6000
(엔)

4000

7배

2000

2006년 초의 100분의 1
이하로 추락

전량 매도

주식 매수

0

2006년   07   08   09   10   11   12   13

홀딩스를 최종 낙점하고 2008년 3월경에 평균 268엔에 매수했다.

그리고 5년 후인 2013년 5월에 약 9배인 2,400엔 전후에 매도해 1억 엔에 가까운 수익을 손에 넣었다.

"사고 싶은 종목이 몇 개 생겨서 매수 자금을 마련하려고 9배일 때 팔았습니다."

그 후 이 회사의 주가는 2016년 7월에 상장 이래 최고가인 3,550엔을 찍었다. 다–짱 씨가 매수했던 가격의 13.2배가 된 것이다.

그리고 2012년에는 10배 수익을 노리는 세 번째 투자를 감행했다. 이때 주목한 종목은 개인 대출자에게 과잉 징수했던 이자의 환불 문제로 경영이 악화되었던 아이풀이었다. 2009년에 들어서자 아이풀의 주가는 2006년 초의 100분의 1 이하로 곤두박질쳤고, 동종 업계의 타사인 다케후지가 거액의 과잉 이자를 환불하다 2010년에 파산했다. 그리고 아이풀도 최종 적자가 계속되어 도산이 우려되던 상황이었음을 고려하면 당연한 추락이었다. 그러나 아이풀은 2012년 3월기에 마침내 최종 흑자로 전환하는 데 성공했다.

"경영 이익이 환불해야 할 과잉 이자의 잔액보다 많아져 도산은 절대 없다고 확신한 시점에 신용거래까지 동원해서 대량으로 사들였습니다."

결국 7배로 상승했을 때 전부 팔았다고 한다.

현금을 투입해 새로운 주력 종목을 매수하다

2015년 말 금융자산에서 현금이 차지하는 비율을 약 30%까지 높였다. 미국의 셰일 가스와 관련해서 유입된 거액의 대출이 회수 불능이 되어 또다시 금융위기가 일어날 가능성이 있다고 판단했기 때문이었다. 그런데 매력적인 종목을 두 개나 발견하는 바람에 현금의 대부분을 주식 매수에 사용하고 말았다. 하나는 대형 FX(외환증거금 거래) 거래소인 히로세 통상이었고, 다른 하나는 웨지 홀딩스였다.

2016년 8월 초순에 매수한 히로세 통상의 경우, 당시의 PER이 5배로 저평가 상태였다. 그뿐만 아니라 신규 고객 획득 수가 FX 거래소 중 가장 규모가 큰 GMO 클릭 홀딩스에 전혀 밀리지 않았다는 점에서도 성장 가능성을 느꼈다. 한편 웨지 홀딩스의 경우는 "동료 투자자가 가르쳐줘서 매수하게 되었습니다"라고 한다. 이 두

웨지 홀딩스

주가	PBR (실적)	PER (예상)	시가총액
1,400엔	4.62배	49.6배	496억 6,800만 엔

- 13주 이동평균 - 26주 이동평균
일봉

히로세 통상

주가	PBR (실적)	PER (예상)	시가총액
1,821엔	2.16배	9.7배	108억 9,600만 엔

- 5일 이동평균 - 25일 이동평균
주봉

종목의 주가가 매수 가격의 2배가 넘는 수준까지 상승함에 따라 2016년 11월 말 시점의 운용 성적은 연초의 약 1.4배가 되었다.

"히로세 통상의 경우, 달러에 대한 엔화의 환율이 약세가 되든 강세가 되든 FX 거래가 증가해서 수익이 확대되기 때문에 주가가 오릅니다. 그런 점에서 리스크 헤지의 역할도 하지요."

트럼프 경기에 편승했다는 말의 진짜 의미

같은 해 11월 말에 오사카 시내에서 다시 만났을 때, 그는 "미국 대통령 선거에서 공화당의 도널드 트럼프 후보가 승리한 것이 뚜렷한 전환점이 되었습니다"라고 말했다.

과거에 공화당 정권에서 환율이 어떤 추이를 보였는지 조사해보니 출범 후 약 1년 동안 달러 강세·엔화 약세가 진행되는 경우가 많았다고 한다.

"일본 주식시장에 엔화 약세는 호재입니다. 물론 주가가 하락할 가능성은 있습니다. 트럼프 차기 대통령이 달러 약세 정책을 선택할 수도 있을 거예요. 하지만 현재의 달러 강세는 최근 10년 사이 가장 강력한 트렌드입니다. 외국인 투자자들의 일본 주식 매수도 증가하고 있습니다. 현시점에서는 이 트렌드에 편승하는 수밖에 없습니다."

다만 트럼프 경기에 편승해서 신규 개별주를 적극적으로 매수하고 있지는 않다. 보유한 주력 종목이 이미 2배가 넘는 수준까지 상승했지만, 아직 트렌드에 힘입어 더 상승할 여지가 남아 있기 때문에 매도하지 않고 계속 보유하고 있다. 이것이 "트렌드에 편승했다"라는 말의 진짜 의미다.

다-짱 씨는 히로세 통상이나 웨지 홀딩스, 산세이 테크놀로지 같은 주력 종목이 '매도해야겠다'고 생각하는 가격까지 오르면 팔고, 다른 저평가된 종목을 매수할

생각이다. 다만 "주식시장 전체가 상승하
면서 매수할 만한 저평가 종목이 줄어들
고 있습니다"라고 말한다. 그래서 이전부
터 이용해온 거래 기법을 구사해 금융자
산이 줄어들지 않도록 지킨다는 방침을
세웠다.

주가	PBR (실적)	PER (예상)	시가총액
1,019엔	0.72배	12.9배	196억 9,900만 엔

구체적으로는 닛케이 평균주가가 크
게 떨어질 것 같을 때 닛케이 평균주가
변동폭의 2배로 변동하는 2배 레버리지
ETF를 신용매도했다가 반등했을 때 되사
는 방법이다. 미국 대통령 선거의 결과가 전해진 2016년 11월 9일에도 이 거래로
1,000만 엔이 넘는 이익을 올렸다.

NO.13

10억 엔의 자산을 운용하는
올라운더

주식수병(닉네임)

나이	40대
거주지	도카이 지방
직업	겸업 투자자
투자 경력	15년
금융자산	약 10억 엔
정보	블로그 '투자도(https://blogs.yahoo.co.jp/kabu_suihei)' 운용

　겸업 투자자인 주식수병(닉네임) 씨는 물류 회사를 경영하는 가운데 주가 상승의 계기가 될 것 같은 재료가 있는 가치(저평가)주에 투자해 10억 엔에 이르는 금융자산을 축적했다.

주주총회에 참석해 경영자를 판단한다

"경영자는 자신의 사업을 열심히 하는 길밖에 없지만, 주식투자의 경우는 매력적인 사업을 골라서 자금을 배분할 수 있습니다. 이것이 투자의 진수입니다."

종목을 선별할 때는 다음과 같은 과정을 거친다. 먼저 주목한 주식을 1,000만 ~3,000만 엔 정도 매수하고 경영자의 시선으로 사업의 성장성이나 재무 건전성 등을 상세히 검토한다. 그리고 최고경영자의 역량을 가늠해 추가 매수를 할지 판단한다. '추가 매수를 해도 되겠다'라는 확신을 얻었다면 3,000만~억엔 단위까지 추가 매수한다.

선별 과정에서 특히 주시하는 것은 자금을 효율적으로 활용하느냐다. '기업은 자금을 내부에 쌓아두기보다 성장 사업에 투자하거나 M&A에 사용해야 한다. 그러지 못한다면 배당이나 자사주 매입으로 주주에게 환원해야 한다'라고 생각하기 때문이다. 그래서 재무지표로는 ROE(자기자본이익률)와 ROA(총자산순이익률)를 중시한다. 자금을 어디에 쓰고 있는지 IR 담당자에게 확인하거나 주주총회 등에 참석해 사장에게 물어보기도 한다. 처음 1,000만~3,000만 엔 정도의 주식을 사는 것은 총회에 참석하기 위해서이다.

2016년에는 자산을 크게 두 가지 다른 방식으로 운용했다. 첫째는 대형 금융주를 대상으로 한 단기 투자다. 오릭스나 메가뱅크 그룹인 미쓰이스미토모 파이낸셜

주식수병 씨의 현재 투자 스타일

중소형 금융주
중장기 보유로 큰 폭의 주가 상승을 노린다.

대형 금융주
뉴스에 따라서 단기 매매해 조금씩 이익을 얻는다.

웨지 홀딩스			
주가	PBR (실적)	PER (예상)	시가총액
1,400엔	4.62배	49.6배	496억 6,800만 엔

―13주 이동평균 ―26주 이동평균

주봉

주가 (엔)
1000
500

거래량 (만 주)
500

2015/1　16/1　17/1

J트러스트			
주가	PBR (실적)	PER (예상)	시가총액
1,206엔	0.87배	942.1배	1,356억 9,200만 엔

―13주 이동평균 ―26주 이동평균

주봉

주가 (엔)
1000
800

거래량 (만 주)
100

2015/1　16/1　17/1

그룹 같은 종목을 단기 매매해 조금씩 이익을 올렸다. 둘째는 중소형 금융주에 대한 장기 투자다. 장래의 주가 상승을 기대하며 저평가된 종목을 매수했다. 그 결과 금융 관련 주식이 포트폴리오의 약 70% 이상을 차지하게 됐다.

"대형 금융주를 단기 매매하는 것은 운용자금을 놀리지 않기 위해서입니다. 금융주는 다른 업종에 비해 주가의 변동성이 큽니다. 게다가 일본은행의 금융 정책에 민감하게 반응하기 때문에 가격 동향을 읽기가 용이합니다. 주가 상승과 주가 하락의 양쪽에서 이익을 낼 수 있습니다."

한편 큰 폭의 가격 상승을 기대하는 중소형주의 경우, 2016년 8월에 J트러스트를 대량 매수했다. 일본 국내에서는 신용 보증이나 채권 회수 사업을, 한국과 동남아시아에서는 은행업을 하는 회사다. 2015년 3월기부터 2기 연속으로 영업 손익과 경상 손익이 적자를 기록했고, 전기에는 최종 적자로 전락했다. 그러나 2017년 3월기에는 국내외에서 수익이 증가해 흑자로 전환될 전망이다.

주식수병 씨가 기대를 모으고 있는 재료는 타이증권거래소에 상장됐고, 모터사이클 판매 금융 사업을 하는 그룹리스GL와의 협업이다. 이 회사는 인도네시아에서 모터사이클과 농기구를 구입하는 사람에게 구입 자금을 대출해주는 사업을 공동으로 하고 있다. 사실 그룹리스는 동남아시아에서 재무 사업을 하는 웨지 홀딩스의 자회사다. 주식수병 씨는 그룹리스의 사업 확대를 기대하고 이 웨지 홀딩스의 주식도 매수했다.

2020년 이후 대세상승장을 예상

항공기와 선박 리스 사업이 성장하고 있는 FPG와 외환증거금 거래FX 사업을 하는 회사의 주식을 사들였다. 후자의 경우는 FX 시장이 확대되고 있다는 이유에서 가장 규모가 큰 FX 거래소 GMO 클릭 증권의 지주 회사인 GMO 클릭 홀딩스와 대형 거래소인 외환닷컴을 산하에 두고 있는 사와다 홀딩스, 역시 대형 거래소인 히로세 통상의 주식을 매수했다.

"2017년에는 닛케이 평균주가가 1만 2,000엔 정도까지 떨어질 가능성이 있습니다. 하지만 그 후에는 다시 상승할 겁니다. 도쿄 올림픽이 개최되기 2년 전인 2018년에 고점을 찍을 것으로 보는 사람이 많은데, 저는 2020년 이후에 크게 상승할 것

주가 상승을 기대하는 주력 종목

종목명	주가	PBR(실적)	PER(예상)	시가총액
FPG	981엔	5.21배	10.5배	926억 6,600만 엔
GMO클릭 홀딩스	801엔	3.41배	13.5배	947억 9,800만 엔
사와다 홀딩스	911엔	0.78배	7.2배	373억 800만 엔
히로세 통상	1,821엔	2.16엔	9.7배	108억 9,600만 엔

으로 생각합니다. 디플레이션이 세계적으로 확산되는 가운데 미리 디플레이션을 경험했고, 이를 극복한 일본 기업이 강점을 발휘할 것이기 때문입니다. 닛케이 평균주가가 2만 5,000엔까지 상승할 가능성도 있습니다."

대세상승장이 찾아온다면 단기 매매 운용자금까지 전부 동원해서 주가가 크게 떨어진 우량주를 사들일 계획이다.

NO.14

버핏의 투자 방식으로 수익을 올리는
젊은 승부사

오발주(닉네임)

나이	30대
거주지	가나가와현
직업	겸업 투자자
투자 경력	14년
금융자산	약 2억 엔

"중소형주의 시황은 양호하다고 보고 저평가된 주식을 물색하고 있습니다."

2016년 9월 말 가나가와현에서 만난 오발주(닉네임) 씨는 이런 견해를 내비쳤다. 기업에서 일하면서 주로 가치(저평가)주 투자를 통해 30대 후반의 나이에 이미 2억 엔의 금융자산을 축적한 개인투자자다. 현재 운용자금은 1억 5,000만 엔이다.

시장이 강세인지 아닌지는 12개월 이동평균선을 사용해 판단한다. 닛케이 평균 주가 등의 지수가 12개월 이동평균을 웃돌고 있다면 운용자금을 총동원해 주식을 매수한다. 반대로 밑돈다면 현금비율을 최대 50%까지 높인다.

2017년 2월 6일 현재는 도쿄증권거래소 주가지수^{TOPIX}와 도쿄증권거래소 2부 주가지수, 자스닥지수가 모두 12개월 이동평균선을 웃돌고 있기 때문에 중소형주의 경우 아직 강세장이 계속되고 있다고 판단하고 있다. 다만 현금비율은 30%까지 끌어올렸다고 한다.

오발주 사건을 계기로 투자 방법을 전환하다

오발주 씨는 입사 1년 차였던 2002년에 주주 우대 혜택을 목적으로 주식투자를 시작했다. 이후 워런 버핏의 투자법을 알게 된 것을 계기로 기업의 자산뿐만 아니라 수익의 성장세(성장 가치)에 비해 주가가 저평가된 주식에 투자하는 '수익 가치투자'를 실천하게 되었다.

"다만 지금만큼 적극적으로 주가 상승 수익을 노리지는 않았습니다."

투자 방법이 전환된 계기는 2010년 11월 오발주 사건이었다. 산코 마케팅 푸드의 주식을 다섯 주 살 생각이었는데 실수로 500주를 시장가로 매수 주문한 것이다. 결국 당시의 운용자금이었던 3,000만 엔을 크게 웃도는 4,236만 엔을 신용거래로 매수하였다. 그리고 이 때문에 200만 엔의 손실을 입었다. 그래서 이 일을 잊지 않기 위해 닉네임을 오발주로 변경했다.

그뿐만이 아니다. 아무리 리스크를 회피하려 해도 오발주 같은 실수나 리먼브라더스 사태 같은 시장의 급변은 피할 수 없기 때문에 차라리 적극적으로 리스크를 감수하자고 생각하였다. 기존에는 리스크를 분산시키기 위해 다수의 종목을 보유했다. 하지만 이래서는 시장평균과 별 차이가 없는 운용 성적밖에 낼 수 없기 때문에 소수의 종목에 집중투자하기로 했다.

저평가된 성장주를 산다는 투자 방침에는 변함이 없다. PER이 현재 5배인 종목

❶ 가치(저평가)주를 산다.

·장래에 이익이 성장해 PER이 5배 이하가 될 것 같은 수익 가치주
·배당과 주주 우대를 더한 수익률이 5%를 초과해 주가 하락의 불안감이 약한 주식

❷ 실적이나 기업 가치는 변하지 않았는데 하락장의 여파로 덩달아 저평가 상태가 된 주식을 산다.

이 아니라 지금 당장은 높지만, 장래에 수익이 성장함에 따라 EPS가 증가해 PER이 5배 이하로 떨어질 것 같은 종목을 산다.

"다른 투자자들이 눈치채기 전에 사들일 수 있느냐가 승부를 가릅니다."

기업 가치는 변하지 않았는데 하락장의 여파로 덩달아 저평가 상태인 주식도 매수한다. 이것은 그리 어려운 일이 아니라고 한다.

"이를테면 인기가 없어서 주가가 하락했을 때의 도요타 자동차 주식을 사는 식이지요."

오발주 씨는 장래의 성장성을 알기 쉬운 종목으로 소매업과 서비스업을 꼽았다. 매출이나 이익의 증가는 신규 출점의 양에 비례하므로 출점 계획을 보면 예상 가능하다는 것이다. 판매가 호조인지 아닌지도 월차 정보의 기존 매출액을 기준으로 판단할 수 있다.

또한 주가의 동향을 알기 쉬운 종목의 예시로 환율과 실적이 연동되는 회사를 들었다. 그중에서 오발주 씨가 실제로 거래한 종목은 모터사이클용 헬멧을 제조하는 쇼에이SHOEI였다.

"유럽에서 압도적인 브랜드 파워를 자랑하지만 기술의 진보는 없고, 매출은 거의 유로화 환율의 동향에 따라 결정됩니다."

엔화 약세 · 유로화 강세이면 유로화 표시 판매 가격이 낮아지므로 매출이 증가

주가 상승을 기대하는 주력 종목

아라카와 화학공업

주가	PBR (실적)	PER (예상)	시가총액
1,910엔	0.82배	12.6배	393억 4,400만 엔

– 13주 이동평균　– 26주 이동평균

IR재팬 홀딩스

주가	PBR (실적)	PER (예상)	시가총액
1,324엔	3.85배	22.9배	122억 8,300만 엔

– 13주 이동평균　– 26주 이동평균

사가미 고무공업

주가	PBR (실적)	PER (예상)	시가총액
1,097엔	3.06배	18.3배	119억 9,800만 엔

– 13주 이동평균　– 26주 이동평균

하고, 반대라면 감소한다. 오발주 씨는 엔화 강세·유로화 약세여서 주가가 600엔 대였을 때 매수한 뒤 엔화 약세·유로화 강세로 매출이 증가해 주가가 1,600엔대로 오른 시점에 매도함으로써 1,000만 엔 정도의 이익을 냈다고 한다.

❶ 성장 예측이 용이한 소매 종목에 투자한다.

·출점 계획을 통해 수익의 확대를 예상할 수 있다.
·월차 보고를 통해 실적 호조 여부를 판단할 수 있다.

후지 코퍼레이션의 매출액과 영업이익

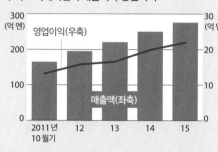

점포 수 추이

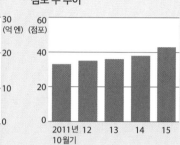

❷ 환율에 따라 실적이 변화하는 종목에 투자한다.

·브랜드 파워 등 다른 요소는 변함이 없이 오직 환율에 따라 손익이 변화한다.

쇼에이의 주가와 유로·엔 환율의 추이

저평가주를 물색하며 승부처를 기다린다

2016년에도 수익 가치주에 해당될 것 같은 종목을 매수했다. 주식시장이 급락했던 2월에는 기업의 주주 대응 지원 같은 서비스를 하는 IR 재팬 홀딩스의 주식을 매수했다. 증권 회사를 통해 주식을 사들인 국내외의 실질적인 주주를 특정하는 조사 사업에 대한 수요가 커짐에 따라 영업이익이 크게 증가하고 있기 때문이었다.

아라카와 화학공업의 경우는 2016년 8월에 발표된 제1사분기 결산이 호조인 것을 보고 매수했다. 아시아 등지에서 기저귀용 종이 접착제의 판매가 성장하고 있었던 것이다. 이와 관련해 IR 담당자에게 문의한 결과 엔화 강세와 유가 하락으로 원자재 비용이 하락한 것이 호결산으로 이어졌다는 설명을 들었다.

이에 오발주 씨는 엔화 강세 기조가 당분간 계속되고 유가도 미국의 셰일 오일이 채산성을 갖추게 되는 1배럴 50달러보다 크게 오르지는 않을 것으로 예상되므로 아라카와 화학공업에 유리한 환경이 계속될 것이라고 판단했다.

사가미 고무공업의 주력 상품은 콘돔이다. 일본을 찾는 아시아 관광객들에게 인기가 높아서 공급이 수요를 따라잡지 못해 일시적으로 생산을 중지했던 두께 0.01밀리미터 상품의 판매를 재개했다. 이것이 주가를 끌어올릴 재료가 될 것으로 기대하고 매수했다. 이렇게 중소형주를 물색하면서도 그의 시선은 좀 더 먼 미래를 향하고 있다.

"언젠가 닛케이 평균주가가 1만 엔 밑으로 떨어지는 날이 올 겁니다. 그때는 자금을 총동원해서 사들일 생각입니다."

NO.15

현금 부자 종목을 노리는
전직 애널리스트

다케이리 게이조

나이	30대
거주지	도쿄
직업	전업 투자자
투자 경력	1년 9개월(본격적으로 투자를 시작한 시점)
금융자산	1억 5,000만 엔 이상
정보	2009년에 도쿄대학을 졸업하고 골드만삭스 증권과 독립계 자산운용 회사의 애널리스트를 거친 뒤 2015년 6월부터 자기 자금을 운용해 투자를 하고 있다.

　다케이리 게이조 씨는 2015년 6월에 본격적으로 투자를 시작한 지 약 1년 반 만에 자산을 2배 가까이 불렸다. 주가가 본래의 기업 가치보다 낮은 종목을 골라서 적정 가격까지 오르기를 기다리는 투자 전략을 구사한다. 이때 주목하는 지표는 '순현금'이다.

순현금 가치

1. **회사가 보유한 실질적인 자금을 계산**
   현금성 자산에서 부채를 빼서 흑자인지 확인

2. **실제 가치보다 저렴한 종목을 선별**
   시가총액이 실질적인 자금보다 낮은 종목을 고른다.

3. **저평가를 바꿀 계기를 가정**
   주주의 이동, 신제품 투입, 자산 매각 등

순현금은 회사가 보유한 현금성 자산에서 부채 등을 뺀 실질적인 자금으로, 재무상태표에서 계산할 수 있다. 다케이리 씨는 시가총액(주가×주식 수)이 순현금보다 낮은 '저평가 현금 부자 종목'을 노린다.

이 방법의 장점은 회사의 사업 내용이나 경쟁력을 분석하는 데 들어가는 수고를 크게 줄일 수 있다는 것이다. '사업의 성장 가능성을 판단하는 것은 어려운 일이다.' 이것이 증권 애널리스트 시절에 수많은 회사를 조사했던 경험을 바탕으로 이끌어낸 결론이다.

재무제표와 주가만 있으면 저평가 현금 부자 종목의 후보를 찾아낼 수 있다. 계산만 할 줄 알면 누구나 찾아낼 수 있기 때문에, 다른 사람보다 먼저 발굴하기 어려울 수도 있다. 재무 상황이나 실적이 좋고 주주 환원도 적극적으로 하는데 저평가 상태로 방치되고 있는 종목 같은 것은 없다. 보통은 실적이 부진하다거나 주주 환원에 소극적인 등 주가가 부진할 수밖에 없는 요인을 안고 있다.

"이런 문제를 해소할 기폭제(변화의 계기)가 무엇인지 분석하는 것이 수익을 내는 비결입니다."

실적의 상향 수정, 증배增配(배당을 늘리는 것-편집자 주) 등 주주 환원 정책의 강화를 예상하게 하는 '주요 주주의 이동', '최고경영자 교체', 'M&A 실시', '신제품 투입', '신기술 개발' 등이 이에 해당한다.

닛산의 결단에 주목

　다케이리 씨가 주요 주주의 이동에 주목해 매매 차익을 손에 넣은 예가 도쿄 라디에이터 제조 주식의 거래다. 도쿄 라디에이터 제조는 트럭이나 산업 기계용 방열기(라디에이터)를 만드는 회사로, 모회사는 종합 자동차 부품 제조사인 칼소닉칸세이다. 그리고 칼소닉칸세이의 모회사는 닛산 자동차였다.

　다케이리 씨는 2016년 5월에 보도된 한 소식에 주목했다. 닛산이 자사가 보유한 칼소닉칸세이의 주식을 투자 펀드 등에 매각하는 방안을 검토하고 있다는 내용이었다. 이것이 실현된다면 도쿄 라디에이터는 닛산 그룹에서 이탈하게 된다. 2016년 3월기 시점에 도쿄 라디에이터의 순현금은 약 74억 엔이었는데, 이 가운데 약 58억 엔이 닛산 그룹사에 예치한 '예치금'이었다.

다케이리 씨의 가치 중심 투자 전략은
실제 가치보다 저렴한 '럭키 박스 종목'을 산다!

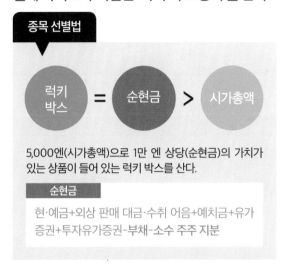

5,000엔(시가총액)으로 1만 엔 상당(순현금)의 가치가 있는 상품이 들어 있는 럭키 박스를 산다.

순현금
현·예금+외상 판매 대금·수취 어음+예치금+유가증권+투자유가증권-부채-소수 주주 지분

순현금을 산출하기 위해 필요한 재무상태표의 데이터

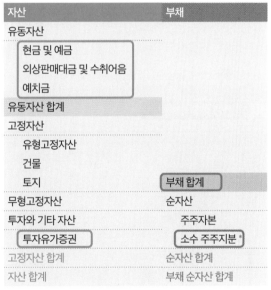

주 : 회사에 따라 자산을 추가할 수 있다.
*비지배 주주지분으로 기재되어 있는 경우도 있다.

다케이리 씨는 '도쿄 라디에이터가 닛산 그룹에서 이탈한다면 이 예치금이 유용하게 활용될 길이 열릴 것이고, 이에 주가가 반응할 가능성이 있다'고 생각해 400엔대에 주식을 매수했다. 이후 닛산이 칼소닉칸세이의 주식을 매도했다.

관련 회사의 상황

명칭	주소	자본금 또는 출자금 (단위 천 엔)	주요 사업 내용	의결권의 소유 (피소유) 비율 소유 비율(%)	의결권의 소유 (피소유) 비율 피소유 비율(%)	관계회사의 상황
(모회사) 닛산자동차	가나가와현 요코하마 시 가나가와 구	605,813,734	자동차 제조·판매	-	40.1 (40.1)	사업상의 관계는 없음 임원의 겸임 없음
칼소닉칸세이	사이타마현 사이타마 시 기타 구	41,456,240	자동차 부품 제조·판매	-	40.1	동사에서 재료 및 부품을 구입하고 있으며, 당사 제품의 판매를 하고 있음. 임원의 겸임 없음
(연결자회사) (주) 도신 테크노	가나가와현 후지사와 시	15,000	자동차 부품 판매	100.0	-	당사 제품의 일부를 판매하고 있음. 또한 당사 소유의 건물을 임대하고 있음. 임원의 겸임 없음

	전 연결회계 연도 (2015년 3월 31일)	당 연결회계 연도 (2016년 3월 31일)
자산		
유동자산		
현금 및 예금	2,337,748	4,184,536
수취어음 및 외상판매대금	9,307,395	8,507,414
상품 및 제품	934,534	918,184
재고품	392,891	396,833
원재료 및 저장품	1,448,094	1,038,215
이연법인세 자산	277,937	209,713
예치금	6,011,900	5,772,954
기타	312,023	434,651
대손충당금	△1,949	△27,982
유동자산 합계	21,020,576	21,434,522

예치금

예치금의 내용

당 연결회계연도(2015년 3월 31일)

예치금의 내용에 관한 기재

종류	회사 등의 명칭 또는 성명	소재지	또는 본금 출자금 (단위 천 엔)	관련 당사자 와의 관계	거래의 내용			기말 잔액 (단위 천 엔)
동일한 모회사를 둔 회사	닛산 그룹 파이낸스 주식회사	가나가와현 요코하마 시 니시 구		자금의 운용·조달	자금의 예탁 또는 차입 (주2) 수취 이자	△238,945 19,006	예치금 유동자산 기타	5,772,954 1,542

미국의 투자 펀드인 KKR의 그룹사가 칼소닉 주식을 TOB(주식 공개매수)함이 분명해지자 도쿄 라디에이터의 주식은 예상대로 급등했다. 그리고 다케이리 씨는 보유 주식의 일부를 1,000엔에 매도했다.

오하라

— 13주 이동평균 — 26주 이동평균

전 고체 리튬 이온 전지의 시험에 성공했다는 발표로 가격 제한폭까지 상승

주봉

주가
(엔)
700
600
500

거래량
(만 주)
200

2015/1   16/1   17/1

보유한 목적(주목도 상승의 재료)

신제품을 통한 실적 부진의 해소·증배 기대

콤팩트 카메라용 렌즈의 유리 재료 사업이 부진
⬇
2015년 12월에 스마트폰의 커버 유리 등이 용도인 신제품을 발매
⬇
높은 기술력으로 사업이 성장할 가능성
⬇
흑자 회복, 수익 성장에 따른 증배 기대
⬇
예상 밖의 '시험 성공' 발표로 주가 급등
⬇
주가에 고평가의 기미가 보여 매도

예상하지 못한 재료로 상승하기도 한다

신제품의 투입이 기폭제가 된 종목으로는 유리 제품을 제조하는 오하라가 있다. 이 회사의 주력 상품은 콤팩트 카메라용 렌즈의 유리 재료였는데, 수요 감소로 실적이 부진에 빠져 있었다. 이런 상황에서 다케이리 씨는 2015년 12월에 발매한 모바일 기기의 패널용 커버 유리 등에 사용 가능한 신제품이 오하라를 실적 부진에서 구해줄 것이라고 예상했다. 이 제품이 성장 분야인 스마트폰에 적용된다면 실적이 개선될 것이라고 예상한 것이다. 오하라의 순현금은 2015년 10월기 시점에 약 100억 엔으로 동기 매출액의 절반에 육박하는 수준이었다. 만약 신제품의 투입이 성공한다면 증배에 대한 기대 등으로 주가가 움직일 것이라고 내다보고 500엔대에 매수했다.

그런데 정작 이 회사의 주가는 다른 재료로 급등했다. 2016년 8월 말에 저온 상태에서 구동되는 전 고체 리튬 이온 전지의 시험에 성공했음을 발표하자 주가가 790엔 근처까지 솟구친 것이다. 그럼에도 PBR은 0.5배 정도였지만 다케이리 씨는 '주가가 과잉 반응하고 있다'고 판단하고 당시의 고가 근처에서 매도했다.

가와스미 화학공업

- 13주 이동평균 - 26주 이동평균

주봉

주가
(엔)
900
800
700
600

거래량
(만 주)
10

2015/1 16/1 17/1

실제로는 이후에도 대폭적인 증익 예상으로 주가가 더 상승했지만, 자신의 판단이 틀렸다고는 생각하지 않는다.

한편 예상이 빗나간 종목으로는 의료용구 제조사인 가와스미 화학공업이 있다. 인공 혈관인 스텐트 그라프트의 신제품 투입으로 실적이 개선될 것을 기대하고 800엔대에 매수했다. 하지만 기대만큼 실적이 개선되지 않았고, 주가도 하락했기 때문에 700엔대에 손절매했다.

'어떻게 하면 자금이 잠들어 있는 금고가 열릴까?'

다케이리 씨는 유가증권 보고서 등의 공표 자료에서 그 힌트를 찾는다. 예를 들어 토지의 미실현 이익이 많으면 자산 매각이 금고를 여는 재료가 된다. 유가증권 보고서에는 토지의 장부 가격만 기재되어 있는 경우가 많지만, 시가와 장부 가격

쇼와 비행기공업의 유가증권 보고

약 700억 엔의
평가이익

당 연결회계 연도(2015년 4월 1일부터 2016년 3월 31일까지)

(단위: 천 엔)

용도	연결재무상태표 계상액			연결 결산일에서의 시가
	당 연결회계 연도 기초 잔액	당 연결회계 연도 증감액	당 연결회계 연도 말 잔액	
임대용 시설	27,657,982	△728,140	26,929,642	81,791,761
개발 예정지	176,230	△14,926	161,304	16,188,000
계	27,834,213	△743,066	27,091,146	97,979,761

1. 연결 재무상태표 계상액은 취득 원가에서 감가상각 누계액 및 감손 손실 누계액을 공제한 금액임
2. 기중 증감액에서 주된 감소는 감가상각비 이외
3. 시가 산정 방법
   당기 말의 시가는 주요 물건의 경우 사외 부동산 감정사의 부동산 감정 평가를 바탕으로 한 금액, 그 밖의 물건의 '경우 국토 교통성 지가 공시'를 바탕으로 한 금액임

이 기재되어 있을 경우도 있다. 그 사례가 쇼와 비행기공업으로, 동사의 유가증권 보고서를 보면 약 700억 엔의 미실현 이익이 있음을 알 수 있다.

성장주 투자는 사업이나 기술에 대한 깊은 지식이 필요하기 때문에 후보의 범위를 좁히는 것이 성공의 열쇠가 된다. 하지만 가치주 투자는 재무 상황을 분석하면 되므로 폭넓은 업종을 대상으로 삼을 수 있다. 다케이리 씨는 20종목 가까이를 보유하고 있으며, 이 가운데 이것이다 싶은 5개 종목에 운용자산의 3분의 1 정도를 투자하고 있다.

NO.16

프로 바둑기사에서 주식투자자로!
이색적인 경력의 투자자

다케키요 이사무

나이	30대
거주지	간토 지방
직업	겸업 투자자
투자 경력	6년
금융자산	1억 엔 이상
정보	프로 장기 기사로, 일본 굴지의 펀드 매니저에게 지도를 받은 후 300만 엔을 자본금으로 주식투자를 시작했다. 데이 트레이딩과 스윙 트레이딩 위주에서 가치(저평가)주 투자로 전환했고, 가타야마 아키라 씨의 영향으로 성장주 투자를 지향하고 있다. 기원의 경영을 친구에게 양도하고 본격적으로 주식투자에 나섰다.

프로 바둑기사인 다케키요 이사무 씨는 이색적인 경력의 개인투자자다. 기원 경영을 시작했을 때 여러 가지 조언을 해준 은인의 소개로 일본 굴지의 펀드 매니저에게 지도를 받을 기회를 얻었다. 그리고 이를 계기로 2010년에 자본금 300만 엔

2010년

자본금 300만 엔으로 시작, 주로 데이 트레이딩과 스윙 트레이딩을 통해 연말에 운용자산을 1,000만 엔 이상으로 불렸다.

2011~2014년

벤저민 그레이엄의 영향을 받아 호결산에 PER과 PBR이 낮은 저평가주를 사는 수법으로 전환. 2013년 말까지는 대부분의 종목이 2~3배로 상승했지만, 2014년의 성적은 신통치 못했다.

2015년 이후

호결산에 저평가라 해도 곧바로 매수하지 않고 매수 주문이 안정적으로 들어오는 것을 확인한 뒤 매수한다. 상승 기조가 이어지는 한 계속 보유하는 방법과 주가가 급락했을 때 조금씩 물타기 매수하는 방법으로 전환했다.

으로 주식투자를 시작했다. 데이트 레이딩과 스윙 트레이딩 방식으로 투자를 했고, 연말까지 운용자산을 1,000만 엔 이상으로 불렸다.

그러나 2011년 3월에 일어난 동일본 대지진으로 상황이 급변했다. 뜸해지기 시작한 기원 손님의 발길을 되돌리기 위해 영업에 시간을 빼앗기는 바람에 데이 트레이딩을 할 여유가 없어졌다. 그래서 결산에서 좋은 실적을 달성한 저평가 종목을 사는 방식으로 전환했다. 처음에는 벤저민 그레이엄의 영향을 받아서 PER과 PBR이 낮은 종목을 매수해 순조롭게 매매 차익을 늘려나갔다. 그러나 이것은 자신의 투자 실력이 좋아서가 아니었다.

"주식시장 전체가 상승하고 있을 때 그 시류에 잘 올라탔을 뿐입니다."

실제로 2014년에는 운용 성적이 신통치 않았다. 이에 다케키요 씨는 2015년에 들어서면서 매수 타이밍에 변화를 주기 시작했다. 호결산을 계상한 저평가주를 곧바로 사는 것이 아니라, 다른 투자자들의 매수 주문이 안정적으로 들어오는 것을 확인한 다음 매수하기로 한 것이다. 그리고 주가가 상승하는 동안은 계속 보유하고 있다가 고가에 매도한다. 또한 급락장에서는 하락하는 주식을 단계적으로 매수했다가 반등해서 주가가 올랐을 때 매도하는 거래도 시도했다.

카리스마 투자자의 영향을 받아 본격적으로 주식투자에 나서다

그리고 2016년, 또다시 전환기를 맞이하게 되었다. 유명 투자자인 가타야마 아키라 씨(시리우스 파트너즈 사장)에게 운용 철학을 들을 기회가 생긴 것이다.

"시장을 분석하는 등 시야를 넓혀서 가타야마 씨처럼 기업의 성장성을 내다보며 투자할 수 있는 사람이 되고 싶다고 생각하게 되었습니다."

그래서 기원을 친구에게 양도하고 본격적으로 주식투자에 나섰다. 현재는 움직임이 큰 종목을 단기 매매하면서 큰 폭의 주가 상승을 기대하고 장기 보유할 종목을 물색 중이다.

"투자로 자산을 불릴 수 있다면 언젠가 그 자산을 바둑의 보급에 사용하고 싶습니다."

주가 상승을 기대하는 주력 종목

회사명	주가	PBR(실적)	PER(예상)	시가총액
다이이치	1,175엔	0.70배	3.6배	67억 2,000만 엔
즈이코	4,205엔	1.23배	28.9배	302억 7,600만 엔
도쿄 라디에이터 제조	928엔	0.71엔	11.1배	133억 6,300만 엔

성공 투자자에게 배우는 리스크 관리법

나는 폭락장을 이렇게 헤쳐 나갔다!

주식투자에는 항상 급락의 리스크가 존재한다.
그렇다면 어떻게 대처해야 영향을 최소화할 수 있을까?
2016년 초의 요동치는 주식시장을 헤쳐 나온
성공 투자자 3인의 분투기를 살펴보자.
여기서 힌트를 얻을 수 있다.

FILE 1 연초의 다발성 '이상 현상'으로 철수 결심, '사이토 비율'로 대바닥을 파악하다

■ 유나기 씨 ■

전업 투자자로 인기 사이트 '단토쓰투자연구소'를 운용, 이벤트 투자와 주주 우대 투자가 특기이다.

2015년 말부터의 투자 상황은 어떤가요?

2015년 말에는 "고점을 돌파한 주식을 트렌드 추종 전략으로 매수한다"라는 거래 기법을 중심으로 '우정郵政주의 TOPIX(동경주가지수) 편입'이나 'NISA(소액 투자 비과세제도)의 신규 자금이 유입될 것 같은 종목을 미리 사놓기' 같은 이벤트 투자를 해왔습니다. 결과는 신통치 않았지만, 해가 바뀌면 나아질 것이라고 생각했습니다. 그런데 연초부터 시장의 환경이 격변했습니다.

무슨 일이 일어났습니까?

먼저 2015년의 폐장일에 미국 S&P500지수의 연간 등락률이 마이너스가 되었습니다. 그 결과 '서기 연도의 끝자리가 5인 해에는 미국 주가가 상승한다', '대통령 선거 전해에는 미국 주가가 오른다' 같은 매우 강력한 징크스가 깨져버렸지요. 그래서 '어라?' 하고 생각하는 차에 닛케이 평균주가가 연초부터 3일 연속 하락으로 시작하는 것이었습니다. '닛케이 평균주가의 처음 3영업일 성적은 그해의 닛케이 평균주가 등락률과 연동될 확률이 높다'라는 징크스가 있기 때문에, 2016년의 일본 주식은 망했다는 생각이 들어 우울해졌지요.

그런데 그게 끝이 아니었습니다. 닛케이 평균주가가 사상 최초로 연초 개장 후 6일 연속 하락을 기록한 것입니다. 주주 우대주나 중소형주에도 주가 하락이 파급되는 것을 보고 상황이 심각함을 느꼈습니다.

그리고 결정타는 1월 8일의 미국 고용통계였습니다. 최근 2년 반 정도에 걸쳐서 '미국 고용통계 발표 후 다음 주 일본 주가가 월요일과 화요일 연속으로 오르면 그때부터 월말까지 상승한다'라는 징크스가 있습니다. 그런데 고용통계 결과는 전년 대비 29만 명 증가로 매우 강력한 호재였음에도 뉴욕 다우존스지수가 167달러나 하락했습니다. 따라서 발표 후 다음 주의 일본 주가도 하락으로 시작할 가능성이 높았지요. 이 결과를 보고 시장에서 일단 철수하기로 했습니다.

그 이유는 무엇인가요?

제 예상을 분명하게 벗어나는 일들이 연속해서 일어났기 때문입니다. 알 수 없는 상황이 되었을 때는 일단 포지션을 플랫으로 만들고 상황을 지켜보자고 생각했습니다. 그래서 월요일에 영구 보유용 주주 우대주 등만 남겨놓고 대부분을 팔았습니다. 당시 신용거래를 이용해서 운용자금의 1.5배 정도의 포지션을 구축하고 있었는데, 운용자금의 2~30%까지 낮췄습니다.

1월 중순의 급락에 휘말리지 않았겠군요.

타격은 최소화했지만, 그 뒤로 도저히 매수 타이밍을 잡을 수가 없었습니다. 고점을 돌파할 것 같은 주식을 샀다가 손절매하기만 거듭했지요. 주가 변동성이 높으면 대부분의 종목이 연동됩니다. 이래서는 개별 종목 투자를 하는 의미가 없지요. 매수 타이밍을 잡을 수가 없으니 잠시 여행이나 다녀오자고 생각했습니다(웃음).

아무것도 사지 않으셨나요?

2월 12일 닛케이 평균주가가 대바닥을 찍은 날 매수했습니다. 그날 아침에는 보통 거의 움직이지 않는 우대주가 몇 종목이나 하한가를 기록할 것으로 보여서 이건 분명히 수상하다고 생각했지요. 그래서 가이한과 서니 사이드업 등 몇 종목을 사들였습니다.

대바닥을 어떻게 판단하신 건가요?

주가가 바닥을 찍으려면 '속도'가 중요합니다. 천천히 떨어질 경우 등락비율 등의 지표가 필요 이상으로 하락하더라도 어디가 바닥인지 정확하게 판단하기 어렵습니다. 그래서 저는 '사이토 비율'이라는 지표를 참고합니다. 시스템 트레이더인 사이토 마사아키의 기법을 참고한 지표인데, 단기적으로 과잉 매도된 종목에 매수 신호가 뜹니다. 그리고 이 매수 신호가 뜬 종목이 급증하면 전체가 바닥을 치지요. 실제로 2월 12일은 수십 종목에서 매수 신호가 나와 바닥이 가까워졌음을 알았습니다.

사이토 비율

5일 이동평균선에서의 괴리율이 ▲**10% 이상**

그리고

25일 평균이동선에서의 괴리율이 ▲**25% 이상**

이 두 가지를 동시에 충족하는 종목이 많을수록 바닥에 다다랐을 가능성이 높아진다.

주: ▲는 마이너스

앞으로의 투자 계획은 무엇인가요?

시장이 진정되면 매매하려고 생각 중이지만, 당분간은 몸을 사릴 생각입니다. 사실 2016년

1~2월의 닛케이 평균주가 동향은 리먼브라더스 사태가 발생한 2008년 초와 매우 흡사합니다. 가을쯤에 무엇인가 변화가 생길지도 모르겠다는 생각으로 신중하게 거래할 생각입니다.

● **2016년 다발성 '이상 현상'으로 철수를 결심하다**

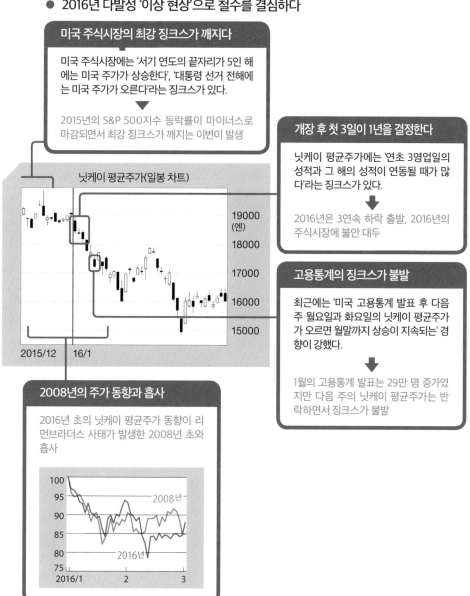

미국 주식시장의 최강 징크스가 깨지다

미국 주식시장에는 '서기 연도의 끝자리가 5인 해에는 미국 주가가 상승한다', '대통령 선거 전해에는 미국 주가가 오른다'라는 징크스가 있다.
▼
2015년의 S&P 500지수 등락률이 마이너스로 마감되면서 최강 징크스가 깨지는 이변이 발생

개장 후 첫 3일이 1년을 결정한다

닛케이 평균주가에는 '연초 3영업일의 성적과 그 해의 성적이 연동될 때가 많다'라는 징크스가 있다.
▼
2016년은 3연속 하락 출발, 2016년의 주식시장에 불안 대두

고용통계의 징크스가 불발

최근에는 '미국 고용통계 발표 후 다음 주 월요일과 화요일의 닛케이 평균주가가 오르면 월말까지 상승이 지속되는' 경향이 강했다.
▼
1월의 고용통계 발표는 29만 명 증가였지만 다음 주의 닛케이 평균주가는 반락하면서 징크스가 불발

닛케이 평균주가(일봉 차트)

19000 (엔)
18000
17000
16000
15000

2015/12   16/1

2008년의 주가 동향과 흡사

2016년 초의 닛케이 평균주가 동향이 리먼브라더스 사태가 발생한 2008년 초와 흡사

100
95
90
85
80
75
2016/1   2   3

2008년
2016년

FILE 2 매도 결정기에 자금을 투입! 아침의 분위기로 매수 타이밍을 잡는다

투자 스타일은 어떠신가요?

주주 우대주를 중심으로 중소형주를 다수 보유하고 있습니다. 장래에 도쿄증권거래소 1부로 승격해 주가가 크게 오를 것 같은 종목을 노립니다.

■ v-com2 씨 ■

직장인 투자자, 도쿄증권거래소 1부 승격 종목의 선행투자가 특기이다. 블로그 '21세기 투자(http://ameblo.jp/v-com2/)'를 운용

2016년 연초부터 이후의 성적은 어떤가요?

1~2월에는 −8.4%였습니다. 저는 무엇보다 '주가가 크게 오르는 시기를 놓쳐서는 안 된다'고 생각하기 때문에 평상시에는 현금비율을 10% 정도로 낮게 유지합니다. 그래서 주식시장 전체가 하락하더라도 어느 정도의 타격은 피할 수가 있습니다. 주가가 하락하기 시작하면 크게 오른 보유 종목을 매도해서 이익을 실현해 현금화합니다. 그리고 매도 절정(셀링 클라이맥스)이 찾아왔을 때 그 현금을 한꺼번에 투입합니다. 결과적으로 1~2월의 대바닥에서 수백만 엔어치를 매수할 수 있었던 것이 큰 성과라고 생각합니다.

주가의 급락이나 매도 결정기를 어떻게 파악하십니까?

2016년 1~2월에는 닛케이 평균주가(대형주)가 먼저 떨어진 뒤 그때까지 주가를 유지하던 소형주가 무너지기 시작하는 타이밍에 이변을 느꼈습니다. 닛케이 평균주가가 반등해도 묘하게 힘이 없다는 인상을 받았지요. 그래서 수상한 분위기를 감지하고 현금을 만들었습니다.

매도 결정기의 경우는 VIX(변동성 지수)가 30~40, 신용평가 손익률이 −20% 이하 등을 기준으로 삼지만, 어디까지나 참고하는 정도입니다. 대바닥을 정확히 맞히

지는 못하거든요. 실전에서는 추가 증거
금 회피 목적의 매도가 대량으로 발생한
날이 포인트라고 생각합니다. 시장 전체
가 크게 하락한 다음 날 아침에 분위기
에 휩쓸린 매도가 대량으로 발생해 하한
가를 찍는 종목이 다수 발생할 때가 있
습니다. 1~2월은 이 타이밍에 매수 주
문을 넣어서 결과적으로 저점 매수를 할
수 있었습니다.

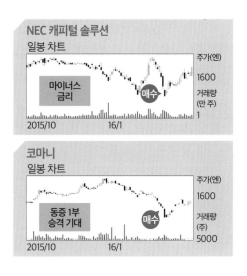

어떤 종목을 사셨나요?

'우대', '내수', '수수함', '마이너스 금리가 유리' 중 어느 하나 이상을 충족하는 종목
을 노렸습니다. 예를 들어 NEC 캐피털 솔루션은 마이너스 금리가 유리한 리스 회
사인데, 2월의 대바닥에서 급반등했습니다. 코마니는 도쿄증권거래소 1부 승격이
기대되는 종목인데, 신규 우대주도 낮은 가격에 살 수 있었습니다.

● **2016년 1~2월의 급락 시에 '4개의 테마'로 저점 매수**

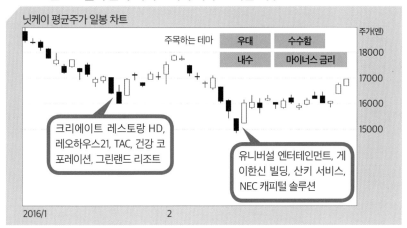

파란의 주식시장을 헤쳐 나가는 비결은 무엇입니까?

폭락을 항상 자신에게 유리한 방향으로 회피할 수는 없으므로 폭락이 오면 받아들이는 수밖에 없다고 미리 각오해두는 것이 중요하다고 생각합니다. 자포자기하지 않고 기업을 제대로 분석한다면 매수 기회가 될 수도 있을 것입니다.

인버스형 ETF로 급락에 대비!
'풀판'으로 미스 프라이스를 놓치지 않다

투자 스타일은 어떠신가요?

일본 주식의 현물 투자만 합니다. 주주 우대주를 중심으로 20~30종목에 투자하고 있습니다. 차이나 쇼크 전까지는 차트가 우상향하는 주주 우대주를 사서 주가 상승을 노리는 전략이 효과적이었습니다. 하지만 지금은 가치투자가 유리한 환경으로 변했다고 생각합니다. 주식시장 전체의 하락으로 저평가가 더욱 심해진 주주 우대주를 바닥에서 줍는 전략을 취하고 있습니다.

■ 다니양 씨 ■

증권사 딜러 출신의 개인투자자로 Yahoo! 파이낸스 '투자의 달인'에서 2015년 '베스트 퍼포머상', '통산 최고 승률상'을 수상했다.

주가 하락을 어떻게 예측하십니까?

외국인 투자자의 매매 동향이나 신용평가 손익률에 주목합니다. 신용평가 손익률에서 −15% 정도부터 매수를 의식하는데, 지금은 보수적으로 −20% 정도를 기준으로 삼고 있습니다. 그럼에도 대바닥에서 매수하기는 불가능합니다. 1월과 2월 모두 대바닥보다 이른 타이밍에 매수했지만, 어쩔 수 없는 일이라고 생각합니다.

1월과 2월에 매수한 종목은 피플, 에스트러스트, 야만 등입니다. 저평가 & 호실적에서 자신감이 느껴지는 종목을 고릅니다.

매매의 포인트는 무엇인가요?

살 때는 라쿠텐 증권의 '풀판(가격 제한폭까지의 호가 정보를 전부 보여주는 서비스)'을 활용해서 미스 프라이스(가격 실수)를 노립니다.

주요 신호

신용평가 손익률

$$\frac{평가\ 손익}{신용\ 포지션\ 잔고(롱\ 포지션만)} \times 100$$

신용거래에서 공매수를 한 사람의 손익 상황을 나타내는 지표이다. ▲15~20%를 밑돌면 시장이 바닥에 도달했고, ▲3~5% 부근이면 천장일 때가 많다.

주: ▲는 마이너스

● 풀판으로 미스 프라이스를 노린다

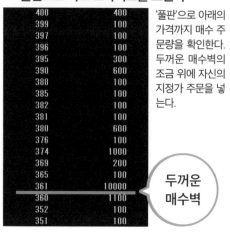

400	400
399	100
397	100
396	100
395	300
390	600
388	100
385	100
382	100
381	100
380	600
376	100
374	1000
369	200
365	100
361	10000
360	1100
352	100
351	100

'풀판'으로 아래의 가격까지 매수 주문량을 확인한다. 두꺼운 매수벽의 조금 위에 자신의 지정가 주문을 넣는다.

두꺼운 매수벽

주주 우대주의 경우는 거래량이 적기 때문에 아래쪽까지 내려 보면 호가가 비어 있는 곳이 종종 보입니다. 그때 두꺼운 매수벽의 조금 위에 지정가로 매수 주문을 넣습니다. 벽이 얇은 까닭에 대량의 매도가 있으면 아래쪽 호가까지 체결될 때가 있습니다. 이렇게만 해도 그냥 현재가로 살 때보다 몇 %는 이익을 볼 수 있습니다. 2월 12일에는 첫 거래 전에 50~60종목의 지정가 주문을 열심히 넣었습니다.

매도 타이밍은 어떻게 잡으시나요?

시장이 강세라면 상승이 계속되겠지만, 지금은 시장이 약세이므로 '주가 하락을 헤지하면서 우선주를 확보하는' 방법으로 매매 타이밍을 잡고 있습니다.

● 인버스 ETF로 리스크를 헤지한다

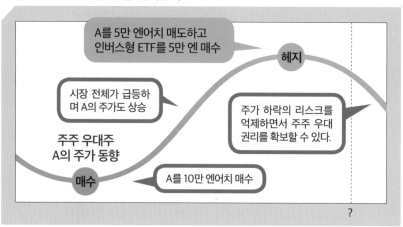

시장 전체가 급락한 날 주주 우대주 A를 매수합니다. 그 후 시장이 반등하면 A의 주가도 어느 정도 회복됩니다. 이때 A 주식의 절반을 매도하고, 그 자금으로 인버스형 ETF를 매수합니다. 이렇게 하면 다시 시장이 하락하는 리스크에 대비하면서 주주 우대 권리를 확보할 수 있습니다.

대바닥을 가리키는
이중바닥을 놓치지 마라

급락하는 주식시장에서 이익을 올리려면 바닥을 가리키는 신호를 간파하는 것이다. 인베스트러스트의 후쿠나가 히로유키는 "개별주의 경우 차트의 '쌍바닥'에 주목하면 알아낼 수 있습니다"라고 말한다. 이중바닥이란 그 이름처럼 'W' 형태로

<매수 타이밍은 두 곳이다>

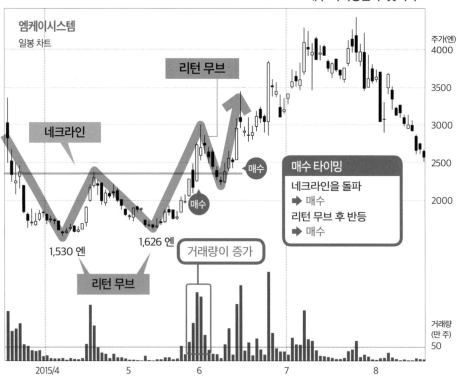

엠케이시스템
일봉 차트

리턴 무브

네크라인

매수

주가(엔)
4000
3500
3000
2500
2000

매수 타이밍
네크라인을 돌파
➡ 매수
리턴 무브 후 반등
➡ 매수

1,530 엔

1,626 엔

거래량이 증가

리턴 무브

거래량
(만 주)
50

2015/4   5   6   7   8

두 번 바닥을 찍은 다음에 반등하는 패턴이다. 최근에도 이중바닥으로 바닥을 치고 반등한 종목을 많이 볼 수 있다고 한다. 다만 차트를 보면 W를 곳곳에서 발견할 수 있는데, 이것이 전부 이중바닥은 아니다. 이중바닥이 성립하려면 몇 가지 조건이 있으니 주의하자.

● **삼중바닥에 주의하라**

두 번째 골짜기가 깊으면 삼중바닥이 될 수도 있다.

　먼저 이중바닥은 장기적인 바닥권에서 형성된다. 주봉 차트로 봤을 때 바닥권인지가 중요하다. 또한 두 개의 바닥 중 두 번째 바닥이 첫 번째 바닥보다 내려가지 않는 것도 중요하다. 첫 번째 바닥보다 내려가면 그대로 하락하거나 삼중바닥을 형성할 우려가 있기 때문이다.

　그리고 거래량도 확인하자. 바닥과 바닥 사이에 위치한 산의 정상인 '네크라인'을 넘어설 때 거래량이 급증하는 것이 전형적인 패턴이라고 한다.

　매수 타이밍은 두 곳이다. 첫째는 네크라인을 돌파했을 때다. 이후 그대로 상승세를 타기도 하지만 '리턴 무브'라고 해서 다시 네크라인 부근까지 하락하는 경우도 있는데, 리턴 무브 후 반등할 때가 두 번째 매수 기회이다.

Part

3

역발상 투자자

급락장에서도
매수로 맞선다

종목의 선별보다 매매 타이밍을 중시한다.
1년에 몇 번 찾아오지 않는 급락장이나 개별주의 폭락을
기다렸다가 대부분의 투자자가 매도할 때 적극적으로 매
수한다. 이런 '역발상 투자'를 철저히 실천하는 개인투자
자 3인의 투자 전략을 분석한다.

※주) 주가와 지표 등의 수치는 특별한 언급이 없는 이상 2017년 2월 3일 시점

NO.17

매수 타이밍을
놓치지 않는다

요로즈노 마사히로(닉네임)

나이	40대
거주지	교토
직업	겸업 투자자
투자 경력	18년
금융자산	약 20억 엔
정보	블로그 '숲의 연금술사(http://kaburen.doorblog.jp/)' 운용

"주식투자에서 가장 중요한 것은 종목의 선정이 아니라 매매 타이밍입니다."

겸업 투자자인 요로즈노 마사히로(닉네임) 씨는 이렇게 강조한다. 요로즈노 씨는 아베노믹스 경기의 순풍에 편승해 분양 아파트 판매 회사인 다카라레벤을 매수 가의 17.5배, 스마트폰용 게임 제작사인 코로프라를 매수 가격의 11.7배에 매도하는 등 장기 보유하고 있던 종목으로 경이적인 운용 성적을 올렸다.

그 결과 2012년 말 약 2억 5,000만 엔이었던 운용자산은 4년 만에 8배인 약 20억 엔으로 크게 불어났다.

요로즈노 씨의 투자 스타일은 독특하다. 특정 투자 기법에 집착하지 않고 단기 스윙 트레이딩부터 10년이 넘는 초장기 보유에 이르기까지 복수의 투자 기법을 구사한다.

자본금이 순식간에 5분의 1로 줄어들다

요로즈노 씨가 주식투자를 시작한 시기는 IT 버블이 꺼지기 전인 1999년이었다. 지인이 당시 급등하던 인터넷 관련 종목에 투자해 수익을 내는 것을 보고 자극을 받은 것이 계기가 되었다.

'주식은 오르거나 내리거나 둘 중 하나이니 오르는 종목을 고르기는 어렵지 않겠지'라는 가벼운 생각으로 시작했지만, 현실은 녹록지 않았다. 약 5,000엔에 매수해

투자 기법의 변화

1999년	1,500만 엔을 자본금으로 주식투자를 시작, 대박을 노리지만 모조리 실패하는 바람에 운용 자금이 300만 엔까지 줄어들었다.
2002년	주식 정보 사이트에서 기술적 분석에 입각한 단기 투자 수법을 공부해 실천. 고 마스다 마사요시 씨(전 도쿄공업대학 교수)가 볼린저 밴드를 중심축으로 삼아서 개발한 투자 기법도 도입하다.
2003년	회사를 그만두고 전업 트레이너로 변신하다.
2004년	재취업, 데이 트레이딩에서 스윙 트레이딩과 포지션 트레이딩으로 전환. 잘 하락하지 않는 종목을 바닥일 때 사들이는 투자법이 중심이 된다.
2011년	금융자산이 1억 엔을 돌파
2012~ 2015년	아베노믹스 경기의 순풍 등으로 보유 종목의 주가가 대폭 상승, 금융자산이 약 17억 엔까지 확대
2016년	연초의 급락에 상승장은 끝났다고 판단, 초장기 보유 종목을 제외하고 전부 매도해 금융자산의 90%를 현금화 금융자산은 20억 엔에 도달

8,000엔이 되었을 때 매도한 게임 제작사 스퀘어(현재의 스퀘어-에닉스 홀딩스)의 주식이 약 2만 5,000엔까지 상승하는 것을 보고 '왜 그렇게 서둘러 팔았을까?'라는 후회와 함께 이후 대박에 집착하게 되었다. 하지만 투자하는 족족 실패해 손실이 누적된 결과 1,500만 엔으로 시작했던 자본금이 5분의 1인 300만 엔까지 줄어들고 만 것이다.

"인기 종목을 샀는데도 주가가 떨어져서 손절매하고, 잠시 쉬었다가 다시 인기 종목에 투자했습니다. 하지만 또 손해를 보기를 반복했지요."

이런 악순환을 끊은 계기는 손절매 직후 추천을 받아서 산 다른 종목이 상승해 매매 차익을 얻은 것이었다.

"이때 비로소 제가 잘못된 타이밍에 주식을 사고팔았다는 사실을 깨달았습니다."

그래서 적절한 타이밍에 매매하기 위해 주가 차트의 기술적 분석에 입각한 단기 매매 기법을 공부했다. 또한 전前 도쿄공업대학 교수인 마스다 마사요시 씨(고인)가 개발한 'MM법'이라는 단기 매매 기법도 공부했다.

MM법의 중심축은 '볼린저 밴드'라고 부르는 지표다. 통계학을 응용한 지표인데, 과거의 주가 동향을 바탕으로 '주가의 상승 또는 하락은 대체로 이 정도 범위에 수렴할 것이다'라는 범위를 계산한다. 기본적으로 이동평균선에서 플러스와 마이너스 방향으로 1시그마(σ)와 2시그마의 선 4개로 표시되며, 그 범위는 주가가 교착 상태일 때는 좁아지고 급등락할 때는 넓어진다. 평상시 주식시장에서 주가는 상하 2시그마 사이에 수렴할 때가 많다. 2시그마를 넘어서는 수준이 고가와 저가의 기준이 된다.

공부한 보람이 있어서 운용 성적도 향상되었다. 2003년에는 일을 그만두고 데이 트레이더가 되어 분 단위 매

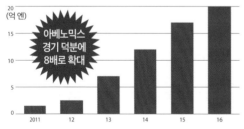

금융자산의 대략적인 추이

아베노믹스 경기 덕분에 8배로 확대

'실패하지 않는' 투자법

단기 보유의 경우

매수 ➡ 3단계로 나눠서 산다.

① 일봉 볼린저밴드에서 -2σ(시그마)
   아래로 내려가면 10%를 산다.
② 주봉 볼린저밴드에서 -2σ 아래로
   내려가면 30%를 추가로 산다.
③ 최종적인 바닥까지 내려왔다고 판
   단했을 때 30%를 추가로 산다.

매도 ➡ 일봉 볼린저 밴드에서 +2σ에 닿은
   뒤 +1σ 밑으로 내려갔을 때 매도한
   다. 또한 주가가 자신이 예상하지
   못했던 움직임을 보였을 때도 즉시
   철수한다.

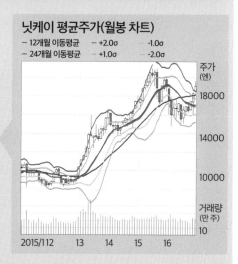

닛케이 평균주가(월봉 차트)
- 12개월 이동평균   - +2.0σ   -1.0σ
- 24개월 이동평균   - +1.0σ   -2.0σ

주가(엔)
18000
14000
10000
거래량(만 주)
10

2015/112   13   14   15   16

장기 보유의 경우

매수 ➡ 25일 동안의 등락비율이 60을
   밑돌면 매수에 나선다.

매도 ➡ 25일 동안의 등락비율이 150을
   초과했다면 전부 매도한다.

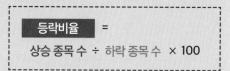

등락비율 = 상승 종목 수 ÷ 하락 종목 수 × 100

지금부터 중·장기적으로 매수하려는 종목

종목명	주가	PBR(실적)	PER(예상)	시가총액
프레산스 코퍼레이션	1,373엔	1.40배	7.8배	845억 9,500만 엔
오픈하우스	2,656엔	2.33배	6.7배	1,525억 1,000만 엔
듀얼탭	1,569엔	1.49배	8.2배	17억 5,300만 엔
밸류 디자인	4,145엔	7.98배	26.9배	60억 2,000만 엔
요시콘	1,250엔	0.60배	4.4배	100억 3,700만 엔

종목의 특징에 맞춰 보유 기간을 셋으로 나누다

1. 단·중기 상승이 기대되는 종목 ➡ 단·중기 보유

2. 경기 순환이나 국책에 따른 수요 증가 등으로 실적 향상이나 주가 상승을 기대할 수 있는 종목 ➡ 장기 보유

3. 배당·우대 합계 수익률이 높고(10% 이상이 이상적), 우대 상품이 유용한 종목 혹은 성장을 기대할 수 있는 우대 종목 ➡ 초장기 보유

매에 몰두했다. 그러나 과거 같이 일했던 상사의 권유로 다시 취직하게 되면서 짧은 데이트레이더 생활은 막을 내렸다.

"컴퓨터 앞에 계속 앉아 있을 수 없게 되었기 때문에 스윙 트레이딩이나 포지션 트레이딩으로 전환할 수밖에 없었습니다."

다양한 방법을 시도해본 끝에 종목의 특징에 맞춰 보유 기간을 '단·중기', '장기', '초장기'의 세 가지로 분류하는 투자법을 확립했다.

요로즈노 씨가 주식으로 자산을 20억 엔까지 불릴 수 있게 된 것은 '손해 보지 않는 투자'를 실천한 덕분이다.

승자도 패자도 확률은 같다

"사실 주식으로 손해를 보는 사람이든 이익을 내는 사람이든 승률은 별 차이가 없습니다. 아마도 30% 정도일 겁니다. 결국 나머지 70%에서 손해를 보느냐 보지 않느냐가 이익과 손해를 결정하게 되는 것입니다."

요로즈노 씨는 나머지 70%에서 손해를 보지 않도록 노력해 '10전 3승 7무'를 지향해야 한다고 강조했다.

주가 하락으로 손해를 보지 않는 방법

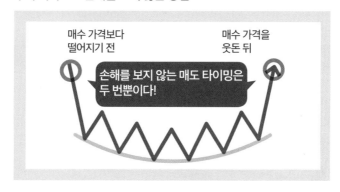

"주가의 동향은 기본적으로 오르거나 내리거나 둘 중 하나입니다. 주식을 사서 가격이 올랐다면 팔면 됩니다. 문제는 내렸을 때 어떻게 하느냐입니다."

주가가 하락했을 경우 매도 타이밍은 두 번밖에 없다고 강조했다.

첫째, 매수 가격보다 떨어지기 전이다.

둘째, 매수 가격 이하로 내려갔다가 다시 매수 가격보다 오른 후다.

"주식투자로 손해를 보는 사람은 주가가 매수 가격보다 하락했을 때 다시 매수 가격 이상으로 오르기를 기다리지 못하고 팔아버립니다. 그 때문에 손해를 보게 되는 것입니다."

즉 손절매를 하지 않으면 된다는 말이다. 그러기 위해서는 '잘 하락하지 않는 종목을 하락할 가능성이 작을 때 사는 것'이 원칙이다. 대부분의 투자자가 팔아버린 시점에서 실적의 성장 등을 감안했을 때 더는 주가가 떨어지지 않고 반등할 것으로 전망되는 종목을 매수하라는 것이다.

"아무리 실적이 좋은 성장주라 해도 고가일 때 샀다가 떨어지면 이후에 매수 가격까지 회복되기가 쉽지 않습니다."

금융자산의 증가에 공헌한 주요 종목

다이아몬드 다이닝

주가	PBR (실적)	PER (예상)	시가총액
1,528엔	3.18배	21.1배	118억 8,700만 엔

- 12개월 이동평균 - 24개월 이동평균

월봉
2009년에 1,000엔에 일부 매도
2008년에 150엔에 매수
2007/1   16/1

주가 (엔)
1000
500
거래량 (만 주)
500

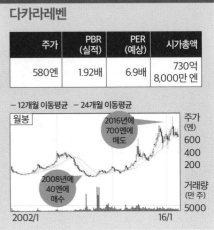

다카라레벤

주가	PBR (실적)	PER (예상)	시가총액
580엔	1.92배	6.9배	730억 8,000만 엔

- 12개월 이동평균 - 24개월 이동평균

월봉
2016년에 700엔에 매도
2008년에 40엔에 매수
2002/1   16/1

주가 (엔)
600
400
200
거래량 (만 주)
5000

코로프라

주가	PBR (실적)	PER (예상)	시가총액
972엔	1.93배	16.1배	1,231억 8,600만 엔

- 12개월 이동평균 - 24개월 이동평균

월봉
2014년 1월에 4,000엔에 매도
2013년에 340엔에 매수
2013/1   16/1

주가 (엔)
3000
2000
1000
거래량 (만 주)
5000

1년에 두세 번은 매수 타이밍이 찾아온다

요로즈노 씨의 말에 따르면 대부분 투자자가 주식을 투매하는 국면이 매년 2~3회 정도는 찾아온다고 한다. 작년에는 1~2월의 급락장이나 유럽연합 이탈 여부를 결정하는 영국 국민 투표의 결과가 전해진 6월 24일, 미국 대통령 선거의 개표 속보가 잇달아 흘러나온 11월 9일에 닛케이 평균주가가 크게 급락했다.

주요 초장기 보유 종목

종목명	주가(최저 우대 취득 금액)	합계 수익률(배당+우대)
허니즈	1,076엔(1만 760엔)	6.49%(1.85+4.64)
VT 홀딩스	554엔(5만 5,400엔)	75.08% 이상 (2.88+72.20 이상)
다이아몬드 다이닝	1,528엔(15만 2,800엔)	3.39%(0.78+2.61)
크리에이트 레스토랑 홀딩스	991엔(9만 9,100엔)	7.36%(1.31+6.05)
콜로와이드	1,897엔(94만 8,500엔)	2.36%(0.26+2.10)
쇼에이 식품 공업	2,249엔(22만 4,900엔)	-
비아 홀딩스	1,088엔(10만 8,800엔)	5.04%(0.45+4.59)
WDI	1,415엔(14만 1,500엔)	2.82% 이상(0.70+2.12 이상)
아톰	724엔(7만 2,400엔)	3.03%(0.27+2.76)
레오팔레스21	632엔(6만 3,200엔)	-
텐포스 버스터즈	1,855엔(18만 5,500엔)	4.68%(0.37+4.31)
제이그룹 홀딩스	836엔(8만 3,600엔)	5.13%(0.35+4.78)
야마우라	585엔(5만 8,500엔)	5.97%(0.85+5.12)
빅카메라	1,056엔(10만 5,600엔)	3.97%(1.13+2.84)
재팬 호텔 리트 투자법인	7만 9,100엔(79만 1,000엔)	-
헬리오스 테크노 홀딩스	582엔(58만 2,000엔)	-

주: 우대 수익률은 최저 우대 금액/최저 우대 취득 금액(주주 우대 권리를 얻을 수 있는 최저 주식 수×주가)으로 계산한다. 주가·합계 수익률은 2017년 2월 3일 현재의 값으로 산출함.
'―'는 우대 상품의 가격을 알 수 없어서 합계 수익률을 계산할 수 없음.

"이런 국면에서 저평가 상태가 된 성장주를 매수하고, 이후 주가가 오르면 다시 급락하기 전에 팝니다. 이래서 매매 타이밍이 가장 중요한 것입니다. 그 종목이 성장주인지 아닌지는 직접 판단할 수 있는 안목이 없더라도, 주식 정보 사이트나 개인투자자의 블로그 등에서 알아볼 수 있습니다."

요로즈노 씨가 매매 타이밍을 가늠하기 위해 이용하는 지표는 앞에서 소개한 볼린저 밴드와 등락비율이다. 등락비율은 상승 종목과 하락 종목의 비율을 보여주는 지표로, 개별 종목이나 시장 전체가 고평가 상태인지 저평가 상태인지를 판단하기 위해 사용한다.

2016년 1월 닛케이 평균주가가 볼린저 밴드의 마이너스 2시그마선 아래로 내려가자 요로즈노 씨는 '아베노믹스 상승장은 끝났다'라고 판단하고 주주 우대를 목적으로 한 초장기 보유 종목만 남긴 채 전부 매도했다. 그 결과 운용자산에서 현금이 차지하는 비율은 90%까지 상승했다.

그런데 같은 해 11월의 미국 대통령 선거 이후 닛케이 평균주가가 플러스 2시그마에 근접하며 단숨에 상승장이 되었다. 이에 대해 요로즈노 씨는 이렇게 말한다.

"지금은 이미 오를 만큼 오른 상태이므로 매수 타이밍이 아닙니다."

그래서 실적이 확대되고 있음에도 주가가 저평가 상태로 방치된 최근 상장 종목을 대상으로 다음 폭락이 왔을 때 덩달아 주가가 하락하면 매수해 장기 보유할 종목의 후보를 작성하고 그날이 오기를 기다리는 중이다.

NO.18

구독자 2,000명의
매거진을 발행하는 투자자

야마자키 가즈쿠니

나이	70대
거주지	도쿄
직업	겸업 투자자
투자 경력	55년 이상
금융자산	5억 4,000만 엔
정보	유료 메일 매거진 〈투자의 방식〉 저서 《투자에 성공하는 현자의 습관》 공식 사이트 http://yamazakikazukuni.com/

5억 4,000만 엔을 주식과 외국 국채 등으로 운용하고 구독자 약 2,000명의 유료 메일 매거진을 발행하는 무사시노 학원대학 대학원 특임 교수 야마자키 가즈쿠니 씨. 그의 투자법은 지극히 명쾌하다.

'대바닥 근처에서 사서 대천장 근처에서 판다.'

대바닥과 대천장을 감지하는 5가지 포인트

1. 매수세와 매도세가 서로 대항해 주가의 상하 변동폭이 작은 상태에서 날짜만 지나가는 '1차 조정'이 일어난다.

2. 이전 대바닥권의 2~2.5배가 대천장권, 이전 대천장권의 0.4~0.5배가 대바닥권

3. 도쿄증권거래소 1부의 시가총액이 개인 현·예금의 60% 이상이라면 대천장권, 40% 이하라면 대바닥권

4. 도쿄증권거래소 1부의 시가총액이 명목 GDP(국내 총생산)의 1.2배 이상이라면 대천장권

5. 긍정적 전망이 대세라면 대천장권, 비관적 전망이 대세라면 대바닥권

그리고 대바닥과 대천장을 정확히 맞힐 수는 없지만 대략적으로는 감지할 수 있다며 5가지 포인트를 제시했다.

5가지 포인트 중 세 번째는 야마자키 씨 자신이 고안한 것으로, 사람들은 '야마자키 지수'라고 부른다. 도쿄증권거래소 1부의 시가총액이 개인 현·예금의 60% 이상이라면 '대천장권', 40% 이하라면 '대바닥권'으로 판단한다.

또한 네 번째는 워런 버핏이 고안한 '버핏지수'로 시가총액의 추이는 명목 GDP(국내 총생산)에 비례한다는 전제에 입각해 명목 GDP와 얼마나 괴리가 있는지를 보고 고평가 상태인지 아닌지를 판단한다.

야마자키 씨는 "대바닥권에서 대천장권으로 올라가는 동안에는 모든 종목이 2배에서 2.5배 상승합니다. 기본적으로는 어떤 종목을 선택하든 상관없지만, 가능하면 잘 알고 있는 단순한 종목을 고르는 편이 좋습니다"라고 지적하며 도요타 자동차나 히타치 제작소, 미쓰비시 중공업 같은 대형주를 예로 들었다.

"2배에서 2.5배로 올랐을 때 매도할 수 있다면 만족해야 합니다. 그런데 5배나 10배를 노리니까 이상한 종목을 샀다가 실패하는 것이지요."

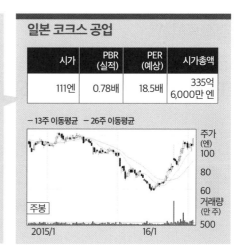

일본 코크스 공업의 상위 5대 주주
(2016년 9월 말 기준)

	주주명	비율
1	신일철주금	21.7%
2	스미모토 상사	21.7%
3	나스공	3.6%
4	고베 제강	3.1%
5	닛신 제강	1.5%

일본 코크스 공업

시가	PBR (실적)	PER (예상)	시가총액
111엔	0.78배	18.5배	335억 6,000만 엔

－ 13주 이동평균　－ 26주 이동평균

주봉

2015/1　　16/1

주가 (엔) 100 80 60
거래량 (만 주) 500

　다만 대바닥권에서 매수해 대천장권에서 매도하라는 것은 그동안 아무것도 하지 않고 기다리기만 하면 된다는 의미는 아니다.

　"투자 자금의 10~20%로 매매를 계속하면서 시장에 계속 머물러 있어야 합니다. 안 그러면 방향 감각을 잃게 됩니다."

　또한 PBR이 0.5배 이하이고 도산의 우려가 없는 종목이라면 본격적으로 매수해도 된다고 한다. 일례로 야마자키 씨는 일본 코크스 공업을 60엔대에 사서 110엔에 매도했는데, 이 회사의 대주주는 코크스의 주요 고객인 제철 회사와 종합상사다. 특히 제철 회사에 코크스는 꼭 필요한 존재이기 때문에 도산의 위험성은 확실히 낮아 보인다.

　그럼 다음 인터뷰를 통해 그의 투자법을 좀 더 자세히 살펴보자.

견실하게 매매 차익을 얻고 싶다면
'더는 하락하지 않을 주식'을 노려라

투자를 시작할 때의 마음가짐	**자신이 어떻게 살지 결정한다.** ▶ 청빈을 미덕으로 삼을 것인지, 자유롭게 살기 위해 돈을 벌 것인지를 결정한다. **규율 있는 생활을 한다.** ▶ 낭비를 경계하고 절약을 명심한다. **즉시 주식투자를 시작하지 않는다.** ▶ 모의투자를 하면서 매일 기록을 남긴다.

성공의 비결 1. 상승장에 올라탄다.
모두가 비관할 때, 정책이 크게 변화할 때가 매수 타이밍
point 상승의 기준은 2배

주식거래로 큰 손해를 보지 않고 수익을 내려면 어떤 점에 주의해야 할까요?

방법론에 들어가기 전에 강조하고 싶은 것이 바로 위의 마음가짐입니다. 먼저 왜 돈이 필요한지를 정리합니다. 또한 규율 있는 생활을 하고 낭비를 경계하며, 즉시 주식투자를 시작하지 말고 모의투자로 경험을 쌓는 것도 중요합니다.

냉정함과 신중함을 잃지 말라는 말씀이신가요?

바로 그겁니다. 큰 손해를 보지 않기 위해 필요한 마음가짐이지요. 그러면 방법론으로 넘어갑시다. 첫째는 상승장에 올라타는 것입니다. 최근 50년 사이 시장평균이 2배 이상이 되는 대상승장은 6번 있었습니다. 대략 8년에 한 번꼴이지요. 버

과거 50년 사이에 있었던 대상승장

시기	닛케이 평균주가의 변화	주된 악재
1967년 12월~1970년 4월	1,250.14 ▶ 2,534.45엔	영국 파운드화 위기
1971년 11월~1973년 1월	2,224.52 ▶ 5,359.74엔	닉슨 쇼크
1982년 10월~1985년 7월	6,849.78 ▶ 1만 3,040.10엔	세계 불황 심각화 우려
1986년 10월~1989년 12월	1만 5,819.55 ▶ 3만 8,915.87엔	엔화 강세 불황
2003년 4월~2006년 4월	7,607.88 ▶ 1만 7,563.37엔	리소나 쇼크*
2012년 11월~2015년 6월	8,160.01 ▶ 2만 569.87엔	원자력 발전소 문제, 1달러 =80엔대의 엔화 강세

*일본의 5대 은행인 리소나 은행이 부실채권과 주가 하락을 견디지 못해 예금보호법에 의해 일본 최초로 은행에 공적 자금이 투입되었다.

블 붕괴 후의 비정상적인 시기인 1990년부터 2003년까지의 13년을 제외하면 37년 동안에 6번, 즉 6년에 1번은 대상승장이 찾아왔습니다. 노후를 20년으로 잡으면 그사이 3번은 대상승장이 찾아온다는 계산이 나오지요. 주가지수의 상승에 올라 탄다면 종목 선별 같은 것은 필요가 없습니다. 지금이라면 닛케이 평균주가 등의 ETF를 구입하면 됩니다.

상승장이 시작되는 시기는 어떻게 판단할 수 있습니까?

답은 단순합니다. '산도 들도 온통 비관으로 뒤덮여 있다면 바보가 되어서 쌀을 사라'는 말은 '모두가 비관할 때'입니다. 이때 포인트는 '나도'입니다. 나 자신조차도 비관적이 되어야 하지요. 타인은 비관적으로 생각하지만, 나는 아직 오를 것이라고 생각하는 시기에는 손을 대지 말아야 합니다.

비관적인 상태에서 주식을 사기 위해 필요한 것은 용기인가요?

용기와 함께 냉정함과 신중함이 필요합니다. 일단 조금만 사서 상황을 살핍니다. 그리고 더는 떨어질 것 같지 않다고 느끼면 조금 더 삽니다. 주식투자의 기본은 싸게 사서 비싸게 파는 것입니다. 더는 하락하지 않을 주식을 산다면 이익을 내기 쉽습니다. 다만 어디가 바닥일지는 누구도 알 수 없습니다. 그러니까 조금씩 사면서 분위기를 살피는 것입니다. 그리고 상승하더라도 욕심은 금물입니다. 시장평균의 경우 2~2.5배가 천장이므로, 개별주의 경우도 2배 상승을 목표로 삼는 것이 좋습니다.

> **성공의 비결 2. '대표 종목'의 위기를 이용한다.**
> 도산의 위기가 아니라면 투매한 주식을 줍는다.
> point 사건의 질을 판단한다.

개별주는 어떻게 거래해야 할까요?

일본을 대표하는 역사 깊은 종목이 위기일 때를 노립니다. 역사가 긴 종목은 과거에 수많은 위기를 극복해온 경험과 실적이 있고, 도산의 리스크가 크지 않을 것이기 때문이지요. 최근에는 도시바, 얼마 전에는 올림푸스가 분식회계 사건을 일으켜서 주가가 하락했는데, 저는 그때 그 주식을 샀습니다.

도시바의 경우는 언론에서 부정이 아니라 부적절한 회계 처리라고 보도했기 때문에 상장 폐지는 없을 것이라고 판단했습니다. 만약 상장 폐지가 되더라도 제조사의 생명인 기술의 부정이 아니라 일부 경영자가 일으킨 회계 스캔들이므로 재상장도 가능하다고 생각했지요. 올림푸스도 마찬가지였습니다.

도시바의 주가가 히타치 제작소의 절반 이하로 떨어지는 일은 매우 드뭅니다. 그런데 2015~2016년에는 그 매우 드문 수준이 되었기에 매수 타이밍이라고 판단하

도시바와 히타치의 주가 비교

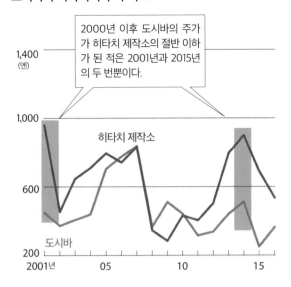

2000년 이후 도시바의 주가가 히타치 제작소의 절반 이하가 된 적은 2001년과 2015년의 두 번뿐이다.

고 샀습니다. 그 결과 약 2배의 수익을 냈습니다.

2016년에는 미쓰비시 자동차의 부정이 발각되었는데요.

대주주의 구성을 미루어볼 때 미쓰비시 자동차의 도산 리스크는 낮다고 할 수 있지만, 기술의 부정이었기 때문에 사지 않았습니다. 게다가 그런 문제를 한두 번 일으킨 것이 아닙니다. 아무리 역사가 깊다 해도 그런 주식은 사면 안 됩니다.

일본항공이 파산했을 때는 어떻게 하셨습니까?

청산하는 주식은 거래하지 않는 것이 원칙입니다. 하지만 하한가가 이어질 때 타이밍을 맞춰 매수했습니다. 제 경험상으로 볼 때 하한가 행진이 이어지던 종목이 시초가에서 매수세와 매도세가 완전히 일치했을 때는 매수 타이밍입니다. 투매가 끝나고 공매도를 갚기 위한 매수가 시작되어 상승세로 전환할 가능성이 있기 때문이지요. 다만 이것은 투기성 거래라서 권하지는 않습니다.

일본을 대표하는 종목 이외에는 거래하지 않으십니까?

일본을 대표하는 종목이 아니더라도 일본을 대표하는 종목이 대주주일 경우는 기회를 엿봅니다. 예를 들어 신일철주금과 스미토모 상사가 대주주인 일본 코크스 공업이나 난카이 전기 철도가 대주주인 난카이타쓰무라 건설은 실제로 샀습니다. 이런 회사는 경영 위기에 빠지더라도 대주주가 흡수 합병하는 등의 방법을 동원해 도산을 막을 것입니다. 만약 실적이 부진에 빠져서 주가가 하락하더라도 도산 리스크가 낮으면 어느 시점에는 하락이 멈춥니다. 즉 그 이상은 주가가 하락하지 않는 상황이 되지요. 그럴 때 사면 언젠가 상승세로 전환됩니다.

주가가 바닥인지는 어떻게 판단하십니까?

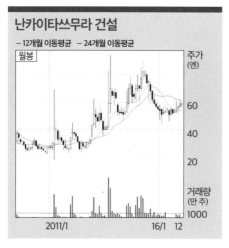

난카이타쓰무라 건설

- 12개월 이동평균   - 24개월 이동평균

월봉

주가 (엔)
60
40
20

거래량 (만 주)
1000

2011/1   16/1 12

난카이타쓰무라 건설의 대주주

난카이 전기 철도	57.69%
스미노에 흥업	4.06%
오바야시구미	3.83%

주: 2016년 9월 30일 기준

실적이 좋지 않은 주식의 경우는 PBR이 1배 이하로 내려가는지 아닌지 등 일반적인 지표를 참고합니다. 지금은 무액면 주식이 되어서 알기 힘들지도 모르지만, 액면은 하나의 기준이 됩니다. 예를 들어 일본 코크스의 액면가는 50엔인데, 유배당 종목이어서 액면가 이하로 하락하는 일은 없을 것으로 보고 50엔에 가까워지기 시작했을 때 샀습니다. 한편 액면가가 같은 난카이타쓰무라 건설은 2012년에 26엔까지 떨어졌는데, 무배당 주식이어서 액면가 이하로 떨어질 수도 있다고 생각하고 있었습니다. 적자가 계속되어 도산할 우려만 없다면 노릴 만하지요.

벤처 주식은 거래하지 않으십니까?

사업 모델이나 기술이 이해가 되지 않는 바이오나 의약품, IT 종목에는 손을 대지 않습니다. IPO(기업공개)로 주식을 받더라도 시초가에 전부 팔아버립니다.

NO.19

급락주로 수익을 올리는
카리스마 투자자

우치다 마모루

나이	40대
거주지	간토 지방
직업	전업 투자자
투자 경력	31년
금융자산	2억 3,000만 엔
정보	블로그 '우치다 마모루의 날마다 투자(https://toyokeizai.net/category/uchida-hibikore)' 운용

  우치다 씨의 특기는 중장기 역발상 투자다. 주식투자를 본격적으로 시작했을 때는 홋카이도 척식은행과 일본장기신용은행(모두 당시 명칭)이 잇달아 파산했다. 그에 따라 존속이 우려되어 크게 하락했던 재벌계 신탁은행의 주식을 매집해 1,000만 엔의 매매 차익을 챙겼다.

그리고 이 경험을 바탕으로 이후 악재로 인해 폭락한 주식을 매수해 주가가 회복되었을 때 매도하는 방법으로 투자함으로써 큰 이익을 내왔다.

연비 데이터를 조작한 것이 발각되어 닛산 자동차에 인수된 미쓰비시 자동차의 주식도 매집했다.

"매출의 80%를 차지하는 해외의 수익 기반은 굳건했습니다. 과거의 스캔들을 극복하고 다시 일어나 재무 내용을 개선한 상태였지요. 본업이 흔들리는 샤프나 다카타와는 달랐습니다. 이때 투자의 포인트는 본업이 회복될 것으로 예상되느냐입니다."

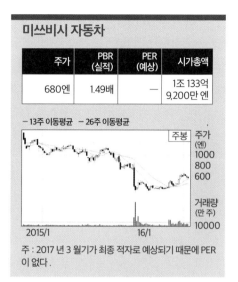

주가	PBR (실적)	PER (예상)	시가총액
680엔	1.49배	—	1조 133억 9,200만 엔

－13주 이동평균 －26주 이동평균

주봉 주가(엔) 1000 800 600

거래량(만 주) 10000

2015/1 16/1

주 : 2017년 3월기가 최종 적자로 예상되기 때문에 PER이 없다.

우치다 씨는 미쓰비시 자동차에 투자할 때 과거의 교훈을 활용했다고 한다. 2011년에 분식회계가 발각된 올림푸스의 주식을 매매한 경험이다. 분식회계가 발각되기 전에 2,500엔대였던 올림푸스의 주가는 사건 발각 후 순식간에 1,200엔대까지 떨어졌다.

우치다 씨는 이 시점에 올림푸스의 주식을 사들이기 시작했다. 그 후 사건의 상세한 전모가 밝혀져 대주주였던 기관투자자들이 손을 떼자 주가는 또다시 급락했고, 우치다 씨는 바닥권인 400엔대에 주식을 추가 매수했다. 그리고 1,200엔대까지 회복되었을 때 전부 매도했다.

그런데 올림푸스의 주가는 이후에도 계속 상승해서 2015년 8월 12일에는 신고가인 5,040엔을 기록했다. 이때 우치다 씨는 '실적이 회복될 때까지 팔지 않고 기다렸다면 2,500엔대에 매도할 수 있었는데…'라고 반성했다고 한다.

평가손 5,000만 엔도 견뎌내다

우치다 씨는 이 경험을 다음 승부에 활용했다. 그 대상은 개인 지도 학원을 운영하는 소니 교육으로, 2014년 2월에 매출을 실제 이상으로 부풀린 회계 부정이 발각되어 하한가로 떨어지자 매수를 시작했다. 그리고 주가가 200엔대를 위협하는 수준까지 하락하자 물타기 매수로 주식 보유량을 늘렸다. 이후 주가는 2015년 4월에 일단 428엔까지 회복되었다. 그런데 이번에는 올림푸스의 경험을 살려서 팔지 않았다. 하지만 주가는 또다시 하락하기 시작했고, 2015년 9월에는 신저가인 161엔을 기록하기도 했다.

"평가손(기업과 금융기관이 보유하고 있는 채권의 가격이 하락하거나 시가가 장부 가격을 하회할 때 그 차액을 의미—편집자 주)이 5,000만 엔을 넘겨서 심리적으로 흔들리기도 했지만 꾹 참았습니다."

다행히 2015년 10월에 '특설 주의 시장 종목' 지정이 해제되었고, 실적도 회복되었다. 그리고 2016년 2월기에는 두 분기 만에 배당도 재개했다. 이에 '다시 성장 궤도에 올랐다'고 판단한 우치다 씨는 2016년 9월 중순에 480엔부터 485엔까지 1엔 단위로 5,000주씩 모두 3만 주를 팔아 약 310만 엔의 이익을 얻었다. 아직도 20만 주를 보유하고 있으며, 주가가 500엔 이상이 되면 조금씩 매도할 예정이다.

미쓰비시 자동차의 주식도 소니 교육과 마찬가지로 영국의 유럽연합 탈퇴가 결정된 2015년 6월 하순부터 물타기 매수를 계속하고 있다.

"3년 정도는 실적이 회복되기를 기다릴 것입니다."

억대 투자자들의 성공 투자법

자신의 투자 스타일을 잃지 않고
우직하게 투자한다!

2017년은 트럼프 경기에 편승해 공격적으로 투자해야 할까,

아니면 시장의 변화를 의식해야 할까?

블로그나 트위터에서 인기를 모으고 있는

카리스마 투자자 5인이 2017년을 전망했다.

소형 성장주 투자
아일

배당주 투자
간치

올어라운드 투자자
주식수병

가치주 투자자
주식 1000

이벤트 투자자
유나기

주식수병

시장의 변화에 맞춘 재빠른 리밸런싱으로 투자를 진화시킨다!

나이	40대
직업	겸업 투자자
투자 경력	15년
금융자산	약 10억 엔
블로그	투자도(http://blogs.yahoo.co.jp/kabu_suihei)
주력 종목	J트러스트/웨지 홀딩스 / FPG / GMO 클릭 홀딩스(2017년 10월 1일 GMO파이낸스 홀딩스로 사명 변경) / 사와다 홀딩스/ 히로세 통상

아일

조사 · 분석력을 높여 투자 대상의 성장성을 판단한다!

나이	40대
직업	전업 투자자
투자 경력	27년
금융자산	약 3억 엔
블로그	중장기 투자로 초부유층이 되자!(http://7oku.seesaa.net/_)
주력 종목	VT 홀딩스 / 웨지 홀딩스 / 티아 / 지풋

주식1000

동료들에게 배운 것을 자신의 투자 방식에 혼합시킨다!

나이	40대
직업	전업 투자자
투자 경력	약 30년

금융자산	약 3억 엔
블로그	주식1000 투자 일기(https://plaza.rakuten.co.jp/kabu1000/)
주력 종목	애플 인터내셔널 / 마루하치 홀딩스 / 히카리 제작소 / 규슈 리스 서비스 / 일본 에셋 마케팅

간치

대형주의 비율을 줄여서 성장주로 돌린다!

나이	50대
직업	전업 투자자
투자 경력	27년
금융자산	약 4억 엔
블로그	간치의 주주 우대주 가치주 일기(http://blogs.yahoo.co.jp/kouzi200804)
주력 종목	이토충 상사 / 마루베니 / 미쓰이 물산 / 스미토모 상사 / 미쓰비시UFJ 파이낸셜 그룹 / 미쓰이스미토모 파이낸셜 그룹 / 미즈호 파이낸셜 그룹

유나기

주가가 하락해도 옵션으로 수익을 낸다!

나이	40대
직업	전업 투자자
투자 경력	약 17년
금융자산	1억 엔 이상
블로그	단도쓰 투자 연구소(http://www.geocities.jp/yuunagi_dan/)
저서	《스타벅스 주식은 1월에 사라!(スタバ株は1月に買え!)》(도요게이자이신보사)
주력 종목	히타치 공기 /게이큐 급행 전철

2016년과는 반대로 2017년의 주식시장은 쾌조의 스타트를 보였습니다. 현재의 투자 환경에 어떤 인상을 받으셨습니까?

아일 　저는 기본적으로 3~4종목에 집중투자하기 때문에 기업의 실적 추이에 주목할 뿐, 투자 환경의 변화에는 별다른 관심이 없습니다. 주식시장 전체가 하락하면 그 흐름에 휩쓸려 동반 하락할 수도 있겠지만, 실적이 뒷받침해준다면 조만간 다시 회복할 것이라고 생각하거든요. 다만 **분위기가 좋아졌다고는** 느낍니다.

트럼프 경기는 1년 내내 계속될까요?

주식1000 　주가지표를 보면 트럼프 경기가 시작되기 전에는 13~16배의 범위에서 움직이던 닛케이 평균주가의 PER이 현재(2017년 연초)는 거의 17배까지 상승했습니다. 더 올라가려면 엔화 약세에 따른 수출 기업의 실적 예상의 상향 수정 등으로 PER이 절하될 필요가 있다고 봅니다. 다만 제가 주로 투자하는 소형주에는 저평가된 종목이 가득합니다. 그러므로 **소형주에 관해서는 아직 공격적으로 투자해도 괜찮다고** 생각합니다. 지금은 대형주의 시대가 찾아왔지만, 주식시장은 끊임없이 순환하므로 앞으로는 도쿄증권거래소 2부의 종목이 상승하고, 서비스 업종도 테마에 따라 크게 상승할 것으로 보고 있습니다.

유나기 　저의 투자 스타일은 비싸게 사서 더 비싸게 파는 추세추종 투자입니다. 다들 올라탄다 싶으면 "저도 같이 갑시다"라며 함께 올라타는 방식이지요 (웃음). 이 투자 방식이 2016년 8월 이후부터 빛을 발했습니다.

특히 12월에 들어서면서 대형주의 주가 차트가 아베노믹스 초기처럼 당일 시가가 전날 종가보다 높은 날이 계속되었습니다. 그때는 그 흐름에 편승하지 못했기 때문에 이번에는 **대형주를 사놓고** "이대로 계속 올라라"고 기도하는 중입니다.

주식수병 사실은 2016년에 '이대로 가면 미국은 연내에 금리 인상을 할 수 없을 것이고, 그 결과 2017년 이후 주식시장이 폭락해서 엄청난 기회가 찾아올 것이다'라고 생각해 현금 포지션을 조금씩 늘리고 있었습니다. 그런데 트럼프가 당선된 이후로 상황이 바뀌어버렸지요.

처음에는 얼마 못 가서 기대감이 식으며 주가가 반락할 것이라고 봤는데, 의외로 강세가 유지되었습니다. 금리 인상도 예상대로 2016년 12월에 실시되었고, 여러 가지 통계 결과도 나쁘지 않았습니다. **트럼프의 대통령 당선으로 시작된 단기적인 호황이 장기적인 호황으로 발전할지도 모르는 상황이 된** 것은 아닐까 하는 생각이 커지고 있습니다.

트럼프 경기도 부침이 반복될 수는 있겠지만 2017년 한 해는 계속되지 않을까 싶습니다. 그전까지는 대형주의 스윙 매매만을 했었는데, **하락한 소형 우량주를 사서 반등을 노리는 식으로 리스크를 감수하는 자세를 강화하기** 시작했습니다.

주가가 내려갈 수 없는 상황

간치 지금은 일본은행이 ETF(상장지수펀드)를 매수해서 증시를 방어하고 있기 때문에 주가가 내려갈 수 없는 상황입니다. 매년 1월부터 3월까지는 주식시장의 상황이 좋기 때문에 트럼프가 1월 20일에 대통령에 취임한 뒤 100일 정도는 실질적으로 달라진 것이 없더라도 기대감에서 주가 상승이 계속될 것으로 봅니다. 그렇게 생각하면 **2017년 4월에 보유 주식을 팔아서 일단 현금을 쌓아놓고 주가가 내리기를 기다리는** 편이 좋지요.

실제로 트럼프의 정책이 수면 위로 드러나면 일본에 불리한 면이 꽤 많이 있을 것입니다. **높은 관세를 부과하거나, 그렇게 한다면 관련 주식을 보유하고**

있느냐 없느냐에 따라 운용 성적의 명암이 갈리게 될 것입니다. 그래서 보유 주식을 선별해서 포트폴리오를 재구성하려고 생각 중입니다.

2017년의 주식시장을 어떻게 전망하십니까?

간치 방금 말씀드린 것과 같은 이야기이지만, 트럼프의 정책이 표면에 드러나면 시장이 동요해 상당히 하락하지 않을까 생각합니다. 방향이 바뀌면 시장은 상당히 극단적으로 반응하는 경향이 있으니까요.

주식수병 앞서 말씀드렸듯이 2017년에 폭락해서 2020년 이후에 회복된다는 것이 제가 생각했던 시나리오인데, 트럼프 정권이 경제 측면에서는 의외로 괜찮지 않을까라는 생각이 점점 강해지고 있습니다.

소형주가 싸지면 사겠지만, 그렇지 않다면 대형주를 계속 사 모을까 합니다. 실제로 어떻게 될지는 트럼프 덕분에 전혀 알 수 없게 되었다는 것이 솔직한 심정입니다.

유나기 희망적인 관측입니다만, 저는 이대로 아베노믹스 어게인이 되어서 2017년 5월까지 계속해서 오를 것 같습니다. 전통적으로 일본의 주가는 미국이 금리를 인상하면 함께 오르는 경향이 있습니다.

미국의 경기가 좋아져서 소비가 확대되면 일본 기업이 수혜자가 되기 때문입니다. 트럼프의 국내 최우선 정책으로 보호주의가 강해지면 미국 국내 경기는 좋아질 것입니다.

그런 미국과 함께 가기 위해 아베 신조 총리나 손정의 소프트뱅크 그룹 사장이 일찍부터 트럼프를 만나서 양호한 관계를 구축하고자 노력했습니다. 그 결과 미국이 금리를 인상할 때마다 일본의 주가가 오른다는 것이 현재 제가 그리고 있는 낙관적인 시나리오입니다.

무리하지 않고 마지막에는 플러스로

주식1000 제 생각에는 2017년도 환율에 상당히 휘둘리는 한 해가 될 것 같습니다. 주식시장은 현재 기대감이 먼저 반영되어서 오르고 있는 만큼, 아마도 일단은 하락할 것입니다. 그래서 **어떤 방향으로 나아가더라도 괜찮도록 대비만큼은 확실히 해두고 있습니다.**

무리한 포지션은 잡지 않고, 그렇다고 전액 현금화해 놓지도 않고 중간 정도로 어떤 방향으로 나아가든 대응할 수 있는 유연한 자세를 취하고 있습니다. 그렇게 하면 2016년에도 그랬던 것처럼 일시적으로는 마이너스가 되더라도 종합적으로는 플러스로 만들 수 있기 때문에 그런 형태로 해나가려고 생각하고 있습니다. 중소형주 투자는 2016년과 같은 수준으로 할 생각입니다.

아일 저는 **시장의 미래는 전혀 예측할 수 없다고 생각하기 때문에 예측할 수 없는 것을 예측하기 위해 시간이나 노력을 들이지는 않습니다.** 그보다는 외부 환경이 바뀌어도 중장기적으로 실적이 성장할 것 같은 회사를 정확히 선별해내려고 노력합니다. 그 회사의 실적이나 장래성 같은 것은 제 나름대로 상상할 수 있으므로 여기에 힘을 쏟을 생각입니다. 실제로 지금까지 이렇게 투자해왔고, **이것이 저와 가장 잘 맞으면서 노력한 만큼의 보답을 받는 방식이라고 생각합니다.**

닛케이 평균주가가 어떻게 될까, 환율이 어떻게 될까, 이런저런 이벤트가 어떻게 될까. 이야기로서는 재미있을지 모르지만, 예상이 적중했다고 해도 반드시 수익을 낼 수 있는 것은 아닙니다.

트럼프의 대통령 당선까지는 예상했지만, 그렇게 되면 주가가 하락할 것이라고 내다본 사람도 많았을 겁니다. 2017년에도 그런 일에 힘을 쏟기보다는 투자 대상을 열심히 주시하는 쪽이 더 중요하다는 마음가짐으로 투자해나갈 생각입니다.

주식1000 저는 자신의 축을 잃어버리지 않아야 한다고 생각합니다. **사람마다 자신에게 맞는 투자법과 맞지 않는 투자법이 있습니다.** 아일 씨는 지금 말씀하신 신념으로 소형 성장주에 투자하고 계십니다. 한편 제 경우는 저평가주 투자 중심입니다. 그런데 다른 투자법의 장점을 도입하려다가 자신의 방식을 망가뜨리면 큰 손해를 볼 위험성이 큽니다.

자신의 방식을 밀고 나가야 한다는 것은 위아래로 심하게 요동치던 2016년의 주식시장에서 배운 교훈입니다. 간치 씨의 배당주 투자를 예로 들면, 한때 마이너스가 되기도 했지만 꾹 참고 견뎠더니 결국 플러스가 되지 않습니까? 아일 씨나 저도 마찬가지입니다. **자신의 방식을 지키는 것은 중요한 일입니다.**

그런 다음에는 어차피 시장의 미래를 예측한들 틀릴 가능성이 높으므로 어떤 상황이 되더라도 견뎌내면서 자신의 심리를 유지할 수 있는 형태를 확고히 구축하는 것이 중요합니다. 그러면 공포에 사로잡혀 매수하거나 추격 매수는 하지 않을 것입니다.

아일 물론 주식시장의 환경에 따라 주가는 오르내립니다. 하지만 기본적으로 제가 투자하는 대상은 경기가 나빠지더라도, 예를 들어 M&A가 용이해짐으로써 중장기적인 성장성이 높아질 가능성이 있는 기업입니다. 역시 당장의 수익에 집착하기보다는 확고한 전략을 세우고 실행할 수 있는지를 보는 것이 중요하다고 생각합니다. **시장 환경에 따라 전략이 수시로 바뀌어서는 안 됩니다.**

주식1000 투자자든 기업이든 역시 흔들리지 않는 것이 중요합니다.

급락에 대한 대책으로 옵션을 이용

2017년의 투자에 관한 이야기를 더 듣고 싶습니다.

아일   제 경우는 3~5종목 정도에 집중투자하고 있으므로 딱히 매년 새로운 종목을 찾지는 않습니다. 보유한 종목의 실적이 나빠진다면 교체할 필요가 있겠지만, 양호하다고 생각하는 이상은 굳이 갈아탈 필요가 없습니다. 그러므로 2017년에도 포트폴리오를 크게 바꾸는 일은 없을 것이라고 생각합니다.

"그런 종목을 어떻게 찾는 겁니까?"라는 질문을 종종 받는데, 저는 항상 **"개인투자자의 경우는 자신의 주변을 살펴보는 것이 가장 좋습니다"**라고 대답합니다. 유명한 회사나 많은 사람이 사는 회사보다는 **자신이 잘 아는 회사에 투자하는 것이 더 좋다**고 생각하기 때문입니다.

어렵게 생각하지 말고 투자자의 눈으로 주변을 바라보면 좋은 회사를 발견할 수 있을 것입니다. 모두에게 좋은 회사는 없습니다. 그렇기 때문에 주위를 유심히 관찰해서 자신에게 좋은 회사를 찾아내는 것이 좋습니다. 제가 과거에 성공했던 투자 사례를 살펴봐도 주변의 서비스업 회사 같은 곳이 많습니다.

유나기   2016년 전반기에 주가가 크게 하락했을 때 '역시 펀더멘털을 공부해야겠어'라고 생각했습니다. 하지만 이제 와서 공부한다고 선구자인 다른 분들의 상대가 될 리가 없지요(웃음). 그래서 **다른 것은 몰라도 주가의 급락에 휘말려 큰 손해를 보는 사태만큼은 반드시 피하자**고 생각했고, 주가가 급락할 때 이익을 낼 수 있는 방법을 찾다가 옵션을 발견했습니다.

2016년부터 풋(팔 권리) 옵션을 시작했는데, 브렉시트 때 어느 정도 성공했고, 미국 대통령 선거 때 비로소 성공한 느낌입니다. 그래서 주가가 하락했을 때 큰 이익을 낼 수 있는 투자법을 조금 더 찾아볼까 생각 중입니다.

주식수병 저는 단기 트레이딩이나 가치투자, 펀더멘털 투자 등 다양한 방법을 시도
해봤습니다. 하지만 결국은 아일 씨처럼 성장주를 계속 보유하는 것이 최
고라는 결론에 도달했습니다. 다만 저는 투자 대상을 기업 경영자의 시선
으로 바라보고 우량 기업인지 아닌지 판단해왔습니다. 그러므로 최근에
는 좀 더 **투자자의 시선에서 주식 매매를 효율화하기 위한 투자법을 시도하고 있
습니다.**

구체적으로 말씀드리면, 다양한 회사의 견식을 깊게 한다면 시장에서 상
대적으로 이 종목은 저평가되었는지 고평가되었는지, 다른 종목과 비교
하면 어떤지 같은 점도 판단할 수 있게 됩니다. 그리고 **훌륭한 기업이라도
고평가된 종목은 매도하고 저평가된 종목을 매수하며 계속해서 리밸런싱을 해나
갑니다.** 이 작업의 속도를 높인다면 보유 종목을 늘리더라도 세심하게 수
익을 얻을 수 있습니다. 또한 투자 자금이 커져도 리스크를 억제하면서
수익을 키울 수 있게 될 것입니다.

기업의 연구나 견식을 더욱 깊게 해서 이 투자법을 진화시키려고 합니다.
다만 이것은 포트폴리오의 절반 정도입니다. 역시 전체의 30~50%까지는
J트러스트나 VT 홀딩스 같은 성장주를 계속 보유할 생각입니다. 나머지
는 트럼프 경기에 적절히 편승할 예정입니다. 역시 세계 경제 정세도 중
요하니까요.

간치 주식수병 씨는 이젠 트레이더가 다 되셨네요(웃음). 저는 보유한 대형주의
배당과 주주 우대로 먹고 살 수 있으면 충분하다고 생각합니다. 하지만 **역
시 대형주가 대박을 치는 일은 없습니다.** 메가뱅크의 주식이 앞으로 지금의 5
배가 된다든가 도요타 자동차의 주가가 3배가 되는 일은 없을 것입니다.
그러므로 대형주의 비율을 조금 줄여서 아일 씨 등이 투자하고 있는 성장
주로 돌릴까 생각 중입니다. 물론 압도적인 비즈니스 모델을 가진 성장주
는 이미 PER이 30배에서 40배로 높기 때문에 이제 와서 매수한들 큰 이익

은 나지 않을 것입니다. 그러므로 **성장세가 완만하고 평가가 낮은 주식이 대상이 될 것입니다.** 이를테면 다이이치 교통 산업이라든가….

주식1000 그거 괜찮네요.

간치 이런 주식 중에서 PER이 5배 이하로 저평가된 주식을 포트폴리오에 넣습니다. 지금은 대형주를 비싸게 팔 수 있는 상황이므로 2017년이 그 기회가 아닐까 싶습니다.

주식1000 저는 여러분과 정보를 교환하고 스터디 그룹에 참가하면서 배운 것들을 제 투자법에 혼합시켜 나가려 합니다. 예를 들어 '넷넷 종목'에 관해 이야기해볼까 합니다.

넷넷 종목은 기본적으로 시가총액보다 순유동자산이 큰 종목을 가리키는데, **순유동자산의 내용이 중요합니다.** 그것이 정말 현금인지, 유가증권 등의 형태로 갖고 있는지에 따라 상당히 달라지지요.

2016년 12월에 **쇼에이 약품**의 주식을 매수했습니다. 이 회사는 가오의 주식을 보유하고 있는데, 그 시가평가액이 자사 시가총액의 1.5배에 이릅니다. 주가 상승이 계속된다면 넷넷 종목 중에서도 쇼에이처럼 **우량 기업이나 성장하는 기업의 주식을 보유한 회사**를 선택하는 편이 좋습니다.

상승 종목도 관심 대상으로

개별 종목에 대한 이야기가 나온 김에 드리는 질문인데, 2017년에 유망한 종목이나 테마주로는 어떤 것이 있을까요?

아일 앞에서도 말씀드렸듯이 2017년에도 투자 종목을 크게 교체할 것 같지는 않습니다. 그렇기 때문에 지금 보유하고 있는 종목의 성장을 기대할 뿐입니다. 구체적으로는 VT 홀딩스와 웨지 홀딩스의 보유 비율이 가장 높은

데, 양쪽 모두 중장기적으로는 성장할 회사라고 생각합니다. 외부 환경이 나빠지면 일시적으로는 실적이 악화될지도 모릅니다. 하지만 동종 업계 타사의 상황은 더욱 악화되면서 M&A가 용이해져 중장기적으로 보면 성장력이 높아지는 회사라고 생각합니다. 그래서 **정말 제가 생각한 대로 성장할지 정기적으로 확인할 생각입니다.**

주식1000 2016년에 **규슈 리스 서비스를 매수하면서 경험한 것입니다만, 지방에서 상장되어 도쿄증권거래소 2부로 승격될 것 같은 종목도 유망합니다.** 간치 씨께서 언급하셨던 다이이치 교통도 그 후보로 주목하고 있습니다.

2016년 7월에 시간 외 대량 매매를 발표해서 주주를 늘렸고 주주 우대를 조금 강화했는데, 이 두 가지는 상승의 신호이지요. 규슈 리스도 같은 패턴이었습니다. 다이이치 교통은 PER이 5.4배로 매우 낮은 수준입니다. 현재 택시 업계가 사양 산업이기는 하지만 그 속에서 동종 타사를 인수해 점유율을 높이고 이익을 늘릴 수 있을 것입니다. 가장 견실한 성장 패턴의 종목이지요.

유나기 저는 개별 종목은 잘 보지 않아서…. 트럼프 경기로 금융 쪽에서 수익을 내는 기업의 주가가 계속 오르는 것을 볼 때 금융 장세가 시작되었다는 느낌은 듭니다.

간치 **금융 장세에 지금부터 편승하려 한다면 이미 주가가 오른 종목이 아니라 저평가된 종목을 찾아내야 합니다.** 이를테면 이온 파이낸셜 서비스 같은 기업이지요. 시가총액이 아콤의 절반밖에 되지 않지만, 좋은 사업을 하고 있습니다. 동남아시아에 진출해 있기 때문에 일단 동남아시아의 사람들이 풍족해져서 돈을 빌리기 시작하면 엄청난 성장을 할 것으로 봅니다. 다만 대형주이기 때문에 주가가 몇 배로 뛰는 일은 없을 것입니다. 일단은 중소형 성장주를 찾아보겠지만 사고 싶은 종목이 잘 안 보인다면 이온 파이낸셜을 사려고 생각 중입니다.

자율 운전은 장기적인 테마

테마 쪽은 어떤가요?

주식1000 공유 경제가 대두됨에 따라 최근 들어 가장 주목하고 있는 분야가 리스입니다. 소유하지 않는 시대가 되었고, 카 셰어링이 확대되고 있습니다. 그 노하우를 보유한 곳이 리스 회사라고 생각하고 있습니다. 부채비율이 매우 높은 리스 회사는 현재 저금리의 혜택을 상당히 누리고 있기도 합니다.

일본의 경우는 재정 문제가 있어서 저금리를 지속하지 않으면 안 되는 상황입니다. 주택 대출 금리도 매우 낮은 수준이 유지되고 있고요. **금리의 급격한 상승은 아마도 현재 일본에서 가장 위험한 상황일 것이기 때문에 정부에서 필사적으로 억제할 것입니다.** 그 혜택을 최대한으로 누리는 리스 회사는 2017년에도 꽤 유망하지 않을까 싶습니다.

주식수병 2017년부터 조금씩 투자하려고 생각하고 있는 테마는 이북(전자책)입니다. 이북을 판매하는 파피레스의 대주주인 가타야마 아키라 씨도 "이북은 거스를 수 없는 시대의 흐름이다"라고 지적하셨는데, 저도 똑같이 생각합니다. 현재는 전철을 타면 승객의 대부분이 스마트폰으로 앱이나 인터넷, 게임을 하고 있고 이북을 읽는 사람은 1%가 될까 말까 한 수준입니다. 하지만 점차 웨어러블 단말기나 다운로드 방식, 스크롤 기술 등이 발달해서 조작성과 가독성이 좋아지면 나이 드신 분들도 이북을 읽게 될 겁니다. 이런 변화는 점진적으로 나타날 것이므로 **2017년부터 관련 업계 중에 어디를 공략할지 연구해볼까** 생각하고 있습니다.

또한 움직임이 조금 느리기는 하지만 IoT(사물인터넷) 중에서도 스마트 하우스와 스마트 오피스에 주목하고 있습니다. 기술이나 소프트웨어, 하드웨어 분야에서 재미있는 곳이 있는지 찾아보려 합니다.

언젠가 가상현실VR의 시대가 도래할 것이라고는 생각하지만, 너무 광범

위해서 특정 종목을 발굴해 투자하기가 상당히 어려울 것으로 보고 있습니다.

간치 방금 이야기가 나온 IoT 분야에 시스템 소프트라는 회사가 있는데, 재무 상황이 그리 좋은 편은 아닌 아파만숍 홀딩스가 출자해 최대 주주가 되었습니다. 아직 실적에는 반영되지 않았지만, 이를테면 이 회사가 대단지의 **스마트폰 도어록 시스템을 일괄 수주한다면 실적이 좋아지지** 않을까 생각하고 있습니다.

그런 관점에서 바라보면 IoT는 상당히 흥미로운 테마입니다. 스마트폰으로 가전제품을 작동시키고, 열쇠가 없어도 스마트폰으로 현관문을 열 수 있게 되지요.

현재의 지표(PER은 2017년 2월 3일 현재 29배)만 보면 시스템 소프트의 주식을 사기는 어렵습니다. 하지만 실적이 크게 향상되어서 PER이 낮아지면 매수 기회가 올 겁니다. 대형 재료가 있는 주식은 상승률이 크기 때문에 기대감 속에서 주시하고 있습니다.

아일 주목받는 테마에는 다양한 회사가 뛰어들기 마련입니다. 그리고 별다른 관계도 없으면서 이를테면 "우리도 VR 관련주입니다"라고 주장하는 회사가 나오게 될 것입니다. 그 테마에 어지간히 정통한 사람이 아니면 좋은 회사를 **판별해내기가 어렵습니다.** 그런 까닭에 저는 장기 투자 대상으로 여기지 않습니다.

유나기 **자율 운전 테마는 좀 더 계속될 것이라고 생각합니다.** 좀처럼 실현되지 않고 있거든요. 기술적인 측면뿐만 아니라 해결해야 할 과제도 산더미처럼 쌓여 있습니다. 그중에서 가장 큰 장해물은 법 제도입니다. 자율 운전 중에 사고가 일어났다면 누가 어떻게 책임을 질지 등 자율 운전에 대응한 법 제도를 정비하는 데 상당한 시간이 걸릴 것입니다. 그런 까닭에 **장기적인 테마라고 생각합니다.**

주식1000 실리콘밸리까지 조사하러 가서 구글의 시험 주행 등을 견학하고 온 친구에게 자율 운전에 관한 이야기를 들은 적이 있습니다. 자율 운전 자동차를 공공 도로에서 달리게 하는 것은 법 개정이 필요한 문제여서 분명히 쉬운 일이 아닙니다. 다만 사유지, 예를 들어 물류 창고 같은 곳에서는 이미 자율 운전이 실현되고 있습니다. 아마존의 창고에서는 기계가 자율 운전으로 상품을 운반하고 있습니다. 자동차 제조 회사의 완성차도 24시간 가동되는 자율 운전 시스템이 항구까지 운송합니다. 이런 자율 운전은 이미 시작되었으며 급속히 보급될 것으로 생각합니다.

폭락 장세가 된다면 대환영

올해는 쾌조의 스타트라고 말씀하셨는데, 이후 어떤 계기로 주가가 급락하게 될까요? 또 2016년 1~2월 같은 장세가 된다면 어떻게 대응하시겠습니까?

간치 그렇게 된다면 대환영입니다. 남아 있는 현금으로 하락한 우량주를 적절한 타이밍에 사들일 겁니다.

주식수병 저도 환영입니다. 애초에 그런 시나리오를 그리고 있었으니까요. 트럼프 경기에 올라타기보다 그쪽이 더 대처가 용이할 것입니다.

유나기 저는 앞에서도 말씀드렸듯이 풋옵션으로 보험을 들어 놓을 뿐입니다.

주식1000 저도 다시 한번 말씀드리지만, 무리하지 않고 상하 어느 쪽으로 변화하든 대응할 수 있도록 유연한 자세를 취하면서 보유 주식은 계속 보유할 것입니다. 그다음에는 환율이 크게 변동하고 있으므로 경계를 게을리하지 않을 생각입니다.

그리고 또 한 가지 신경 쓰고 있는 것은 비트 코인의 동향입니다. 최근 들어서 다시 급등하고 있거든요. 자국의 통화를 신용할 수 없어 비트 코인을 구입하는 움직임이 보입니다. 이것은 **폭락의 조짐을 나타내는 신호** 중 하나가 될 것이기 때문에 주시하고 있습니다.

아일   제 경우는 주가가 오르든 내리든 주식을 계속 들고 가기 때문에 당장 상승하든 하락하든 받아들일 뿐입니다.

Part

4

이벤트 투자자

이벤트를 이용해
수익을 올리다

우대주의 권리 확정, TOB(주식 공개매수), 신고가 경신,
도쿄증권거래소 1부 승격 그리고 IPO(기업공개), 주가를
움직이는 여러 가지 이벤트를 이용한 매매로 이익을 쌓아
올린다. '이벤트' 투자로 자산을 축적한 투자자 3인의 투
자법을 소개한다.

※주) 주가와 지표 등의 수치는 특별한 언급이 없는 이상 2017년 2월 3일 시점

※용어 설명) 주주 우대 제도
　　　　　: 상장회사가 주주를 대상으로 자사 제품이나 서비스를 무료로
　　　　　　제공하거나 이용 가능한 할인권을 보내주는 것

NO.20

선행 이벤트
투자의 달인

유나기 (닉네임)

나이	40대
거주지	간토 지방
직업	전업 투자자
투자 경력	약 17년
금융자산	1억 엔 이상
정보	'단독 선두투자 연구소(http://www.geocities.jp/yuunagi_dan/)' 운용, 저서《스타벅스 주식은 1월에 사라!》(도요게이자이신보사)

주주 우대 권리 확정일, TOB(주식 공개매수) 같은 특정 이벤트에 맞춰 주가가 움직이기 전에 매매함으로써 수익을 올린다. 유나기(닉네임) 씨는 이런 '이벤트 투자'로 초기에 30만 엔이었던 자본금을 1억 엔 이상으로 불렸다.

이벤트 투자는 크게 매수해 이익을 노리는 경우와 공매도로 이익을 노리는 경우로 나눌 수 있다. 이에 대해 유나기 씨는 "시장 전체의 상황에 따라서 매수와 공매도 중 어느 쪽이 효과적인지가 달라집니다"라고 지적했다. 구체적으로는 '신용 평가 손익률'이 상승(손익이 개선)하고 있을 때는 매수 이벤트가, 하락(악화)하고 있을 때는 공매도가 효과적이다. 예를 들어 신용 평가 손익률이 악화되는 시기가 길었던 2011년에는 '공모 증자의 공매도'가 가장 성적이 좋았다. 증자 발표 후 주가가 내려가기 시작할 때 공매도하고, 공모 가격이 결정되었을 때 다시 사는 방법으로 착실히 이익을 얻었다고 한다.

주주 우대의 인기를 이용한다

유나기 씨가 가장 자신 있어 하는 것은 주주 우대 혜택으로 인기가 높은 주식을 이용한 '우대주 선행투자'다. 우대주의 주가는 주주 우대 혜택을 원하는 투자자가 매수함으로써 권리 부여 최종일(권리 확정일의 3영업일 전-옮긴이)이 다가올수록 상승하는 경향이 있다. 그래서 권리 부여 최종일보다 일찍 주식을 사놓았다가 권리 부여 최종일 직전에 매도하면 오히려 우대 혜택은 얻지 못한다. 하지만 그 대신 견실한 매매 차익을 얻을 수 있다.

권리 확정일은 3월 말과 9월 말에 집중되어 있으므로 주식을 사는 타이밍을 잡기도 용이하다. 이와 마찬가지로 12월 말은 외국인 투자자, 3월 말은 일본 국내 기관 투자자의 윈도 드레싱(기관투자가들이 결산기를 앞두고 수익률을 높이기 위해 보유 중인 주식을 추가로 매수하거나 매도해 인위적으로 수익률을 끌어올리는 현상) 매수가 들어오기 쉬운 시기이므로 그전에 주식을 사서 매매 차익을 노릴 수도 있다.

유나기 씨의 말에 따르면 "통계적으로 봤을 때, 2~3개월 전에 사서 권리 부여 최종일 사흘 전에 파는 것이 가장 이익이 많이 난다"고 한다. 그렇다면 구체적으로 어떤 우대주를 골라야 할까? 이에 대해 "어떤 종목이 오를지 사전에 예측하기보다

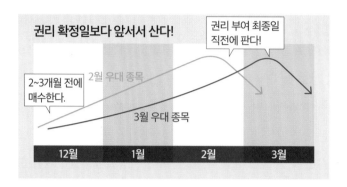

오르기 시작한 종목에 올라타면 됩니다"라고 말했다. 권리일 2~3개월 전 이후로 최근 반년이나 1년 사이에 고가를 경신한 우대주가 있으면 그 타이밍에 매수하는 것이 그의 기본적인 투자 방법이다.

"특히 차트를 봤을 때 주가가 한동안 소폭의 상승과 하락을 반복하다가 상승해서 고가를 경신하는 형태가 가장 좋습니다"라고 한다. 그리고 "상승하기 시작한 지 하루나 이틀 늦게 사더라도 절대 늦지 않습니다. 하락 추세의 종목을 사지 않는 가장 중요하지요"라고 덧붙였다. 이것은 주가가 상승하기 시작하면 사는 추세추종 투자 전략이기 때문에 예상과 달리 곧바로 하락하기 시작할 경우는 빠르게 손절매할 필요가 있다. 이에 대해 우나기 씨는 "소폭의 상승과 하락을 반복하던 때의 주가 수준보다 더 떨어졌다면 철수해야 합니다"라고 말한다.

주가의 움직임이 더 중요하기는 하지만, 대박의 확률이 높은 종목에 특정한 경향성이 없는 것은 아니다. 단순히 말하면 '외식이나 식품, 화장품 등의 종목이 강하다.' 즉 개인투자자의 관심이 높은 주주 우대 정책을 실시하는 종목일수록 이 선행 투자에 적합하다. 또한 상승 추세 속에서 일어나는 하락은 눌림목에서 매수의 기회가 될 때가 많다고 한다.

"특히 실적의 측면에서 악재가 터져서 하락했을 경우는 사도 될 때가 많습니다. 애초에 우대주는 실적을 재료로 거래되는 종목이 아니므로 그런 악재에 대한 반응은 일시적인 현상에 그칠 때가 많지요."

어려운 것은 역시 언제 파느냐다. 추세추종 전략이므로 만약 큰 폭의 평가익이 났다고 해도 주가가 오르는 한은 최대한 오래 보유하는 것이 기본이다. 앞에서도 이야기했듯이 기본적인 매도 타이밍은 '3일 전'이지만, 개별 종목에 따라서는 그보다 이른 시기에 최고가를 기록하기도 하므로 '일주일 전쯤부터 매도 타이밍을 잡는 것이 좋다'고 한다. 다만 이것은 상승과 하락을 반복하면서 서서히 오르는 패턴일 경우다. 급격하게 상승하기 시작했을 때는 일단 철수하는 것도 방법이다.

2016년 후반, 추세추종 투자 전략으로 최고의 성적을 기록하다

급락으로 막을 연 2016년의 전반기, 유나기 씨는 이벤트 투자를 잠시 중단했다. 2015년 말의 폐장일에 미국 S&P500 주가지수의 연간 등락률이 마이너스가 되었다. '서기 연도의 끝자리가 5인 해에는 미국 주가가 상승한다', '대통령 선거 전해에는 미국 주가가 오른다' 같은 매우 강력한 경험칙이 붕괴되었기 때문이다. 여기에 2016년 연초의 닛케이 평균주가가 제2차 세계대전 이후 처음으로 6영업일 연속 하락을 기록했다.

"제 예상을 명백히 벗어나는 일들이 연속해서 일어났기 때문에 시장에서 잠시 철수하기로 결정했습니다."

그 후로 시장이 완만하게 하락하는 국면이 계속되었다. 이럴 때 등락비율 등의 지표는 하락세가 과도하다고 판정하지만, 문제는 정확한 바닥을 알 수 없다는 것이다. 그래서 참고한 것이 '사이토율'이었다. 시스템 트레이

주목 신호	주: ▲는 마이너스
사이토 비율	
5일 이동평균선에서의 괴리율이	▲**10% 이상**
그리고	
25일 이동평균선에서의 괴리율이	▲**25% 이상**

이 두 가지를 동시에 충족하는 종목이 많을수록 바닥에 다다랐을 가능성이 높아진다.

게이큐 급행 전철			
주가	PBR(실적)	PER(예상)	시가총액
1,297엔	2.92배	19.3배	7,153억 2,200만 엔

― 13주 이동평균 ― 26주 이동평균

주봉

주가(엔)
1000
800
600
거래량(만 주)
500

2010/2 14/1 17/1

히타치 공기			
주가	PBR(실적)	PER(예상)	시가총액
867엔(100주)	0.79배	20.4배	1,067억 400만 엔

― 13주 이동평균 ― 26주 이동평균

주봉

주가(엔)
800
600
거래량(만 주)
200

2010/2 14/1 17/1

더인 사이토 마사아키의 수법을 참고한 지표로, 단기적으로 과도하게 하락한 종목에 매수 신호가 뜬다. 그리고 이 매수 신호가 뜬 종목이 급증하면 전체가 바닥을 친다. 실제로 2016년 2월 12일에는 수십 종목에 매수 신호가 떠서 드디어 대바닥이 가까워졌음을 알았다고 한다. 2016년 8월 하순 당시 운용자산에서 현금이 차지하는 비율은 90%에 이르렀다. 그런데 그 뒤로는 상황이 돌변해, 비싸게 사서 더 비싼 값에 파는 추세추종 투자가 성공을 거두기 시작했다.

"특히 12월에는 대형주의 주가 차트가 아베노믹스 초기처럼 당일 시가가 전날 종가보다 높은 날이 계속되었습니다. 당시는 그 상승장에 올라타지 못했기 때문에 이번에는 대형주를 사놓고 이대로 계속 올라가라고 기도하는 중입니다."

유나기 씨의 말에 따르면, 전통적으로 일본 주식은 미국이 금리를 인상하면 같이 오르는 경향이 있다고 한다. 미국의 경기가 좋아져서 소비가 확대되면 일본 기업이 그 혜택을 누리기 때문이다. 트럼프 대통령의 국내 최우선 정책으로 보호주의가 강화되면 미국 경기는 좋아질 것이다. 〈닛케이 머니〉가 개최한 억대 투자자 대담(88페이지 참조)에서 유나기 씨는 "(2017년) 5월까지 이대로 죽 올랐으면 좋겠다"라고 힘주어 말했다.

NO.21

신고가 브레이크
투자 기법의 전도자

DUKE。(닉네임)

나이	40대
거주지	간토 지방
직업	전업 투자자
투자 경력	13년
금융자산	수억 엔
정보	블로그 'DUKE의 인베스트먼트 서핑(https://investorduke.blog.fc2.com/)' 운용, 저서 《신고가 브레이크 투자 기법》 (동양경제신보사)

　2015년 4월에 금융자산 2억 엔을 달성한 DUKE。(닉네임) 씨는 현재 회사를 그만 두고 전업 투자자로 변신했다. 2003년부터 주식투자를 시작한 그를 억만장자로 만 들어준 것은 2012년에 적용한 새로운 투자법으로, 여러 저명 투자자의 투자법을 융합시킨 자칭 '신고가 브레이크 투자법'이다. 펀더멘털을 중시하던 기존의 방식을

개량해, 먼저 신고가를 돌파한 종목을 추려낸 다음 펀더멘털을 분석한다. 즉 주가 차트와 펀더멘털 분석을 조합한 기법이라고 할 수 있다. "주식투자는 미인 투표다"라는 격언이 있듯이, 아무리 실적이 매력적이라 한들 다른 투자자들도 높게 평가하지 않는다면 주가는 오르지 않는다.

DUKE。 씨는 이 사실을 깨닫고 신고가 경신 종목에 주목하기 시작했다. 이 투자 노하우를 정리한 저서 《1승 4패로도 확실히 수익을 내는 신고가 브레이크 투자 기술》은 많은 개인투자자의 주목을 받고 있다.

대변혁의 유무를 중요하게 본다

DUKE。 씨는 신고가 종목을 투자 성공 그룹의 '선도주' 후보로 위치시키고 이들 종목의 주가 동향을 주식시장의 전망에 활용한다. 그가 선도주로 간주한 종목은 주식시장이 조정에 들어갈 때 다른 종목보다 먼저 자금이 빠져나가는 경향이 있기 때문에 이것을 요주의 신호로 판단하고 대응책을 마련한다.

신고가 종목을 찾아냈으면 즉시 기업 분석을 시작한다. 회사에 다니던 때는 퇴근한 뒤에 분석 작업을 해야 했기 때문에 새벽 2~3시가 되어서야 잠자리에 드는 경우도 많았다.

성장주 투자를 지향하는 DUKE。 씨는 '신제품 · 신업종 등으로 향후에 대변혁을 일으킬 것이라고 기대할 수 있는가?'를 중점으로 본다. 반도체 등 잘 모르는 기업에는 손을 대지 않고 외식 · 서비스나 부동산 등 이해하기 쉬운 기업을 주된 투자 후보로 삼는다.

실적의 측면에서는 직전 사분기 결산에서 경상 이익이 전년 동기 대비 최소 20% 정도 증가했는지를 본다. 제1사분기의 경상 이익 성장률이 기업의 예상을 웃돌았는지도 본다. 또한 전기의 동일 사분기보다 직전 사분기의 경상 이익 성장률이 높은 기업에도 주목한다. 이렇듯 경상 이익의 성장률을 중시하기 때문에 주가 수준을 측정하는 지표로 1주당 이익을 기준으로 삼는 PER 대신 '시가총액을 다음 분기의 예상 경상 이익으로 나눈 비율'을 사용한다.

이런 기업 분석으로 유망 종목을 찾아냈으면 다음 날 시초가 매수 주문을 넣는다. 다만 처음에는 예산의 20%만 투입해서 분위기를 살핀다. 그런 다음 주가나 기업 경영이 사전에 예상한 대로 진행된다면 서서히 매수량을 늘린다. 매수 타이밍은 주가가 박스권에 들어간 것을 확인한 뒤의 박스권 내 하한선 부근이나 박스권의 천장을 돌파했을 때다.

주가가 예상대로 움직인다면 추가 매수한다

주가가 예상과 다른 움직임을 보일 때는 어떻게 할까? 예를 들어 신고가가 500엔이었을 경우, 일단 오른 뒤에 다시 500엔 밑으로 떨어졌다면 그 종목은 손절매한다. 주가가 매수가보다 떨어지면 추가로 사들이는 '물타기 매수'도 원칙적으로 하지 않는다. 추가 매수는 예상대로 주가가 올라서 자신의 생각이 옳았음을 확인했을 때에만 실시한다.

박스권의 하한선과 박스권의 천장을 뚫었을 때가 매수 타이밍

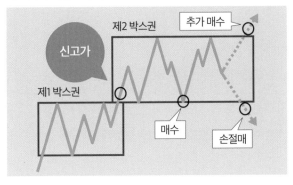

*주식 정보 사이트에서는 그날의 연초 이래 고가 종목을 한눈에 확인할 수 있다. 그중에서 관심이 가는 신고가 종목을 찾아내 기업 분석을 실시한다.

종목을 매수하기까지의 단계

1 신고가 경신 종목에 주목
신고가 경신 종목을 투자 성공 그룹의 자금이 유입되는 '선도주'의 후보로 위치시키고 투자 후보로 삼는다.

2 즉시 펀더멘털 분석을 개시
후보 종목을 찾아냈으면 평일에도 새벽 2~3시까지 기업을 분석한다. '대변혁'을 기대할 수 있는지 등에 주목한다.

3 결정했으면 시장가로 즉시 매수
이것이다! 싶으면 다음 날 시초가에 매수한다. 처음에는 분위기를 타진하기 위해 예산의 20%를 투입하고, 유망하다면 이후 추가 매수한다.

그는 '모르는 종목보다 잘 아는 종목에 투자한다'는 방침을 철저히 지킨다. 그리고 자신의 투자 행동을 되돌아보기 위해 수기로 일기를 쓴다. 신문 기사를 공책에 붙여 내용을 정리하고, 인쇄한 주가 차트에 깨달은 점을 적어 넣으면 머릿속에 각인이 된다고 한다.

"이것을 계속하면 저의 투자 행동에서 개선할 점을 발견할 수 있습니다."

매수한 종목의 이익 실현은 차트의 움직임을 보면서 판단하는데, 이와 동시에 일기를 보고 그 종목을 매수한 이유도 확인한다. 이렇게 하면 '왜 파는가?'도 명확해져 자신이 수긍하는 투자를 할 수 있다고 한다.

2016년의 대표적인 성공 사례는 3~5월에 주가가 1,000엔대에서 1만 5,000엔대로 급등한 브랜지스타다. 당시는 발매 예정인 스마트폰 게임에 대한 기대감이 커지고 있었다. DUKE。씨는 '강한 종목은 주가의 박스를 쌓으면서 상승한다'라는 '박스 이론'에 입각해 박스권의 하한선에서 매수했다. 그런 다음 신고가를 돌파할 때마다 거듭 추가 매수했고, 주가가 같은 해 5월에 고점을 찍고 폭락했을 때 전부 매도해 약 1억 엔의 수익을 얻었다.

DUKE。씨는 앞서 말했듯이, 큰 변혁을 기대할 수 있는지를 중시한다. 브랜지스타의 스마트폰 게임의 경우, 기대는 상당히 컸다. 하지만 막상 뚜껑을 열어 보니 대변혁이라고는 부를 수 없는 수준이었고, 지금은 관심을 끊었다고 한다.

신중하게 투자해야 이익을 낼 수 있다

트럼프 경기가 시작된 뒤로는 연초의 고가를 경신하는 종목이 매일 150~200개씩 나오고 있다. 이에 대해 DUKE。 씨는 '신고가 브레이크 투자 기법을 활용하기에 좋은 환경'이라고 말하면서도 향후의 주식시장에 대해서는 조금 신중한 견해를 내비쳤다.

"미국의 대통령이 교체된다는 것은 분명히 커다란 전환점입니다. 어떤 정책을 실시할지, 주식시장에 어떤 영향을 끼칠지 정확히 파악해나가야 합니다."

2016년에는 연초부터 자금의 절반 정도만을 투자하는 신중한 자세를 유지했다.

"닛케이 평균주가가 2015년의 고가인 약 2만 1,000엔을 돌파한다면 모를까, 그렇지 않은 이상은 2017년에도 지금처럼 신중한 자세를 유지할 생각입니다."

그래도 신고가 브레이크 종목은 상승세가 강하기 때문에 이익을 충분히 낼 수 있을 것이라고 전망했다. 앞으로도 계속 주시하는 종목 중 하나는 금융 분야다. 미국이나 일본의 금융 정책 변화에 주가가 크게 반응할 것으로 생각되기 때문이다. 2016년에는 어떤 FX(외환증거금) 거래 회사에 주목해 투자했다.

"시장의 변동이 커지면 개인이 하는 FX의 거래량이 증가하므로 FX 회사의 수익도 늘어납니다. FX 회사의 주식을 갖고 있으면 주가가 널뛰기할 때를 대비한 헤지의 역할도 기대할 수 있지 않을까 생각하고 있습니다."

NO.22

도쿄증권거래소 1부 승격 종목
투자의 개척자

v-com2(닉네임)

나이	30대
거주지	지바현
직업	겸업 투자자
투자 경력	14년
금융자산	약 1억 엔
정보	블로그 '21세기 투자(https://ameblo.jp/v-com2/)' 운용, 저서《승격이 기대되는 우대 가치주로 1억을 번다!(昇格期待の優待バリュー株で1億稼ぐ！)》(스바루샤)

　도쿄증권거래소 2부나 자스닥 등의 신흥시장에 상장되어 있는 저평가 종목 중에서 머지않은 미래에 도쿄증권거래소 1부에 승격될 것으로 예상되는 주식을 매수한다. 겸업 투자가인 v-com2(닉네임) 씨는 이 투자법을 채용한 뒤 운용 성적이 개선되어 2015년 7월에 자산 1억 엔을 달성했다. 1년 만에 2배로 불린 것이다.

1부 승격 종목 **투자법이란?**

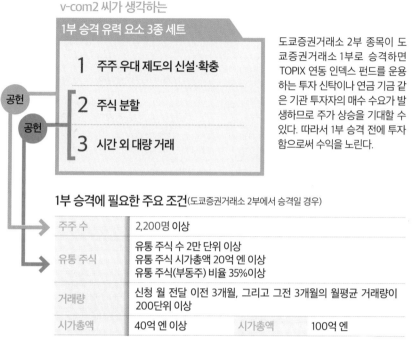

v-com2 씨가 생각하는

1부 승격 유력 요소 3종 세트

공헌

1 **주주 우대 제도의 신설·확충**

공헌

2 **주식 분할**

3 **시간 외 대량 거래**

도쿄증권거래소 2부 종목이 도쿄증권거래소 1부로 승격하면 TOPIX 연동 인덱스 펀드를 운용하는 투자 신탁이나 연금 기금 같은 기관 투자자의 매수 수요가 발생하므로 주가 상승을 기대할 수 있다. 따라서 1부 승격 전에 투자함으로써 수익을 노린다.

1부 승격에 필요한 주요 조건(도쿄증권거래소 2부에서 승격일 경우)

주주 수	2,200명 이상	
유통 주식	유통 주식 수 2만 단위 이상 유통 주식 시가총액 20억 엔 이상 유통 주식(부동주) 비율 35%이상	
거래량	신청 월 전달 이전 3개월, 그리고 그전 3개월의 월평균 거래량이 200단위 이상	
시가총액	40억 엔 이상	시가총액 100억 엔

주: 그 밖에도 순자산액, 이익 금액, 허위 기재 유무 등 여러 가지 요건이 있다. 자스닥, 마더스 등 다른 시장에서 승격할 경우는 별도의 요건이 적용된다.

'도쿄증권거래소 1부 승격'에 착안한 이유는 승격하면 TOPIX(도쿄증권거래소 주가지수) 연동 인덱스 펀드를 운용하는 기관 투자자의 매수 수요가 발생하기 때문이다. 1부 승격을 발표한 종목은 이것을 재료로 주가가 뛰어오를 때가 많다.

그렇다면 승격의 조짐을 어떻게 찾아낼까? v-com2 씨는 '1부 승격 조짐의 3종 세트'로서 ① 주주 우대 제도의 신설·확충, ② 주식 분할, ③ 시간 외 대량 매매의 실시간 정보에 주목한다. 셋 중 하나를 실시했다면 '1부로 승격하고자 하는 강한 의지의 표현'으로 본다.

대표적인 성공 사례가 2015년 10월에 1부 승격을 발표한 럭랜드다. v-com2 씨는 아직 도쿄증권거래소 2부 종목이었던 2013년 12월에 처음으로 이 회사의 주식

리스크몬스터			
주가	PBR (실적)	PER (예상)	시가총액
892엔	0.85배	16.7배	35억 9,300만 엔

- 13주 이동평균 - 26주 이동평균

주봉 / 주가(엔) / 700 / 600 / 거래량(만 주) / 10

2014/1   15/1   16/1   17/1

다이이치 교통산업			
주가	PBR (실적)	PER (예상)	시가총액
1,528엔 (100주)	0.73배	6.0배	299억 6,900만 엔

- 13주 이동평균 - 26주 이동평균

주봉 / 주가(엔) / 1400 / 1200 / 1000 / 800 / 거래량(만 주) / 22

2014/1   15/1   16/1   17/1

을 매수했다. 이후 꾸준히 상승한 주가는 승격 발표 후인 2015년 12월 초순에 4배 이상으로 부풀며 고점을 찍었는데, 그 사이 이익 실현과 추가 매수 등을 거치면서 이 종목의 거래만으로 약 100만 엔의 수익을 올렸다고 한다.

재료가 발생해 실제로 승격을 달성하는 과정에서 큰 폭의 주가 상승을 노리고 장기 보유할지, 아니면 일시적인 상승을 노리고 단기 매매할지에 대한 특별한 규칙은 없다. 또한 1부로 승격하기까지 3종 세트를 전부 실시하는 기업도 있고, 어느 하나만을 반복해서 실시하는 기업도 있는 등 그 패턴은 다양하다.

v-com2 씨가 3종 세트를 1부 승격에 대한 의욕의 표현으로 보는 이유는 이것이 전부 주주 증가로 이어지는 행동이기 때문이다. 1부 승격을 위해서는 충족시켜야 하는 조건이 몇 가지 있는데, 그중 하나가 '주주 수 2,200명 이상'이다. 특히 주주 우대 혜택을 목적으로 주식을 보유하는 투자자가 매년 증가하고 있기 때문에 우대를 강화하면 팬의 증가를 기대할 수 있다.

주식 분할도 최소 매수 금액이 낮아지기 때문에 더 많은 사람이 그 종목을 살 수 있게 된다. 즉 주주 증가로 이어지는 요소다.

시간 외 대량 매매는 창업가 일족 외 대주주 등의 보유 주식을 사전에 정해놓은 가격으로 투자자에게 매도하는 것이다. 시장에 대량의 주식이 풀리기 때문에 주가 하락의 요인이 된다고 생각하는 사람도 있지만, 주주를 늘림으로써 유동성이 높아지는 것은 플러스로 작용한다. 또한 주식 분할과 함께 승격 조건에 있는 유통 주식 수의 증가로도 이어지는 재료라고 그는 파악하고 있다.

3종 세트 외에 도쿄증권거래소 2부 체류 기간을 보고 승격 시기를 점치기도 한다. 1부 승격에는 '2부 상장 후 1년 이상 경과(2부 전에 자스닥 등에 소속되었을 때는 그 기간을 합산할 수 있다)'라는 조건이 있다. 때문에 이 조건을 갓 충족한 상태에서 3종 세트 중 어느 하나를 실시한 종목에도 주목한다.

'셀링 클라이맥스 매수'로 손실을 줄인다

v-com2 씨도 2016년에는 고전을 면치 못했다. 급락장이 된 1~2월에는 한때 연초 대비 마이너스 18%까지 손실이 불어났지만, 셀링 클라이맥스 때 사들인 주식이 올라서 손실을 줄일 수 있었다. 셀링 클라이맥스란 투자자가 공황 상태에 빠져서 매도 일색이 되는 현상을 가리킨다.

"셀링 클라이맥스의 도화선은 신용거래를 하는 사람의 투매입니다. 이것을 감지하기 위해 두 가지를 주의 깊게 살펴봅니다."

첫째는 투자가가 신용거래로 산 주식의 평가손익이 어느 정도인지 나타내는 신용 평가 손익률로, −20% 이하로 떨어지는 것이 기준이다. 그리고 둘째는 오전 8시부터 8시 반까지 30분 동안의 분위기다. 시장가 주문이 압도적이고 주가가 가격 제한폭까지 떨어진 종목이 많은 것이 신호라고 한다.

이와 같은 대책 덕분에 10월에는 운용 성적이 연초 대비 2.8%의 플러스로 전환되었다. 그러나 스타마이카 등 도쿄증권거래소 1부 승격을 기대하며 매수한 주식의 대부분은 트럼프 경기로 주가가 상승해 고평가 상태가 되었고, 아직 주가가 오르지 않은 종목은 실적이 부진하다는 등의 리스크가 크다. 이런 상황 속에서 리스크가 작고 주가가 아직 저평가되어 있는 종목으로 v-com2 씨는 다이이치 교통산업과 리스크몬스터를 꼽았다.

"매수할 만한 가치가 있는 종목은 아직도 있습니다. 지나치게 신중해져서 그런 종목을 놓치지 않도록 주의하고 있습니다."

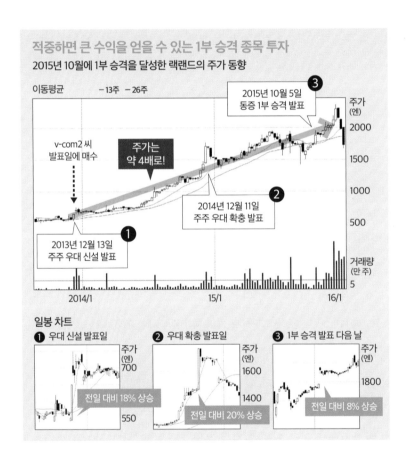

적중하면 큰 수익을 얻을 수 있는 1부 승격 종목 투자
2015년 10월에 1부 승격을 달성한 랙랜드의 주가 동향

이동평균   −13주 −26주

③ 2015년 10월 5일 동증 1부 승격 발표

주가(엔)
2000
1500
1000
500

v-com2 씨 발표일에 매수

주가는 약 4배로!

② 2014년 12월 11일 주주 우대 확충 발표

① 2013년 12월 13일 주주 우대 신설 발표

거래량(만 주)
5

2014/1   15/1   16/1

일봉 차트
① 우대 신설 발표일   ② 우대 확충 발표일   ③ 1부 승격 발표 다음 날

주가(엔)
700
전일 대비 18% 상승
550

주가(엔)
1600
전일 대비 20% 상승
1400

주가(엔)
1800
전일 대비 8% 상승

NO.23

70개 계좌를 보유한
IPO 사냥꾼

JACK(닉네임)

나이	40대
거주지	도쿄
직업	겸업 투자자
투자 경력	20년 이상
금융자산	약 2억 엔
정보	블로그 'JACK의 주식·FX와 부동산 이야기(http://www.jack2015.com/)' 운용, 저서《백인백색의 투자법(百人百色の投資法)》(판롤링)

　바텐더, 학원 강사 등 다양한 일을 하면서 키운 정보 수집·교섭의 기술을 투자에 활용하고 있는 JACK(닉네임) 씨. 직장인으로 생활을 하면서 주식투자는 물론이고, 부동산투자와 FX 등에도 투자해 2억 엔이 넘는 자산을 쌓았다. 또한 자산 운용 안내서도 여러 권 출판했다.

IPO를 이용해 다양한 거래를 한다

JACK 씨가 가장 자신 있어 하는 것은 기업의 IPO(기업공개)라는 이벤트를 대상으로 한 'IPO 투자'다. 그것도 보통 수준이 아니다. IPO를 실시하는 기업의 주식을 사전에 증권 회사로부터 구입하기 위해 70개나 되는 계좌를 개설할 정도로 철저하다. 이렇게까지 하는 이유는 주문 주식의 수가 발행 주식의 수보다 많을 경우 추첨을 하는데 여기에서 떨어지면 주식을 손에 넣을 수가 없기 때문이다. 그래서 70개나 되는 계좌를 개설해 당첨 확률을 높인 것이다.

또한 신규 상장된 기업의 시초가가 공모 가격을 웃돌았을 때 팔아서 매매 차익을 챙기는 것만이 아니다. 공모 가격 이하로 떨어진 주식을 샀다가 반등했을 때 팔아서 이익을 내는 '세컨더리 투자'도 하고 있다. 또한 신규 공개 기업의 관련 회사나 주요 거래처 주식의 동반 상승을 노리기도 한다.

세컨더리 투자를 비롯해 하락한 주식의 반등을 노리는 역발상 투자를 할 때는 분할 매수를 중시한다. 과거의 등락폭을 봤을 때 바닥으로 생각되는 수준을 파악한

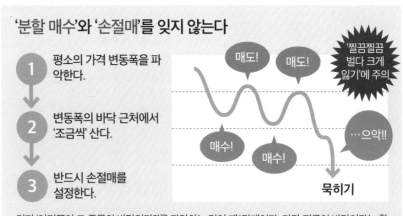

'분할 매수'와 '손절매'를 잊지 않는다

1. 평소의 가격 변동폭을 파악한다.
2. 변동폭의 바닥 근처에서 '조금씩' 산다.
3. 반드시 손절매를 설정한다.

매도! 매도!

'찔끔찔끔 벌다 크게 잃기'에 주의

매수! 매수!

…으악!!

묵히기

먼저 '어디쯤이 그 종목의 바닥인가?'를 파악하는 것이 제1단계이다. 다만 지금이 바닥이라는 확신이 들더라도 몇 차례에 걸쳐서 분할 매수하는 것이 좋다. 한꺼번에 모든 자금을 투입하면 드물게 폭락장이 찾아왔을 때 싫어도 주식을 묵힐 수밖에 없는 상황이 되고 만다. 그렇기 때문에 손절매를 반드시 설정해놓아야 한다.

다음 사지만, 처음에는 예산에서 최대 3분의 1 정도만 투자한다. 반드시 시간 간격을 두고 여러 번에 걸쳐 매수함으로써 '알고 보니 내가 샀을 때가 폭락의 시발점이었다'라는 리스크를 최대한 회피한다.

'역지정가 주문'도 활용한다. 역지정가 주문이란 'ㅇ엔까지 떨어지면 매수', 'ㅇ엔까지 오르면 매도'라는 통상적인 지정가 주문과 달리 'ㅇ엔까지 오르면 매수', 'ㅇ엔까지 떨어지면 매도'로 지정하는 주문 방법으로, 무엇보다 '손절매'를 자동화하는 효과가 있다. 주식투자에서는 큰 손해를 피하는 것이 가장 중요한데, 이를 위해서는 감내할 수 있는 하락폭을 넘어섰을 경우 즉시 손절매할 필요가 있다. 그러나 '조금 더 기다리면 반등할지도 몰라'라는 기대감에서 좀처럼 손절매를 실행하지 못한다. 역지정가 주문은 사전에 지정한 수준까지 떨어졌을 경우 자동으로 팔아준다.

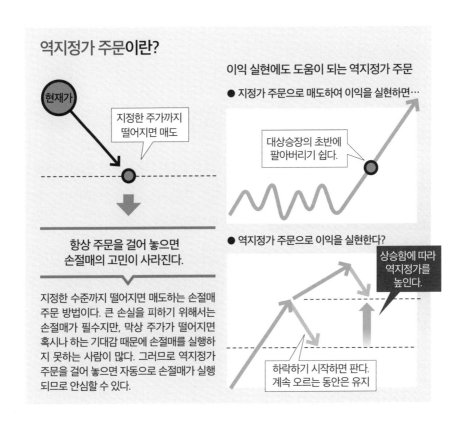

역지정가 주문이란?

현재가

지정한 주가까지 떨어지면 매도

항상 주문을 걸어 놓으면 손절매의 고민이 사라진다.

지정한 수준까지 떨어지면 매도하는 손절매 주문 방법이다. 큰 손실을 피하기 위해서는 손절매가 필수지만, 막상 주가가 떨어지면 혹시나 하는 기대감 때문에 손절매를 실행하지 못하는 사람이 많다. 그러므로 역지정가 주문을 걸어 놓으면 자동으로 손절매가 실행되므로 안심할 수 있다.

이익 실현에도 도움이 되는 역지정가 주문

● 지정가 주문으로 매도하여 이익을 실현하면…

대상승장의 초반에 팔아버리기 쉽다.

● 역지정가 주문으로 이익을 실현한다?

상승함에 따라 역지정가를 높인다.

하락하기 시작하면 판다. 계속 오르는 동안은 유지

또한 역지정가 주문은 이익 실현을 위해 매도할 때도 도움이 된다. 주가는 때때로 예상을 초월해 크게 상승하고는 하는데, 'ㅇ엔까지 오르면 팔도록' 지정가 주문을 해놓으면 대상승장의 초반에 팔아버리기 쉽다. 그러나 어느 정도 평가 차익이 났을 때 현재의 주가보다 조금 낮은 가격에 역지정가 매도 주문을 걸어 놓으면 그 후 하락이 시작되어도 이익을 확보할 수 있다. 평가익이 늘어날 때마다 역지정가를 조금씩 끌어올리면 어떤 시점에 하락세로 전환하더라도 만족스러운 이익을 낼 수 있는 것이다.

"신흥 주식이 상한가 행진을 시작한 국면에서도 하루에 한 번씩 전날의 주가와 같은 수준에 역지정가 매도 주문을 걸어놓으면 급등이 멈춘 순간 팔 수 있으므로 효과적입니다."

2017년, 순조롭게 출발하다

2016년에는 고전을 면치 못했다. 가장 기대했던 규슈 여객 철도를 추첨 성적이 만족스럽지 않아 충분히 사들이지 못했다. 그뿐만 아니라 시초가가 공모가를 9% 웃도는 수준에 그치는 바람에 큰 이익을 내지 못했다.

한편 2017년의 시작은 순조롭다. 공모증자로 신규 발행된 REIT(부동산투자 신탁) 콤포리아 레지덴셜 투자법인과 일본 프라임 리얼티 투자법인 등을 매수했는데, 이후 주가가 상승해 이익을 실현할 수 있었다. 그 기세를 타고 2월 이후의 IPO 안

일본 프라임 리얼티 투자법인

투자 단위 가격	PBR (실적)	PER (예상)	시가총액
45만 6,000엔	1.94배	34.2배	4,197억 9,300만 엔

─5일 이동평균 ─25일 이동평균

일봉

주가 (만 엔) 46 45 44 43

거래량 (만 주) 2,000

2016/10   17/1

JACK 씨가 노리고 있는 유망 IPO 후보

종목명	회사 개요
도쿄 지하철	도쿄의 지하철을 운영
USJ	오사카에 있는 인기 테마파크 '유니버설 스튜디오 재팬'을 운영
스파이버	강철보다 약 4배 강하고 나일론보다 신축성이 좋은 거미줄을 인공적으로 만든 '합성 거미줄 섬유'의 양산 기술을 개발
ZMP	자동 운전 기술을 개발

건은 세컨더리 투자를 중심으로 임할 것이다.

'2017년에 IPO를 단행한다면 큰 폭의 주가 상승을 기대할 수 있을 것'이라는 생각에서 매수를 계획하고 있는 기업으로 도쿄 지하철과 USJ, 스파이버, 2016년 12월에 상장 연기를 발표한 ZMP를 꼽았다.

특집
칼럼 2

억대 투자자는 하루아침에
탄생하지 않는다

자금 고갈로 매수 타이밍을 놓치다

　뼈아픈 실패를 겪으며 얻은 교훈을 이후의 투자에 활용하는 투자자는 적지 않다. 1억 엔이 넘는 금융자산을 보유한 카리스마 투자자 2인의 실제 사례를 통해 같은 실패를 반복하지 않기 위한 힌트를 살펴보자.

　먼저 소개할 사람은 주식투자로 2006년에 10억 엔까지 자산을 불려 각광을 받았던 전업 개인투자자 DAIBOUCHOU(닉네임) 씨다. 그가 지금까지의 투자 인생에서 가장 후회하는 실수는 해외 사모펀드를 구입했던 것이다.

DAIBOU
CHOU 씨
(닉네임)

금융자산

수억 엔

DAIBOUCHOU 씨
실패의 교훈

① 유동성의 큰 자산에 투자한다.
② 매수 타이밍이 찾아왔을 때 매수 자금을 마련할 방법은 확보해놓는다.
③ 금융자산이 3억 엔 정도라면 겸업을 하는 편이 낫다.

222　Part 4

기대했던 대출도 받지 못하다

당시는 리먼브라더스 사태가 일어난 직후로, 보유하고 있던 주식이 일제히 급락해 자산이 급감한 상황이었다. 주식투자에 부정적이던 아내의 강한 바람도 있어서 보유 주식을 전부 매도해 그 돈으로 임대용 부동산을 구입하기로 했다. 그런데 이때 베트남의 미상장 주식에 투자하는 사모펀드의 권유를 받자 마음이 흔들렸다. 그래서 임대용 부동산은 대출을 받아서 사기로 하고, 현금화한 자산을 사모펀드에 쏟아 부었다.

주가 상승을 기대하는 주력 종목(2017년 1월 말)

회사명	가격	PBR(실적)	PER(예상)	시가총액
웨지 홀딩스	1,400엔	4.62배	49.6배	496억 6,800만 엔
이치켄	452엔	1.34배	6.5배	164억 2,600만 엔
J트러스트	1,206엔	0.87배	942.1배	1,356억 9,200만 엔
쇼와 홀딩스	265엔	2.40배	39.9배	200억 9,200만 엔
아반트	950엔	2.62배	22.8배	89억 1,800만 엔
사가미 고무공업	1,097엔	3.06배	18.3배	119억 9,800만 엔
재팬 인베스트먼트 어드바이저	3,530엔	7.99배	31.8배	434억 5,600만 엔
비전	3,595엔	4.11배	38.9배	291억 8,600만 엔
중앙자동차공업	1,177엔	1.09배	9.7배	235억 6,300만 엔
웰넷	1,312엔	2.92배	29.7배	254억 5,200만 엔

그러나 사모펀드의 가격도 급락했다. 게다가 대출도 받지 못해서 '아내의 친정 식구들에게 돈을 빌려서 임대용 부동산을 샀다'고 한다. 또한 사모펀드는 만기 전에 해약할 수 없기 때문에 투자용 자금도 고갈되었다. 결국 2011년이 되어서야 임대용 부동산에서 얻은 수입과 사모펀드의 환급금으로 자금을 마련해 주식투자를 재개할 수 있었다.

"역시 팔고 싶을 때 팔 수 없는 것은 사지 말아야 했다고 반성했습니다."

당시를 회상하면서 전업 투자자가 아니라 회사에서 일하는 겸업 투자자여서 수입이 있었다면 리먼 브라더스 사태 이후의 매수 타이밍을 놓치지 않았을 것이라는 말도 했다.

지금은 자금을 전부 주식투자에 투입하고 있다. 2017년 1월 말 현재의 보유 종목은 115개다. 앞의 표 '주가 상승을 기대하는 주력 종목'은 보유 금액 기준 상위 10종목으로, 웰넷 이외에는 2016년 후반기에 매수했다.

"제로 금리인 현재는 예금에 이자가 붙지 않으므로 주식으로 배당금이나 주주 우대 상품을 받는 편이 낫습니다."

닛케이 평균주가가 1만 엔 선이 무너지는 절호의 매수 타이밍이 또다시 찾아온다면 부동산을 매도해서 운용자금을 마련할 생각이라고 한다.

계속적인 하한가로 철수 직전까지 몰리다

청소 회사에 일하면서 주식투자를 계속해 2억 엔이 넘는 자산을 축적하고 전업 투자자로 변신한 www9945 씨는 2017년 1월 하순 시점에는 자산을 3억 엔까지 불렸다. 현재는 보유 주식의 배당금을 생활하면서 배당의 일부를 베트남과 인도네시아 등 아시아 신흥국의 주식을 사는 데 사용하고 있다(247페이지 참조).

www9945 씨
(닉네임)

금융자산

약 3억 엔

www9945 씨
실패의 교훈

① 한 종목에 집중투자하지 않는다.
② 모회사 등 특정 회사가 출자한 종목은 사지 않는다.
③ 신용 2단계 거래는 삼간다.

신용거래를 이용해 주식을 대량으로 사들이다

"최악의 실수였습니다."

www9945 씨는 기사회생을 노리고 실행했던 2007년의 투자를 회상하면서 이렇게 말했다. 당시는 2005년까지 호조였던 가치(저평가)주 투자의 성적이 좋지 않아 보유 주식을 일제히 손절매하던 상황이었다. 그러던 때 그가 일하는 청소 회사의 고객이었던 자동차 딜러로부터 청소 빈도를 대폭 줄여 달라는 요청을 받았다. 월 2회였던 바닥 청소를 월 1회로 줄이고, 화장실 청소는 자사의 직원들이 직접 할 것이라고 말했다.

이에 '앞으로 불황이 계속되겠구나'라고 느끼고 불황에도 강한 종목이 무엇일지 궁리하다 채권회수 회사를 떠올렸다. 정확히는 신용카드 회사인 크레디세종의 자회사이며, 채권회수를 대행하는 JPN 채권회수 회사였다. 이 회사는 그 후 다른 회사와의 합병 등을 거쳐서 세종 퍼스널 플러스의 자회사가 되었는데, 현재 상장이 폐지되었다.

"크레디세종의 자회사이니까 자본은 안정적이고, 전년도 대비 30%의 증익을 계상했으므로 성장성도 문제가 없다고 생각했습니다."

www9945 씨는 이 회사의 주식을 현물로 사들이는 데 그치지 않고 그 주식을 담보 삼아 신용거래로 추가 매수하는 '신용거래'까지 이용해 집중적으로 사들였다. 신용거래분까지 포함한 매수 금액은 2,000만 엔이 넘었다고 한다. 당시의 운용자금 3,000만 엔의 3분의 2에 달하는 금액이었다.

그리고 맞이한 제1사분기 결산 발표일, 최소한 전년 동기 대비 10%의 증익을 예상했다. 그런데 실제 결과는 50%의 감익이었다. 당연히 다음 날 실망 매물이 쏟아졌고, 주가는 가격 제한폭까지 하락했다.

www9945 씨는 손절매를 결심하고 보유 주식을 전부 매도했다. 20만 엔 전후에서 샀던 주식을 14만 6,000엔에 팔아야 했으며, 그 결과 입은 손실은 800만 엔에 가까웠다고 한다.

뼈저리게 느낀 무서움

"하한가가 계속되었다면 추가 증거금을 요구받아 자금이 바닥났을 것이고, 결국 주식시장에서 철수해야 했을 겁니다."

wwww9945 씨는 당시를 회상하며 씁쓸한 표정으로 이렇게 말했다.

그런데 순조롭게 성장하던 회사가 갑자기 50%나 되는 감익을 계상한 이유는 무엇일까? www9945 씨는 모회사의 영향이 있었던 것이 아닐까 의심했다.

"모회사의 의향에 따라 실적이 변하는 자회사의 주식은 사지 말아야 한다는 것을 깊이 깨우쳤습니다."

또한 하나의 종목에 집중투자하는 것이나 신용거래를 이용하는 것의 무서움도 뼈저리게 느꼈다. 이후에도 신용거래는 이용하고 있지만, 2단계 신용거래만큼은 거들떠보지도 않는다고 한다.

Part

5

데이 트레이더

초단타 매매로
이익을 축적하다

주가의 변동이 심한 종목을 대상으로 분 단위 현물 매수
와 공매도를 거듭하며 이익을 조금씩 쌓아올린다. 온종일
컴퓨터 앞에 앉아서 이런 거래를 실천하는 데이 트레이더
3인의 투자 기법을 소개한다.

※주) 주가와 지표 등의 수치는 특별한 언급이 없는 이상 2017년 2월 3일 시점

NO.24

초 단위로 거래하는
데이 트레이딩의 스타

테스타(닉네임)

나이	30대
거주지	도쿄
직업	전업 투자자
투자 경력	약 11년
금융자산	10억 엔 이상
정보	블로그 '테스타의 주식일기-목표는 수익 10억 엔 달성!(http://blog.livedoor.jp/tesuta1/)' 운용

　테스타(닉네임) 씨는 분/초 단위의 거래로 조금씩 이익을 쌓아나가는 '스캘핑' 기법에 정통한 초단기 트레이더다. 처음 800만 엔을 자본금으로 2005년에 주식투자를 시작했는데, 이후 월간 지수를 산출한 2015년까지 수익이 마이너스를 기록한 달은 4개월밖에 없었다. 지금까지 축적한 이익은 12억 엔이 넘는다.

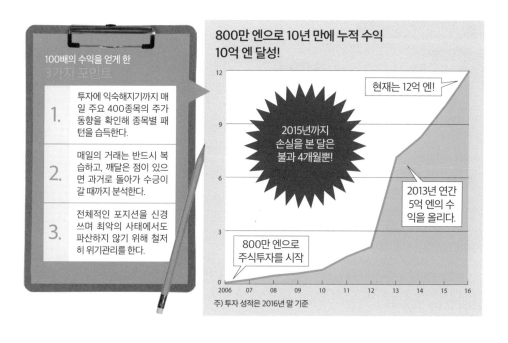

테스타 씨가 중시하는 것은 오로지 '지금 당장 어떤 종목이 오를 것인가?' 뿐이다. 기업 분석 등은 일체 하지 않고 주가의 동향이나 판 정보(어떤 가격대에 어느 정도의 주문이 있는지 등의 상황을 실시간으로 표시하는 정보) 등 수급 동향을 주시하면서 '산다', '판다', '패스한다'를 순간적으로 판단한다. '틀에 박힌 행동은 실패의 근원'이라는 신념 아래 투자 기법을 규칙화하지 않는 것이 성공의 비결이다. 주가가 움직이는 패턴은 종목마다 다르기 때문에 자기 나름대로 분석한 개별 종목의 습성에 따라 임기응변적으로 판단한다.

거래량이 많은 종목을 노린다

테스타 씨가 노리는 투자 대상은 거래량이 많고, 하루 사이에 주가가 크게 변동

테스타의 주식 일기

투자 기술을 높이기 위해 수익을 내든 손해를 보든 반드시 그날의 거래를 복습하는데, 그 효과적인 수단으로 블로그와 트위터를 활용하고 있다. 아무리 실망스러운 날이라도 실패의 요인을 철저히 분석하고 개선으로 연결하기 위해 문장의 형태로 남기려 노력한다. 현재 블로그는 글을 올리는 빈도가 줄어들고 있으며, 트위터는 팔로워가 4만 5,000명이 넘는다.

하는 종목이다. 2016년 전반기에는 브이 테크놀로지와 에이팀, 소프트 프런트 홀딩스 등을 표적으로 삼았다.

초단타 매매를 할 때는 눈앞의 거래에 집중하기 위해 한 번에 하나의 종목만 거래한다. 그리고 수천만 엔 이상의 자금을 동원해 수십~수백만 엔의 이익을 쌓아나간다. 또한 테스타 씨는 그때그때의 운이나 감에 의지하지 않는다. 순간적으로 올바른 투자 판단을 하려면 평소에 차트나 거래 동향 등을 관찰해 경험을 쌓음으로써 시장을 보는 눈을 키우는 노력을 해야 한다고 생각한다.

"상장 종목은 4,000개 가까이 되지만, 일정 수준의 거래량과 주가 변동이 있는 종목은 400개 정도다. 이 종목들의 주가 변동 패턴은 머릿속에 넣어둬야 한다."

이런 생각에서 트레이딩의 요령을 파악할 때까지 매일 30분 정도를 들여서 약 400종목의 주가 동향을 복습한 적도 있다.

거래 시간에 어떤 종목의 주가 변동 경향 등을 발견하면 과거로 거슬러 올라가 그 내용을 철저히 검증한다. 거래에 따른 손익은 반드시 기록하며, 손해를 본 날도 반드시 내용을 분석한다. 그리고 공책이나 블로그에 글로 남김으로써 투자 실력을 높이기 위해 노력해왔다.

거래 상대의 심리를 살핀다

트레이딩을 할 때는 같은 종목을 거래하는 투자자들의 심리도 읽는다. 테스타 씨는 어떤 한 종목의 하루 거래량 중 거의 10%를 차지하는 매매를 하는 일도 적지 않다. 그런데 이 정도 규모의거래를 하는 상대는 고작해야 몇 명뿐이다. 트레이딩의 특성상 누가 매매를 하고 있는지 짐작이 갈 때도 많

2016년 6월 24일, 영국의 EU 탈퇴 확정

이날은 어떻게 대응했을까?

주가 상승을 예상하는 낙관적인 분위기가 확산되고 있었기 때문에 '오히려 예상과 반대의 결과가 나왔을 때 손실을 만회하는 것이 중요하다'고 생각해 전날 선물 매도를 실행했다. 결국 데이 트레이딩도 성공해 하루 만에 약 200만 엔의 이익을 손에 넣었다.

다고 한다. 과거의 행동 패턴을 바탕으로 상대가 다음에 어떤 수를 쓸지 추측한 다음 작전을 짤 때도 있다.

최근에는 초단타 매매 외에 몇 주 정도의 스윙거래, IPO 주식, 미공개 주식투자 등의 투자도 하고 있다. 또한 주주 우대·배당 수입을 목적으로 한 중·장기 투자도 중요하게 생각하고 있다. 그는 다양한 투자법을 구사해 어떤 시장 환경에서나 투자에 성공하는 올어라운더가 되어 자산을 늘리기 위해 계획하고 있다.

배당을 노린 투자는 도요타 자동차의 AA형 종류 주식(5년 동안 판매가 불가능하지만 원금이 보장되고 높은 배당 수익을 얻을 수 있으며 의결권까지 있는 주식－옮긴이)을 중심으로 미쓰이스미토모 파이낸셜 그룹, 일본 우정, 이치고 오피스 리트 투자법인 등 복수의 REIT(부동산투자 신탁)을 보유하고 있다. 연간 배당 수입 예상액은 1,200만 엔이 넘는다.

앞으로 주식시장이 상승 국면일 때는 배당 목적 이외의 투자를 강화하고, 하락 국면일 때는 국제 우량주 등의 매수를 늘려서 연간 3,000만 엔 정도의 배당 수입을 낼 수 있는 체제를 갖출 계획이라고 한다.

NO.25

분 단위로 거래하는 10년 경력의
숙련된 트레이더

메가빈(닉네임)

나이	40대
거주지	도쿄
직업	겸업 투자자
투자 경력	10년
금융자산	약 4억 엔
정보	블로그 '주식시장에서 탈출~ 메가빈~(http://megavin.blog62.fc2.com/)' 운용

"쓰레기통에 쓰레기를 던져 넣을 때, 멀리서 던지는 것보다 가까이서 던지는 것이 집어넣을 확률이 높지 않습니까? 투자도 마찬가지입니다. 단기 트레이딩이 더 이익을 노리기 쉽습니다."

이렇게 말하는 메가빈(닉네임) 씨는 10년 동안의 데이 트레이딩으로 4억 엔의 자산을 축적했다. 동시에 부동산 임대업과 신규 비즈니스도 하고 있다.

"제게 몇 달 뒤의 경제 상황을 예측할 수 있는 능력은 없습니다. 내일 오전장을 예측하는 정도가 고작입니다."

메가빈 씨가 주식을 보유하는 시간은 대체로 몇 분 정도다. 하루를 넘길 경우라도 다음 날에는 승부를 본다. 기업 연구 따위는 하지 않으며, 오로지 기세가 좋은 종목에 올라타서 주가가 움직이는 동안 손익을 확정짓는다.

메가빈 씨는 지금으로부터 10년 전에 자본금 100만 엔으로 주식투자를 시작했다. 물론 처음에는 손해만 봤지만, 주식투자자 모임에서 만난 동료 투자자들의 조언을 참고하며 거래를 하면서 스스로의 투자 패턴을 확립할 수 있었다. 그리고 때마침 찾아온 아베노믹스 경기에 힘입어 2013년에는 연간 수익 3억 엔을 돌파했다. 그리고 2014년에는 자산을 4억 엔까지 확대했다. 특히 2013년은 전해 말부터 외국인 투자자들의 매수세가 두드러지는 것을 보고 '올해는 일생일대의 기회'라고 생각해 공격적으로 투자한 것이 빛을 발했다.

메가빈 씨의 데이 트레이딩 수법은 지극히 단순하다. 승부를 거는 시간대는 장 마감 직전인 14시 30분부터 15시까지와 다음 날 개장 후인 9시부터 10시까지다. 이 시간대에 갭다운GD(당일의 시초가가 전날의 종가에 비해 상당히 낮은 수준에서 형성되는 것)한 종목, 갭업GU(당일의 시초가가 전날의 종가에 비해 상당히 높은 수준에서 형성되는 것)할 것 같은 종목의 주가 변동에 편승하는 것이다.

갭다운 종목의 반등을 노린다

갭다운 종목의 경우는 어떻게 공략하는 것일까? 일반적으로 일본의 주식시장은 전날의 미국 주식시장과 연동되는 경향이 있다. 미국의 주식이 크게 하락하면 다음 날 일본의 시장도 많은 종목이 전일 종가보다 크게 갭다운된 상태로 시작한다.

전략 ① 갭다운에서 반등을 노린다

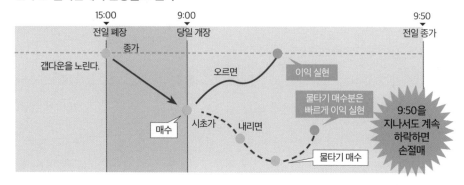

그러나 본래 상승세였던 종목은 미국 주식시장의 영향을 받아 일시적으로 주가가 떨어지더라도 금방 전날 종가 근처까지 회복될 때가 많다. 그래서 갭다운된 상태로 출발한 유력 종목을 산 다음, 전날 종가에 도달했을 때 팔아서 이익을 실현하는 것이다.

시초가에서 더 하락할 경우는 물타기 매수를 한다. 그리고 추가로 사들인 분량은 조금이라도 이익이 나면 즉시 이익을 실현하면서 9시 50분까지 상승을 노리고 거래한다. 그 후에도 계속 하락할 경우 추가 매수를 하지 않고 10시 전에 손절매한다(전략 ① 참고). 10시쯤에는 상승세가 소멸되는 경우가 많기 때문이다.

메가빈 씨가 노리는 종목은 주가가 꾸준히 상승하고 거래량이 많으며 기세가 좋은 신흥 종목이다. 2016년 여름에는 모바일 게임 제작사인 아카츠키 등으로 승부했다. 기세가 약한 종목이나 주가가 지속적으로 하락하는 종목은 갭다운 후 그대로 계속 하락할 때

전략 ② 1박 2일로 갭업을 노린다

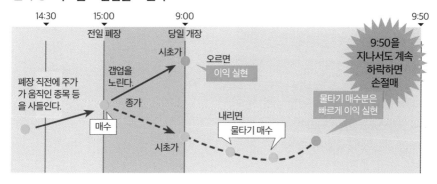

가 많기 때문에 상대하지 않는다.

갭업을 노리는 전략의 경우 다음 날까지 주식을 보유한다. 기세가 좋고 14시 30분경부터 장 마감에 걸쳐 급상승한 종목, 차트에 커다란 윗수염을 단 양선이 나타난 종목 등을 장 마감 직전에 사들인다. 기세가 다음 날까지 이어지리라고 판단하고 다음 날 아침에 갭업으로 시작했을 때 상승분을 취하는 것이다. 예상대로라면 즉시 이익을 실현하며, 하락했을 경우도 전략 ①과 마찬가지로 9시 50분까지는 물타기 매수를 하면서 상황을 본다(전략 ②).

공매도가 가능한 종목은 거래하지 않는다

10시 이후에는 기본적으로 거래하지 않는다. 그 시간대는 기관 투자자 등 프로들의 전쟁이 벌어지기 때문에 아마추어인 자신이 뛰어들어봤자 호구가 될 뿐이라는 생각이다. 종목을 고를 때는 공매도가 가능한 대차 종목도 피한다. 대차 종목은 공매도 후의 매수세로 주가가 오를 때가 있는데, 이것과 순수한 매수 수요를 구분하기가 어렵기 때문이다.

2016년 6월 24일, 영국의 EU 탈퇴 확정

이날은 어떻게 대응했을까?

전장에 닛케이 평균 주가가 1,200엔 이상 떨어진 것을 보고 후장에 갭다운 종목을 노린 거래를 실행, 아큐셀라 등의 주가 변동에 편승해 약 270만 엔의 수익을 냈다. 수많은 아수라장을 경험하며 심리를 단련한 덕분에 이날도 평정심을 유지할 수 있었다.

투자를 시작하자마자 리먼브라더스 사태에 휘말려 급락장의 무서움도 절실하게 느꼈다. 아무리 유망하다고 생각되는 종목이라도 자산의 10% 이상을 집중시키지 않는 등 리스크 관리를 하면서 이익을 축적해왔다. 물론 하루에 1,000만 엔 이상의 손실을 내는 실패도 겪었지만, '성공했다고 우쭐대지 않고, 실패했다고 기죽지 않는다'를 좌우명으로 삼아 어떤 상황에서나 평정심을 유지하려고 노력 중이다.

NO.26

하루에 수십만 엔을 버는

젊은 테크니션 투자자

야맨(닉네임)

나이	30대
거주지	오사카
직업	겸업 투자자
투자 경력	약 4년
금융자산	4,600만 엔 이상
정보	블로그 '야맨의 주식일기(http://blog.livedoor.jp/kabushikiwork/)' 운용

　어떤 테마로 주목받는 주력 종목의 주가가 움직이면 다른 종목의 주가도 따라서 움직인다. 야맨(닉네임) 씨는 주로 이런 '연동 현상'을 이용한 데이 트레이딩을 실행해, 자본금 200만 엔을 2년여 만에 21.5배인 약 4,300만 엔으로 불렸다.

　대학을 졸업하고 오사카 시내의 증권 회사에서 증권 딜러와 영업을 경험한 뒤 2013년 1월의 신용거래 규제 완화를 예측하고 퇴사했다. 그리고 2012년 11월에 전업 투자자로 트레이딩을 시작했다.

주력 종목이 상승하면 따라서 움직이는 다른 종목을 매수한 후 주가가 올랐을 때 매도한다. 반대로 주력 종목이 하락하면 연동되는 다른 종목을 공매도해 이익을 낸다.

"오전장에서 주가가 오른 종목을 매도해 이익을 실현한 다음 오후장에서 떨어질 때 공매도해 하루에 두 번 이익을 내기도 합니다."

집에는 7개의 모니터가 있는데, 이 가운데 5개의 화면에는 각각의 주력 종목과 그것에 연동되는 종목의 차트가 30종목씩 표시되어 있다. 주력 종목에 어떤 움직임이 있으면 즉시 다른 종목의 움직임을 확인하고 주문을 넣는다.

하루에 약 60만 엔의 이익을 내다

예를 들어 2016년 5월 16일에는 먼저 바이오 종목의 조역인 나노캐리어를 공매도했고, 라인LINE 관련 종목의 주역으로 규정한 인터넷 광고 회사 애드웨이즈의 움

2016년 5월 16일에 매매한 종목의 주가 동향

직임을 보고 조역인 넷이어 그룹도 공매도했다. 부동산 회사인 ASCOT도 공매도했으며, 인기 아이돌 그룹 AKB48의 프로듀서인 아키모토 야스시가 프로듀스한 게임으로 인기를 모았던 브랜지스타도 공매도했다. 그리고 이러한 거래를 통해 하루 사이에 59만 7,895엔의 이익을 냈다. 또한 오전에만 거래를 한 2016년 5월 23일에는 애드웨이즈의 주가가 하락하기 시작하자 즉시 넷이어 그룹과 유나이티드의 주식을 공매도해 20만 9,996엔의 이익을 냈다.

지금은 친구와 함께 새롭게 시작한 미용실 경영에 집중하기 위해 주식거래를 대폭 축소했다.

"아무 일도 없는 날에는 온종일 매매하지만, 보통은 미팅과 미팅 사이에 합니다. 오전 9시에는 미팅 일정을 잡지는 않기 때문에 최소 1시간은 주식시장을 들여다볼 수 있습니다."

Part

6

해외 주식투자자

외국 기업의
성장 혜택을 누리다

혁신을 통해 끊임없이 새로운 비즈니스가 등장하는 미국
이나 중산층의 증가와 함께 경제가 확대되고 있는 신흥국
에서 실적을 키워나가고 있는 기업의 주식을 사서 성장의
혜택을 누린다. 그런 '해외 주식투자'에 열중하는 투자자
4인의 투자 기법을 살펴본다.

※주) 주가와 지표 등의 수치는 특별한 언급이 없는 이상 2017년 2월 3일 시점

※용어 설명) 증수증익(매출증가, 이익증가)
감수감익(매출감소, 이익감소)
증수감익(매출증가, 이익감소)
감수증익(매출감소, 이익증가)

NO.27

베트남 주식으로 승부하는
스타 투자자

$www9945$(닉네임)

나이	40대
거주지	도쿄
직업	전업 투자자
투자 경력	23년
금융자산	약 3억 엔
정보	블로그 'https://plaza.rakuten.co.jp/www9945/' 운용, 저서《연봉 300만 엔의 청소부인 내가 1억 엔을 모은 방법(年収300万円、掃除夫の僕が1億円貯めた方法)》(다카라지마사)

　연봉이 300만 엔이었던 회사원 시절에 주식투자만으로 자산을 약 3억 엔까지 불렸던 www9945(닉네임) 씨는 2014년에 전업 투자자로 변신했다.

작은 변화에서 분위기 전환을 감지한다

현재 그는 국내외의 고배당 저평가 종목을 중심으로 보유해 안정된 배당 수입을 얻고 있다. 그러면서 한편으로는 유망 종목에 집중투자해 대폭적인 주가 상승을 노리기도 한다. 높게 솟은 전망대 타워와 그 밑에 펼쳐져 있는 지상 쇼핑몰에 비유할 수 있는 투자법이다.

www9945 씨는 일상에서 발견한 작은 변화로부터 시장의 변화를 감지해 그때그때 최적의 전략을 선택해왔다. 지금까지의 흐름을 살펴보면, 먼저 리먼브라더스

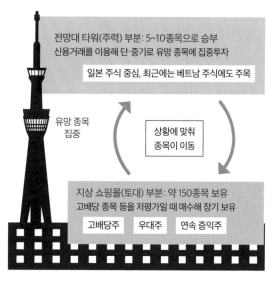

**www9945 씨가 실천하는
'전망대 타워&지상 쇼핑몰 전략'**

보유 자산은 전부 주식에 투자. 이런 토대로 분류한 종목이라도 주가 상승의 조짐이 보이면 전망대 타워 부분으로 옮겨 집중투자한다.

전망대 타워(주력) 부분: 5~10종목으로 승부
신용거래를 이용해 단·중기로 유망 종목에 집중투자

일본 주식 중심, 최근에는 베트남 주식에도 주목

유망 종목
집중

상황에 맞춰
종목이 이동

지상 쇼핑몰(토대) 부분: 약 150종목 보유
고배당 종목 등을 저평가일 때 매수해 장기 보유

고배당주   우대주   연속 증익주

사태 등으로 세계의 주식시장이 얼어붙었던 2007~2009년에는 불황에 강한 방어적인 주식을 노렸다. 당시 청소를 대행하는 회사에 근무했던 www9945 씨는 30년 가까운 단골 고객이었던 자동차 딜러에게 청소 빈도를 대폭 줄여 달라는 부탁을 받고 '심각한 불황이 찾아올 것'임을 느꼈다고 한다.

그 후 2009년 3월에 주식이 바닥을 쳤을 때는 경기에 민감한 종목인 증권·기계주로 투자 대상을 바꿨다. 이때 www9945 씨가 발견한 변화의 조짐은 증권 회사가 줄지어 있는 가부토마치에 위치한 94년 역사의 주식 전문 서점이 문을 닫은 것과 25년 가까운 역사를 지닌 투자 정보지가 휴간한 것이었다. 이런 현상이 연이어 일어나는 것을 보고 경기 하락이 최종 국면에 접어들었다고 판단했다.

안정+성장으로 두 마리 토끼를 잡는다

► 주식시장의 변화를 빠르게 감지해 투자 전략을 전환한다.
► 불황일 때는 고배당&저평가 종목, 호황일 때는 집중투자로 공략한다.
► 일본 주식뿐만 아니라 해외 주식에 도 적극 투자한다.

주가가 반등한 뒤 2010~2011년에는 저가권에서 기나긴 박스장이 이어졌는데, 이 시기에는 저평가된 고배당 주식을 사 모았다. 연이율 4%대의 종목이 넘쳐나는 가운데 우량주를 차례차례 획득함으로써 정기적인 수입원을 확충했다.

그리고 2012년 가을에 아베노믹스 경기가 시작되었을 때는 주가보다 먼저 움직이는 달러·엔 환율의 반전에 주목했다. 이에 호경기를 예감하고 다시 주식시장이 상승할 때 강한 증권주에 집중투자하며 자산 확대에 박차를 가했다. 현재는 배당의 일부를 아시아의 신흥국 주식을 매수하는 데 사용하고 있다. www9945 씨는 "추계에 따르면 베트남은 2020년, 인도네시아는 2030년, 필리핀은 2040년까지 생산 연령 인구가 증가할 것이라고 합니다. 경제 성장의 여지가 크다는 뜻이지요"라고 설명했다.

시니어들에게 이점이 있다

국내 시장이 확대되어 현지 기업의 실적이 성장하면 주가가 상승할 뿐만 아니라 배당도 늘어난다. 또한 경제가 성장함에 따라 현지 통화의 가치가 올라가 일본 엔화로 환산한 주가와 배당액도 증가한다.

"주가, 배당, 환율의 측면에서 삼중으로 주식의 가치가 올라가지요."

2016년 3월에 인도네시아의 수도 자카르타, 6월에 베트남의 호치민 시를 방문한 www9945 씨는 거리를 걸으며 여기저기에서 건설 공사가 진행되고 있는 것을 보고 이들 국가가 과거 일본의 고도 성장기와 같은 상황에 있음을 실감했다. 그래서 이러한 실정에 입각해 주력으로 삼고 있는 베트남 주식의 경우 건설 자재, 일용

2017년 1월 국적별 최대 주력 종목

국적	종목명	주가	PBR(실적)	PER(예상)	개요
일본	후류	4,820엔	3.07배	16.3배	스티커 사진 기계 판매
베트남	노이바이 화물 서비스	8만 8,700동	5.33배	9.6배	화물 운송
미국	알트리아 그룹	71.49달러	—	21.6배	북아메리카 최대의 담배 회사
싱가포르	싱가포르 텔레콤	3.85 싱가포르달러	2.43배	15.8배	통신
영국	브리티쉬 아메리칸 토바코	4,963파운드	14.36배	17.3배	담배
인도네시아	텔레코무니카시 인도네시아	3,950루피	4.05배	17.2배	최대 국영통신
타이	타이 탭워터	10.6바트	3.71배	15.2배	상하수도 공급 회사
필리핀	유니버설 로비나	162필리핀 페소	5.22배	24.6배	필리핀 최대 식품 회사
말레이시아	하이네켄 말레이시아	15.82링깃	13.58배	16.2배	맥주

국가별 포트폴리오 비율

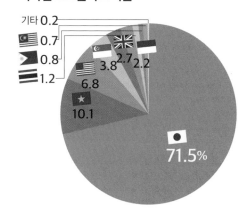

품과 식품, 의약품 등의 생활필수품, 담배와 맥주 같은 기호품을 제조·판매하는 회사의 주식을 매수하고 있다. 그중에는 사무용품 제조 회사인 티엔롱 그룹TLG처럼 주가가 매수 가격의 10배 이상이 된 종목도 있다.

"일본의 고도 성장기에 수요와 소비가 크게 증가했던 산업의 주식을 사고 있다고 할까요? 그런 의미에서 아시아 신흥국 주식에 투자하는 것은 고도 성장기를 경험했고 당시 무엇이 잘 팔렸는지 기억하고 있는 일본의 시니어에게 적합한 측면이 있습니다."

현재는 2016년 11월의 미국 대통령 선거 후 시작된 트럼프 경기로 미국의 주식시장에 자금이 집중되고 있으며, 아시아의 신흥국은 자금 유출에 따른 통화 약세와 주가 하락을 겪고 있다.

"아시아의 신흥국 주식은 장기 투자이므로 꾹 참으면서 폭풍우가 지나가기를 기다릴 뿐입니다. 배당이 들어오면 담담하게 매수량을 늘려 나가고 있습니다."

www9945 씨는 "엔화의 가치가 폭락해서 엔화 표시 자산의 가치가 눈에 띄게 감소하는 엔화 약세 리스크에 대비해 외화 표시 자산을 보유하는 것은 유익한 선택입니다"라며 해외 주식투자의 장점을 강조하였다. 한편으로 아시아 신흥국의 개별주 투자의 어려움도 지적했다. 개별 기업의 상세한 정보를 수집하기가 어렵다는 것이다. 일본에 있어서는 신흥국 기업의 상품이나 서비스를 직접 이용하고 편의성이나 인기도 등을 확인하기가 거의 불가능하기 때문이다. 그래서 추천하는 또 다른 방법이 일본 시장에도 상품이나 서비스가 보급되어 있는 미국 기업의 주식에 투자하는 것이다. 맥도날드나 P&G, 아마존닷컴, 애플 등 누구나 잘 아는 회사가 다수 존재하며, 세계에서 점유율 1위 혹은 2위를 차지하고 있는 회사가 많고, M&A를 통해 점유율을 확대하고 있으므로 성장의 여지도 크기 때문이다.

미국 주식에 투자할 때 유의할 점으로는 두 가지를 들었다. 첫째는 매수에 필요한 달러를 엔화가 강세일 때 사놓는 것이다. 엔화 약세일 때 산 달러로 미국 주식을 사면 주가가 올라도 엔화 강세에 따른 환차손이 그 이익을 상쇄시킬 수 있기 때문이다. 그리고 둘째는 주가가 저평가 상태일 때 사는 것이다.

"다우존스지수 같은 미국 주식의 지수가 사상 최고가를 경신하고 있는 지금은 살 때가 아닙니다."

NO.28

미국의 배당 주식을 사들이는

시겔의 신자

버핏타로(닉네임)

나이	30대
거주지	아이치현
직업	겸업 투자자
투자 경력	11년
금융자산	수천만 엔
정보	블로그 '버핏타로의 비밀스러운 포트폴리오(미국 주식 배당 재투자 전략 http://blog.livedoor.jp/buffett_taro)' 운용

일본 주식에 한계를 느끼고 미국 주식에 대한 투자로 전환한 버핏타로(닉네임) 씨는 자신의 투자 기법과 실적을 블로그 '버핏타로의 비밀스러운 포트폴리오'에 거의 매일 소개하며 미국 주식에 관심 있는 투자자들에게 인기를 모으고 있다.

버핏타로 씨가 주식투자를 시작한 것은 23세 때였다. 일본의 중소형주를 중심으

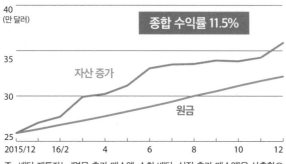

2016년 12월 말까지의 운용 성적 추이

40
(만 달러)

종합 수익률 11.5%

35

자산 증가

30

원금

25
2015/12 16/2   4   6   8   10   12

주: 배당 재투자는 '명목 추가 매수액-수취 배당=실질 추가 매수액'을 산출함으
로써 배당 재투자한 것으로 간주한다.

로 거래해 매년 6~8%의 수익을 올렸다. 그러나 기업 분석 방법을 연구하는 사이에 일본 주식투자에 서서히 의문을 갖게 되었다. 미국 기업의 매출액 영업이익률과 ROE(자기자본이익률) 등이 압도적으로 높았기 때문이다. 배당 실적을 봐도 일본 기업 중에서 20년 이상 연속으로 증배(배당을 늘림)하고 있는 곳은 극히 일부에 불과했지만 미국은 100개사가 넘었다.

시겔 교수에서 배우다

결국 2015년에 보유했던 일본 주식을 전부 매도했다. 과거의 경험칙으로 미루어 볼 때 미국의 금리 인상이 실제로 시작되면 반대로 엔화 강세가 되어 엔화 약세가 주도하는 아베노믹스 경기는 막을 내릴 것으로 내다봤기 때문이다. 현재는 음료회사인 코카콜라 등 방어적 종목을 중심으로 증배를 계속하는 10개사의 대형 우량주를 보유하고 있다.

버핏타로 씨는 미국 펜실베이니아대학 경영대학원 교수이자 인덱스형 투자의 권위자인 제레미 시겔이 저서 《주식에 장기 투자하라》(이레미디어)에서 주장한 배

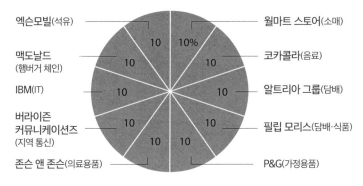

'버핏타로 10종'의 구성 종목과 비율

엑슨모빌(석유)
월마트 스토어(소매)
맥도날드(햄버거 체인)
코카콜라(음료)
IBM(IT)
알트리아 그룹(담배)
버라이즌 커뮤니케이션즈(지역 통신)
필립 모리스(담배·식품)
존슨 앤 존슨(의료용품)
P&G(가정용품)

10 10% 10 10 10 10 10 10 10 10

※주: 괄호 안은 업종

당을 재투자에 돌리는 전략을 실천 중이다. 15일에 한 번씩 그 시점에 구성 비율이 가장 낮은 종목을 10분의 1의 비율이 무너지지 않도록 유의하면서 추가 매수해 전체적인 크기를 조금씩 늘려나간다. 말하자면 우량 대형주 10종목으로 구성된 인덱스에 연동되는 ETF를 정기적으로 매수하는 형태다.

이 '버핏타로 10종'의 2016년 수익률은 연초 대비 플러스 11.5%(배당 재투자를 포함한 달러 표시 성적)다. 미국 S&P 500 주가지수와 연동되는 '아이셰어즈 코어 S&P500 ETF'의 분배금을 재투자했을 경우의 수익률인 11.9%를 아주 약간 밑도는 수치다.

"고배당주에 많이 투자하고 있기 때문에 금리가 상승하는 국면에서는 저조하지만 약세장에서는 안정적인 추이를 보입니다. 시장의 단기적인 움직임은 무시하고 지금의 투자를 계속할 생각입니다."

NO.29

미국 주식으로 승부하는
자린고비 투자자

mushoku2006(닉네임)

나이	40대
거주지	아이치현
직업	전업 투자자
투자 경력	22년
금융자산	1억 8,500만 엔
정보	블로그 '연간 생활비 100만 엔! 36세부터의 자린고비 은퇴 일기(http://blog. livedoor.jp/mushoku2006/)' 운용

    일본의 개별 종목 투자로 1억 엔에 가까운 자산을 축적하고 2006년에 은퇴한 무쇼쿠mushoku2006(닉네임) 씨는 2014년 말에 일본 주식을 버리고 미국 주식의 투자를 시작했다. '인구 감소로 경제 성장을 기대할 수 없게 된 일본 시장에서는 앞으로 이익을 내기 어렵다'고 생각했기 때문이다. 그리고 주목한 곳이 선진국이면서 인

구가 계속 증가해 경제 성장과 혁신을 모두 기대할 수 있는 미국이었다.

다만 사정도 모르고 정보도 입수하기 어려운 미국의 개별주를 사는 것은 망설여졌기 때문에 미국 ETF인 '자유 소비재 셀렉트 섹터 SPDR 펀드XLY'와 '필수 소비재 셀렉트 섹터 SPDR 펀드XLP'를 샀다.

"방어적 종목으로 구성되어 있는 XLP로 견실하게 운영하면서 아마존닷컴의 비율이 높은 XLY로 큰 폭의 상승을 노렸습니다."

최고액 경신을 노리다

자산은 순조롭게 증가해, 2015년 여름에는 시가 평가액이 2억 엔이 이르렀다. 그러자 개별주를 사고 싶다는 생각이 들어 거대 제약 회사인 메르크MRK의 주식을 매수했다. 오노 약품 공업에서 개발한 암 치료제 '옵디보'의 경쟁약의 장래성을 기대하며 샀는데, 이것이 패착이었다. 미국의 지나치게 비싼 약값에 대한 비판을 배경으로 민주당의 힐러리 클린턴 대통령 후보가 '약값 규제'를 언급해 의약품 관련 종목이 일제히 급락한 것이었다.

"조금 반등했을 때 팔아버렸습니다."

그리고 다음에는 미국 S&P500 지수와 연동하는 '뱅가드 S&P500 ETFVOO'로 견실하게 운용하면서 애플 등을 포함하는 '테크놀로지 셀렉트 섹터 SPDR 펀드XLK'와 XLY로 큰 폭의 상승을 노리는 전략에 나섰다. 2016년 말 시점의 운용 성적은 전년 말 대비 플러스 8.41%로, VOO의 배당 포함 수익률 대비 0.77포인트 밑돌았다.

보유 종목의 내역

마이크로소프트 15.32
XLY 16.06
알파벳 36.50%
VOO 32.12%

주: 보유 종목의 내역은 2017년 2월 3일 기준

알파벳(GOOG)

주가	PBR (실적)	PER (예상)	시가총액
801.49달러	3.83배	23.6배	5,578억 달러

— 20일 이동평균

일봉

주가
(달러)
700
600

거래량
(만 주)
100

2016/7   17/1

XLY에 포함되어 있는 백화점 등 소매업이 실적 부진에 빠짐에 따라 포트폴리오를 재고했다. 처음에는 XLY를 매도하고 XLK를 더 사는 방안을 생각했지만, 미국 기업의 혁신에 기대한다는 원점으로 돌아가 개별주의 구입을 선택했다. XLK는 전부 매도하고 XLY도 일부를 팔아 자금을 마련한 다음 IT와 소비재 섹터에서 혁신적인 기업 14개사의 주식을 샀다. 그리고 현재는 여기에서 더욱 대상을 좁혀서 마이크로소프트MSFT와 구글의 지주 회사인 알파벳GOOG에 집중투자하고 있다. 지금의 목표는 과거 최고인 2억 엔의 경신이라고 한다.

NO.30

미국 바이오주에 투자하는
의사 투자자

델라머니(닉네임)

나이	50대
거주지	아이치현
직업	겸업 투자자
투자 경력	17년
금융자산	9,000만 엔
정보	블로그 '델라☆머니(https://delamoney.blogspot.kr/)'를 운용

　의사로 일하면서 주식에 투자해온 델라머니(닉네임) 씨는 미국 의약품주의 급락을 좋은 기회로 보고 미국의 제약 회사와 바이오 벤처 기업의 개별주를 매수했다. 그전까지는 결혼식장을 운영하는 에스크리에 집중투자하고 있었다. 그러나 2016년 3월기 제1사분기 결산이 증수감익이 되자 매도하고 신규 매수 대상을 물색했다. 그때 미국의 의약품 주식이 일제히 급락하는 사태가 발생했다.

"펀더멘털은 전혀 변화가 없는데 평소 PER이 20~30배였던 종목이 15배 전후로 떨어졌습니다. 에이즈 치료제와 C형 간염 치료제가 주력인 길리어드 사이언스GILD의 경우는 7~8배까지 떨어졌지요. 일생에 한 번 올까 말까 한 매수 타이밍이라고 생각했습니다."

트럼프의 발언에도 공격적인 투자를 지속하다

현재는 길리어드 외에 오노 약품공업의 암 치료제 '옵디보'를 공동 개발·판매하는 미국 제약 회사 브리스톨 마이어스 스퀴브BMY와 이스라엘 기업이면서 후발 의약품 세계의 최대 기업인 테바 파마슈티컬 인더스트리TEVA 등의 대형주 9종목과 파브리병 등의 희소 질환 치료제가 주력인 아미커스 테라퓨틱스FOLD 등의 중소형주 4종목을 보유하고 있다.

'아이셰어즈 나스닥 바이오테크놀로지 ETF(IBB)/미국 블랙록

– 20일 이동평균

일봉

주가 (만 달러)
310
280
250

거래량 (만 주)
100

2016/7　17/1

| 시장 가격 |
| 283.05달러 |
| 순자산 총액 |
| 82억 1,144만 달러 |
| 등락률(1년/3년) |
| ▲21.53%/5.47% |
| 경비율 |
| 0.47% |
| 설정 연월 |
| 2001년 2월 |

주 : ▲는 마이너스

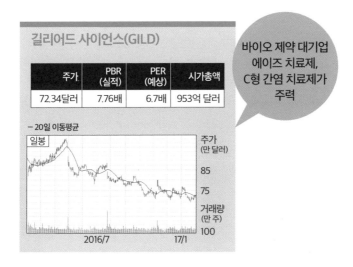

길리어드 사이언스(GILD)

주가	PBR (실적)	PER (예상)	시가총액
72.34달러	7.76배	6.7배	953억 달러

바이오 제약 대기업 에이즈 치료제, C형 간염 치료제가 주력

— 20일 이동평균

일봉

주가 (만 달러)

85

75

거래량 (만 주)

100

2016/7   17/1

보유 종목의 시가 평가액은 2015년 말에 1억 엔 정도였지만, 2016년 전반기의 급락으로 한때 7,000만 엔까지 감소했다. 트럼프 대통령의 "약값이 너무 비싸다"라는 말의 영향으로 제약 섹터가 약세를 보이고 있다. 하지만 '공화당이 과반수를 차지하고 있는 의회가 규제에 찬성할 리 없으므로 실현은 쉽지 않을 것'으로 판단하고 공격적인 투자 자세를 유지하고 있다.

뎰라머니 씨는 미국에서 유학하며 의료의 기초 연구에 몸담았던 전문가다. 제약회사가 학회에 발표한 영어 논문도 숙독하며 신약의 개발 상황을 분석한다.

"일반 개인투자자가 미국 제약 기업의 개별주를 사는 것이 반드시 좋은 선택이라고는 생각하지 않습니다."

그는 개별주를 대신할 투자 대상으로 자신의 주력 종목이 대부분 포함되어 있는 ETF인 '아이셰어즈 나스닥 바이오테크놀로지 ETF[IBB]'를 언급했다.

특집 칼럼 3

억대 성공
투자자들이 밝히는

승부주
발굴법

케이스 스터디 **11**

나는 이런 생각에서
이 종목을 샀다!

억대 성공 투자자가
주목하는 투자
포인트는 무엇일까

중장기적으로 주가 상승에 따른 수익을 노리는 펀더멘털 투자자들은
과연 무엇을 힌트로, 어떤 생각으로 승부 종목을 선정할까?
지금까지 성공과 실패를 거듭하며 자산을 늘려온 억대 성공 투자자
7인이 말하는 주력 종목에 대한 이야기를 들어보기로 하자.

협력해준 억대 개인투자자들

주: 이름은 전부 닉네임, 연수는 투자 경력

금융자산 약 2억 3,000만 엔

오발주
(30대 후반)
겸업·14년

리먼브라더스 사태 이후 순조롭게 운용
자산을 확대해 2013년에 '억대 투자자'에
합류했다. 이후 아베노믹스 경기에 편승
해 자산을 2배로 불렸다. 자신이 저질렀
던 오발주 실수를 잊지 않고자 6년 전에
개명했다.

금융자산 약 1억 엔

펜타
(30대 전반)
전업·7년

리먼브라더스 사태 이후의 주식시장 침
체기에 투자를 시작해 장기 투자로 조금
씩 자산을 확대 중이다. 기업을 꼼꼼하게
분석하며, 시장의 변화에 일희일비하지
않는 진득한 투자를 좋아한다. 2015년에
전업 투자자로 변신했다.

금융자산 약 2억 엔

로쿠스케
(40대 전반)
겸업·15년

서브프라임 모기지론 문제로 주식시장
이 침체되었던 2008년에 일본 주식이
저평가되었다고 느끼고 적립형 펀드에
서 개별주 투자로 전환했다. 그 후 자산
을 크게 불려 현금으로 내 집 마련을 실
현했다.

금융자산 수천만 엔

아키
(40대 전반)
겸업·16년

회사에서 일하는 가운데 투자를 지속했
다. 서브프라임 모기지론 사태와 리먼브
라더스 사태 때 자산이 절반 이하로 줄어
드는 뼈아픈 실패를 극복하고 파워업 해
서 2012년부터 투자를 재개, 이후 30%
가 넘는 플러스 운용을 계속하고 있다.

금융자산 약 1억 5,000만 엔

B코미
(37세)
겸업·17년

초등학교 시절부터 주식투자를 좋아해, 증권 회사 딜러와 보험 회사 펀드 매니저로 일했다. 데이 트레이딩부터 장기 투자까지 폭넓은 투자법을 실천하고 있으며, 현재는 투자 지도를 하는 회사를 경영 중이다.

금융자산 수억 엔

DAIBOUCHOU
(40대 전반)
전업·16년

부동산주 집중투자 등으로 6년 만에 200만 엔을 10억 엔까지 불린 실력자이다. 리먼브라더스 사태로 자산이 절반 이하까지 줄어드는 실패를 겪은 뒤에는 저평가주 투자로 전환해 운용자산을 서서히 회복 중이다.

금융자산 약 2억 5,000만 엔

www9945
(40대)
전업·23년

연봉 300엔으로 약 20년 만에 2억 엔이나 되는 자산을 축적한 회사원이다. 현재는 전업 투자자로 변신했다. 시장의 분위기 변화를 빠르게 감지하는 것이 특기다. 베트남 등의 해외 주식에도 투자 중이다.

종목 분석의 전문가

주: 기본이 되는 주가 데이터, 목표 주가는 2016년 12월 2일 기준이다. 과거 주가의 경우, 주식 분할을 실시한 종목은 조정 후 주가를 기재했다. 목표 주가는 향후 1년 정도의 전망, PER은 닛케이 예상, PBR은 실적을 의미한다.

NSN 애널리스트
우노사와 시게키

증권 회사 딜러, 투자 정보 회사 애널리스트 등을 거쳐 현직에 이르렀다. 여기서는 펀더멘털의 측면에서 기업을 분석했다.

DZH 파이낸셜
리서치 일본 주식 정보 부장
히가시노 유키토시

증권 회사 정보부, 신탁은행 트레이더 등의 업무를 담당한 뒤 현직에 이르렀다. 여기서는 기술적 수요 측면에서 기업을 분석했다.

후지 제유 그룹

불경기에도
강하다!

주목하는 주요 투자자

www9945

유지, 제과·제빵 소재, 콩단백을 중심으로 식품 소재를 개발·판매한다. 초콜릿을 부드럽게 만드는 원료인 식물성 유지의 경우는 톱클래스의 세계 시장 점유율을 자랑한다. 미국에서는 건강에 대한 높은 관심에 힘입어 팜유 사업도 성장하고 있다. 2017년 3월기는 과거 최고 이익 경신과 연속 증배가 예상된다.

'나도 모르는 사이에 먹게 된다'는 강한 수요

일상의 작은 '발견'에서 성장주를 찾아내는 www9945 씨가 최근에 주목하고 있는 종목은 거액의 설비 투자가 필요하지 않으며 동일 상품을 대량으로 만들어 이익을 올리는 생활 소모품 분야다. 후지 제유 그룹 본사의 경우, 유력한 해외 주식을 발굴하기 위해 찾아간 인도네시아와 베트남, 중국 등지에서 '거리'를 걷다가 힌트를 얻어서 선택했다. 이런 행동력은 꼭 본받았으면 하는 부분이다.

인도네시아나 베트남에서는 빈곤층이 사는 지역에도 머물렀는데, 가난해도 술이나 담배, 초콜릿 등을 습관적으로 먹고 마시고 피우는 모습을 볼 수 있었다. 중국의 도시 지역 같은 곳에서는 건강을 신경 쓰는 풍요로운 식생활을 엿볼 수 있었지만, 발전 중인 지역에 그런 여유가 있을 리가 없다. '나도 모르는 사이에 먹게 되는 습관성이 높은 기호품과 관련

이 종목을 선택한
포인트

1
톱클래스의 세계 시장점유율

2
끊을 수 없는 강력한 '습관성'

3
아시아 인구 증가의 수혜주

주가	**2,112**엔		
PER	**15.1**배	PBR	**1.3**배

www9945 씨의 주요 매수 시기

2016년 9월 전반기

그 무렵

주가	**2,016**엔(9월 1일)		
PER	**17.3**배	PBR	**1.22**배

주봉 차트
– 13주 이동평균 – 26주 이동평균

주가 (엔)
2000
1800
1600

매수 시기

거래량 (만 주)
100

2016/1   11

된 종목은 불황일 때도 견실할 것 같다'고 생각한 www9945 씨는 귀국 후 즉시 조사를 개시했다.

초콜릿, 도넛, 담배 등 세계적인 기호품 제조 회사를 조사한 결과, 상대적으로 ROA나 영업 이익률이 높은 초콜릿 분야에 매력을 느꼈다. 그리고 이어서 아직 저평가 상태인 주변 종목을 찾다가 초콜릿에 필요한 원료를 만드는 이 회사를 발견했다.

주력인 '식물성 유지'는 초콜릿을 부드럽게 만드는 원료다. 이 분야에서 톱클래스의 세계 시장점유율을 보유하고 있음을 알게 되자 투자 의욕은 더욱 높아졌다. 이 회사는 아시아의 초콜릿 시장이 2020년까지 연간 약 6%씩 성장할 것으로 예상하고 2015년에 브라질, 2016년에 말레이시아의 초콜릿 회사를 인수했다. 종목 발굴 여행에서 가능성을 느낀 아시아 지역의 기반을 강화하고 있다는 점도 향후의 전망을 밝게 하는 점이라고 한다.

지금부터 투자한다면!

펀더멘털의 측면 ▶▶   우노사와

목표 주가	고가 2,450엔	저가 1,800엔

제과·제빵 소재의 호조로 2017년 3월 분기는 7분기 만에 과거 최고 이익이 전망된다. 호실적이 주가에 이미 반영된 느낌도 드는 가운데, 회사 측은 2012년 3월기까지의 차기 중기 경영 계획을 세우고 있다. 향후의 주가 재료로 주목된다.

기술적 분석의 측면 ▶▶   히가시노

목표 주가	고가 2,450엔	저가 1,800엔

주가 변동이 심한 것이 특징이다. 그러나 상승 추세는 계속되고 있어서, 26주 이동평균선까지의 조정은 눌림목 매수의 좋은 기회다. 신용거래의 매도 잔고와 매수 잔고가 팽팽해서 수급 측면의 불안은 작다. 26주 이동평균선의 상승이 계속되는 가운데 고가 경신도 시간문제이다.

여기에 주목!
거리에서 본 젊은 여성의 행동에서 힌트를 얻다

후류

회원 수 확대 중

주목하는 주요 투자자

www9945

스티커 사진 사업과 크레인 게임(인형 뽑기)의 경품 판매 등이 호조를 보이고 있다. 스티커 사진은 일본 국내 시장점유율 70%를 차지한다. 스티커 사진을 스마트폰으로 관리할 수 있는 서비스의 유료 회원 수가 증가해 수익에 공헌하고 있다. 2017년 3월기에는 최고 이익 경신이 예상된다.

'얕고 넓은' 사업 모델에 주목

www9945 씨가 여름부터 매수하기 시작한 후류 역시 거리에서 얻은 깨달음을 바탕으로 찾아낸 종목이다. 이 종목에 관심을 갖게 된 계기는 다음의 세 가지 모습에서 공통점을 발견했기 때문이었다.

첫째는 도쿄 이케부쿠로의 거리에서 젊은 여성이 남자친구와 함께 스마트폰을 보면서 걷고 있었는데, 스티커 사진 기계에서 찍은 자신의 사진을 보고 있었다. 둘째는 조카를 데리고 이케부쿠로의 게임 센터에 갔을 때였는데, 2층에 설치된 화려한 장식의 스티커 사진 기계들을 보고 그 인기에 놀랐다. 셋째는 피서를 간 홋카이도의 지하철에서 본 젊은 커플의 모습이었는데, 이케부쿠로의 커플처럼 스마트폰으로 스티커 사진을 보고 있었다.

'스티커 사진이 이 정도로 유행하고 있는

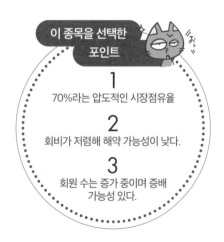

이 종목을 선택한 포인트

1
70%라는 압도적인 시장점유율

2
회비가 저렴해 해약 가능성이 낮다.

3
회원 수는 증가 중이며 증배 가능성 있다.

특집 칼럼 3 **263**

주가	**3,300**엔		
PER	11.2배	PBR	2.1배

www9945 씨의 주요 매수 시기

2016년 8월

그 무렵

주가	**2,699**엔(8월 1일)		
PER	9.9배	PBR	1.83배

주봉 차트
— 13주 이동평균   — 26주 이동평균

주가(엔) 3200 / 2800 / 2400
매수 시기
거래량(만 주) 20
2016/1   11

줄은 몰랐는걸.' 이 세 가지 모습은 전부 후류의 사업과 관계가 있었다. 그래서 조사해보니 후류는 스티커 사진 사업에서 일본 국내 시장의 70%를 차지하고 있는 시장 지배자였다. 스티커 사진을 스마트폰으로 관리할 수 있는 서비스의 유료 회원은 161만 명(조사 당시)에 이르렀고, 4분기 발표를 할 때마다 증가하고 있었다. www9945 씨가 특히 주목한 것은 유료 회원의 월간 이용료가 324엔으로 저렴할 뿐만 아니라 대금이 스마트폰 통신 요금과 함께 청구되어서 자신이 이용료를 내고 있는지도 잊어버리기 쉬운 구조라는 점이었다. 얕고 넓게 견실한 수입을 쌓을 수 있는 사업으로 보였다. 또한 www9945 씨는 후류가 구 오므론 엔터테인먼트 경영진의 MBO(경영자 매수, 경영진이 중심이 되어 기업의 전부 또는 일부 사업부를 인수)로 설립된 회사여서 대주주의 대부분이 동사 임원이기 때문에 매각될 가능성이 낮고, 증배 의욕도 높을 것으로 기대했다. 이렇게 주주 구성에 주목해 안정도를 가늠하는 방법도 참고할 만하다.

지금부터 투자한다면!

펀더멘털의 측면 ▶▶   우노사와

목표 주가	고가 3,700엔	저가 2,800엔

일본 국내 사업은 이미 성숙 단계에 접어들었기 때문에 앞으로는 해외 사업의 진전에 주목해야 할 듯하다. 주가는 상승 기조로서 상장 이래 최고가를 경신 중이지만, 당분간 크게 상승할 가능성은 없어 보인다. 증배 실시를 단행한다면 깜짝 상승할 가능성은 있다.

기술적 분석의 측면 ▶▶   히가시노

목표 주가	고가 4,360엔	저가 3,050엔

상장 후의 불안정했던 움직임이 진정되었다. 최근의 상장 이래 최고가 경신으로 2016년에는 결국 바닥을 찍고 상승하는 패턴이 완성됐다. 매도 물량을 소화한 뒤에는 거래량의 증가 여부에 따라 매수 주문이 매수 주문을 부르는 전개도 있을 수 있다.

기가프라이즈

공동 주택의 인터넷 접속 서비스를 일괄 수주하는 인터넷 프로바이더인 프리비트의 자회사이다. 아파트 관리 회사와의 제휴를 강화해 분양 주택·임대 주택 대상 사업이 모두 호조. 2017년 3월기에는 영업·경상·최종 이익 모두 최고 이익 경신이 예상된다.

'낮은 해약 가능성'에 매력 느껴

기가프라이즈는 투자처를 고를 때 실적과 사업 모델을 중시하는 펜타 씨의 주력 4종목 중 하나다. 투자자의 오프라인 모임에서 화제에 올라 어느 정도 관심은 있었는데, 결산에서 실적이 급상승하고 있는 것을 발견한 뒤 본격적으로 매력을 느꼈다고 한다.

'실적을 전망하기 쉽고 안정된 주가 추이로 수익을 추구할 수 있다'는 이유에서 펜타 씨는 고정 고객으로부터 정기적으로 이용료 등을 받는 스톡형 비즈니스 기업을 선호한다. 매출액이 외상 판매 대금 등 체류 자산이 되는 것이 아니라 직접 현금으로 들어오는지도 중시한다. 이런 발상에 입각해 안정 고객을 늘리고, 실적은 완만하게 상승할 것을 가정한다. 또한 좀 더 견실하다고 생각되는 스톡형 종목에 집중투자해 자산을 불렸다.

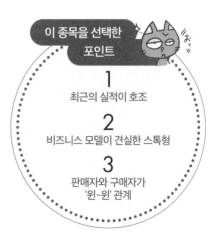

이 종목을 선택한
포인트

1
최근의 실적이 호조

2
비즈니스 모델이 견실한 스톡형

3
판매자와 구매자가
'윈-윈' 관계

* = 2016년 12월 2일의 종가가 확정되지 않아 전일 시점

주가 4,505엔 *

PER 15.4배 **PBR 4.67배**

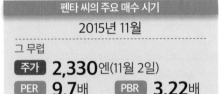

펜타 씨의 주요 매수 시기

2015년 11월

그 무렵

주가 2,330엔(11월 2일)

PER 9.7배 **PBR 3.22배**

주봉 차트
─ 13주 이동평균 ─ 26주 이동평균

매수 시기

주가
(엔)
4000
3000
2000

거래량
(만 주)
5000

2016/1   11

기가프라이즈가 펜타 씨의 이상에 부합하는 사업 모델임은 업무 내용을 보면 금방 알 수 있지만, 펜타 씨가 그 이상으로 주목한 것이 눈부신 실적 향상이다. 실적이 아직 주가에 반영되어 있지 않아 매수 호기라고 판단했다.

생각대로 주가는 그 후 2배 이상으로 상승했지만, 팔지 않고 계속 보유할 생각이다. 이 회사의 서비스는 '해약 가능성이 낮다'는 특징이 있어서 견실한 수입을 유지할 수 있을 것으로 생각하기 때문이다. 계약처는 아파트 등 공동 주택의 소유주이고 이용 대상자는 건물의 거주자다. 소유주로서는 건물 전체에 인터넷을 설치해서 '무료 인터넷 환경 완비'를 입주자 모집의 세일즈 포인트로 삼고 싶어 할 것이므로 도입 후 해약은 어렵다고 판단했다. 이 회사의 주식을 보유하고 있는 현재는 경쟁자가 나타나지 않는지도 주시하고 있다. 부동산 세미나에 참석해 출전 부스를 확인하고, 업계 관계자가 읽는 임대 신문 등에서도 움직임을 파악하고 있다.

지금부터 투자한다면!

펀더멘털의 측면 ▶▶   우노사와

목표 주가 고가 5,500엔 저가 3,500엔

선행투자의 부담 증가가 예상되기는 하지만, 분양·임대 아파트를 대상으로 하는 서비스의 안정적인 성장으로 흡수 가능해 보인다. ROE가 높은 종목이면서도 주가지표가 저평가된 느낌이 강하다. 반면에 주식의 유동성이 부족해 주가가 움직일 계기를 기다리는 상태이다.

기술적 분석의 측면 ▶▶   히가시노

목표 주가 고가 5,500엔 저가 3,800엔

6월에 형성되었던 주봉 대양선의 범위 안에서 추이가 계속되어, 기본적으로는 고가에서 공방전이 벌어진 뒤 상승할 것으로 기대된다. 13주 이동평균선과 26주 이동평균선이 접근함에 따라 멀지 않은 미래에 주가가 박스권을 뚫고 상승할 듯. 다만 한편으로 고가에 대한 경계감도 있으므로 수익률이 낮더라도 이익 실현 매도를 항상 의식하는 것이 좋다.

겐키

블로그의 글을 참고

주목하는 주요 투자자

아키

후쿠이현을 기반으로 기후현과 아이치현에서 드럭스토어를 운영하고 있다. 화장품, 화장지 등의 일용 잡화와 함께 고령·맞벌이 세대의 증가를 노리고 자사에서 만든 저렴한 부식을 판매하고 있다. 신규 점포가 서서히 흑자로 전환되어, 2017년 6월기에는 최고 이익을 경신할 전망이다.

흑자 전환의 기세를 보고 '매수'

과거 3년간의 매출액이 전년 대비 10% 증가, 영업 이익이 전년 대비 20% 증가하고, 주가 상승 재료가 있는 종목을 노리는 아키 씨는 올해 10월에 새로 겐키의 주식을 매수했다. 전부터 주목하고는 있었지만, 10월에 발표한 제1사분기 결산에서 영업 이익이 눈부시게 증가한 것을 보고 매수를 결정했다.

즉시 인터넷에서 그 배경을 조사했는데, 애독하는 개인투자자 블로그 '빨간 사슴의 일기'에 겐키의 호결산을 분석한 글이 있었다. 그 글에 따르면 이 회사는 후쿠이현, 이시카와현, 기후현, 아이치현의 일정 지역을 중심으로 2015년 2월부터 300평형의 중형 점포를 잇달아 신규 출점하고 있으며, 이 확대 전략이 결실을 맺기 시작했다고 한다. 출점 초기에는 각 점포 모두 적자로 이어졌지만, 지명도가 높아지면서 서서히 흑자로 전

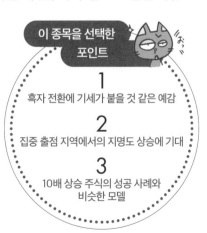

이 종목을 선택한 포인트

1
흑자 전환에 기세가 붙을 것 같은 예감

2
집중 출점 지역에서의 지명도 상승에 기대

3
10배 상승 주식의 성공 사례와 비슷한 모델

주가	**5,380**엔		
PER	16.2배	PBR	2.86배

아키 씨의 주요 매수 시기

2016년 10월

그 무렵

주가	**4,045**엔(10월 3일)		
PER	14.1배	PBR	2.26배

주봉 차트
— 13주 이동평균 — 26주 이동평균

매수 시기

주가(엔) 6000 / 4000

거래량(만 주) 20

2016/1   11

환하고 있다는 것이다. 게다가 신규 점포 중 흑자 전환을 달성한 곳은 아직 40%에 불과하기 때문에 향후의 성장 여지도 크다고 봤다.

아키 씨는 앞으로 EPS가 더욱 높아질 것으로 예상하고, 지금의 주가로 계산하면 PER은 10배 정도까지 하락하므로 충분히 저평가된 수준이라고 생각했다. 실적 분석은 익숙해지지 않으면 어려울지도 모르지만, 아키 씨처럼 일단은 다른 투자자의 블로그를 참고하는 것도 하나의 방법이다.

특정 지역에 집중적으로 점포를 내는 도미넌트 전략의 성공 사례로는 코스모스 약품이 기억에 남는다. 아키 씨는 당시 투자 기회를 놓쳐서 주가가 10배 이상이 되는 모습을 손가락만 빨며 지켜봐야 했다. 겐키의 주가도 비슷한 움직임을 보일 가능성이 있다고 판단해 기대 속에서 꾸준히 보유할 방침이다.

지금부터 투자한다면!

펀더멘털의 측면 ▶▶   우노사와

목표 주가	고가 **8,500**엔	저가 **4,000**엔

2022년도 말로 예정된 호쿠리쿠 신칸센의 후쿠이현 내 개업을 목표로 기반 지역에서 점유율 확대를 노리고 있다. 경쟁은 치열하지만 도미넌트 지역의 확대 여지도 있어서 성장 유지는 가능할 것으로 생각된다. 드럭스토어 주식으로써는 저평가된 감도 있다.

기술적 분석의 측면 ▶▶   히가시노

목표 주가	고가 **6,900**엔	저가 **4,720**엔

3주 연속 음선(종가가 시가보다 낮은 모양, 음봉)은 악재이지만, 상승이 계속되는 13주 이동평균선을 지지선으로 반등을 기대할 수 있다. 다만 6,000엔을 넘어선 뒤에는 고평가감이 커지기 때문에 거래량 증가가 고가 경신의 조건이 된다. 6,000엔에 이르지 못하고 하락에 돌입할 위험성도 있다.

Column 현명한 투자자의 리스크 관리 [오발주, 아키]

52주 이동평균선으로 강세장인지 약세장인지 판단한다

기업의 펀더멘털을 중시하는 투자자는 주식시장 전체가 약세일 때는 어떤 작전을 선택할까?

아키 씨는 장기 주가 트렌드의 전환점을 파악하기 위해 52주 이동평균선과 닛케이 평균주가(월봉)의 위치를 참고한다. 닛케이 평균주가가 52주 이동평균선보다 위라면 시장 전체가 강세, 아래라면 약세인 시기라고 판단한다.

전체가 약세라도 보유 중인 종목은 자신이 생각한 성장 시나리오에 변화가 없고 주가가 매수 가격의 20% 이상 하락하지 않는 한 계속 보유한다. 그 대신 약세장에서는 운용자산에서 현금이 차지하는 비율을 30% 정도까지 높여 다음 기회에 대비한다.

"투자비율을 줄여 놓으면 설령 보유 주식의 주가가 반 토막이 나더라도 운용자산의 감소는 그보다 작은 수준에 그치게 됩니다(아키 씨)."

닛케이 평균주가는 10월 후반에 52주 이동평균선 위로 올라가, 지금은 다시 강세장이다. 투자비율을 높여서 공격적으로 투자할 수 있는 시기라고 할 수 있다.

강세장이냐 약세장이냐에 따라 비중 조정

닛케이 평균주가의 월봉 차트

－9개월 이동평균　－12개월(52주) 이동평균　－60개월 이동평균

주가(엔)
20000
16000
12000

10월 말에 주가가 52주 이동평균선 위로 상승 / 투자비율을 높인다.

2014　15　16

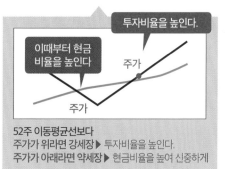

투자비율을 높인다.

이때부터 현금비율을 높인다

주가

주가

52주 이동평균선보다
주가가 위라면 강세장 ▶ 투자비율을 높인다.
주가가 아래라면 약세장 ▶ 현금비율을 높여 신중하게 개별 종목의 비중도 각 종목의 52주 이동평균선을 보면서 조정한다. 52주 이동평균선을 돌파해 상승 기조로 전환된 종목부터 우선적으로 비중을 높인다. 반대로 하락 기조일 경우는 비중을 줄이고 상황을 살핀다.

오발주 씨도 같은 생각이어서, 닛케이 평균주가가 52주 이동평균선보다 위라면 운용자산을 총동원해 전력으로 매수하고, 아래라면 현금비율을 30%까지 높여 보수적으로 운용한다.

손절매와 이익 실현도 계획적으로

선택한 종목의 주가가 예상과 달리 하락했을 경우, 아키 씨는 앞에서 이야기했듯이 평가손이 20% 발생했을 때 손절매한다. 한편 오발주 씨는 명확한 규칙은 정하지 않았다.

"제가 그린 성장 시나리오가 완전히 무너졌을 때나 더 매력적인 다른 종목이 나타났을 때 등을 제외하면 어지간해서는 손절매를 하지 않습니다(오발주 씨)."

이익 실현 타이밍에 관해 아키 씨는 '어떤 종목이든 PER이 30배를 넘어서면 실행'이라는 규칙을 정해놓았다. 일단 주가가 상승했다가 그 후 13주 이동평균선 아래로 내려간 시점도 이익 실현의 기준으로 삼는다.

오발주 씨는 그 종목의 호재가 주가에 반영되었다고 보면 이익을 실현한다. ① 상향 수정 등 호재 발표 1개월 후, ② 연 20% 성장이 전망되는 종목이라면 PER 20배 도달하는 종목 등이 후보다.

호재가 나와도 이미 다른 투자자들에게 알려져 주가가 오를 만큼 오른 상태일 때도

재료가 반영되었는지는 어떻게 판단할까
미즈호 파이낸셜 그룹의 일봉 차트와 볼린저 밴드
─±1σ ─±2σ ─25일 이동평균

주가
(엔)

180

160

주가가 +1~2σ를 오르락
내리락하고 있다면 이미
반영된 것일까?

2016/10

있다. 오발주 씨는 이것을 구분하는 하나의 기준으로 '볼린저 밴드'를 활용한다. 과거의 주가 동향을 바탕으로 '주가가 대략 이 범위 안에서 움직일 것이다'라고 제시하는 통계학적 지표다. 평균값에서 플러스와 마이너스 방향으로 1시그마(왼쪽 차트의 빨간색 선), 2시그마(녹색 선)가 표시되는데, 일반적인 주식시장이라면 주가가 상하 2시그마의 범위를 벗어나지 않을 때가 많다. 따라서 2시그마를 넘어선 수준이 고가와 저가의 기준이 된다. "재료가 나왔을 때 주가가 플러스 1~2시그마 주변을 오르락내리락하고 있다면 이미 주가에 반영되었을 경우가 많습니다"라며, 그럴 경우는 곧바로 투자하지 않고 분위기를 살핀다고 한다.

릴로 그룹

주식 정보
지를 통독
하다 발견

주목하는 주요 투자자

로쿠스케

기업의 사원을 대상으로 하는 복리 후생 시설이나 사택의 관리를 대행하고 있다. 해외 진출 기업의 증가로 해외 부임자 지원 사업이 호조를 보이고 있다. 부임 기간 중에 빈 집의 임대 활용 지원도 증가하고 있다. 2017년 3월기 제2사분기 결산에서는 8사분기 연속 경상 최고 이익을 달성했다. 2016년 7월에 릴로 그룹으로 사명 변경했다.

'두 자릿수 성장'이라는 사장의 의욕에 공감하다

릴로 그룹은 로쿠스케 씨가 매수량을 늘려 나가면서 지금도 계속 보유하고 있는 종목이다. 매수 당시의 PER은 6배 정도였으며, 1,500엔 근처였던 주가는 현재 그 10배까지 불어났다.

릴로 그룹에 관심을 갖게 된 계기는 주식 정보지를 읽고 난 후였다. '증수·증익·증배'의 3박자를 갖춘 기업을 찾다 보니 자연스럽게 눈에 들어왔다고 한다. 종목을 물색할 때는 영업과 투자의 캐시플로를 더해서 플러스를 유지하고 있는지도 중시한다. 또한 이 무렵은 로쿠스케 씨가 고정 고객으로부터 정기적으로 수입을 얻어 이익을 축적하는 스톡형 비즈니스 기업에 투자해 성공을 거두기 시작한 시기였는데, 이 회사도 스톡형 비즈니스임을 알게 되자 관심은 한층 커졌다.

이 종목을 선택한 포인트

1
실적을 예상하기 쉬우며, 5년 안에 배당금 2배도 가능하다고 계산

2
해약 리스크가 낮고 라이벌도 적다.

3
두 자릿수 성장을 지향하는 사장의 의욕에 공감

사택 등의 관리 아웃소싱은 경비 절감으로도 이어지며, 일단 편리함을 느끼면 지속적인 이용을 기대할 수 있다. 또한 이 회사가 해외 부임자를 위한 신규 사업을 시작했음도 알게 되면서 그 장래성에도 기대를 품게 되었다. 같은 업종의 기업으로 베네핏원이 있지만, 이쪽은 대기업 중심이고 릴로는 중소기업 중심이기 때문에 두 회사가 거래처를 두고 싸울 우려도 적어 보였다.

여기에 더더욱 마음에 든 점은 장래의 수익에 대한 신뢰성이 있다는 것이었다. IR 이벤트의 동영상에서 사장은 "두 자릿수 성장을 저희 회사의 헌법으로 삼겠습니다"라는 발언으로 목표 달성에 대한 강한 의욕을 내비쳤다. 2035년 3월기까지의 중기 비전도 믿음직스러웠다. 앞으로도 사분기별 목표 달성 상황을 살펴보면서 계속 보유할 생각이다. 이런 견실한 스톡형 비즈니스를 키워드로 투자 종목을 물색하는 억대 투자자가 많으니 따라 해보는 것도 좋을 듯하다.

주가 **1만 5,120**엔
PER **27.5**배   PBR **6.39**배

로쿠스케 씨의 최초 매수 시기
2011년 6월

그 무렵
주가 **1,538**엔(6월 1일)
PER **6.9**배   PBR **1.26**배

월봉 차트
- 12개월 이동평균 - 24개월 이동평균

매수 시기

주가 (엔)
10000
5000

거래량 (만 주)
20

2011   2016

지금부터 투자한다면!

펀더멘털의 측면 ▶▶   우노사와

목표 주가	고가 2만 엔	저가 1만 3,500엔

주력 사업인 사택·임대에서 연대 강화를 꾀해, 스톡 비즈니스는 더욱 강화되었다. 수익 안정성이 증가해 주가의 견실함으로 이어질 것이다. M&A를 통해 해외 사업에 본격적으로 뛰어들었다. 정부가 추진하는 '일하는 방식 개혁'도 호재이다.

기술적 분석의 측면 ▶▶   히가시노

목표 주가	고가 2만 760엔	저가 1만 2,760엔

주가는 계속 상승하고 있지만 더블 톱이 될지 삼각형 패턴이 될지 판단해야 할 시점이다. 기본적으로 보합은 상승을 암시한다. 즉 2016년 7월의 고가와 9월의 저가의 중간 수준(1만 6,000엔)을 웃돌면 매수 타진도 시도해볼 만하다.

아반트

사장도 훌륭함!

주목하는 주요 투자자

로쿠스케

기업의 효율적인 연결 결산을 돕는 회계 시스템을 개발했다. 2017년 6월기에는 국제회계기준 대응 과 기업 지배 구조 강화 등의 컨설팅 서비스도 성 장해 증수를 달성했다. 한편 해외 진출이나 아웃소 싱 사업 강화 등을 위한 선행투자로 감익(지난 결 산기에 비하여 이익이 감소함)이 예상된다.

'증수감익'의 숨은 실력파

로쿠스케 씨는 그동안 '증수·증익·증배'를 종목 선택의 잣대로 삼아왔다. 하지 만 최근에는 이런 호재가 이미 주가에 반영된 사례가 많아졌기 때문에 이것을 응 용하는 형태로 종목을 찾고 있다. 경험을 양분 삼아 투자법을 끊임없이 개량해나 가는 자세는 본받아야 할 점이다.

현재 실천하고 있는 방법은 수익을 낼 실력이 충분히 있음에도 일시적인 요인으 로 감익 상태가 된 '숨은 실력자'를 찾아내 는 것인데, 이 방법으로 발견한 곳이 아반 트다. '증수감익'이기는 하지만 향후 기대 되는 해외 사업이나 신규 사업의 수익력 을 강화하기 위한 가치 있는 선행투자에서 비롯된 감익이라고 판단했다. 과거에 실 시한 M&A로 ZEAL을 자회사화한 데 따른

이 종목을 선택한 포인트

1
PER이 낮아 주가가 저평가된 감이 크다.

2
감익이지만 효과적인 투자에 따른 가치 있는 감익

3
사장의 진지함과 성실함에 호감

영업권 상각 부담도 감익의 요인 중 하나인데, 영업권은 언젠가 소멸된다. 그래서 장래의 증수 전환을 예상하고 저평가 상태일 때 일찌감치 매수하기로 했다.

로쿠스케 씨는 종목을 선택할 때 중핵 사업의 안정성과 함께 장래의 수익 증가에 공헌할 신규 사업이 성장하고 있는지도 중시한다. 이 회사의 경우, 주력인 연결 회계 소프트웨어가 도쿄증권거래소 1부의 시가총액 상위 100개사 중 50개사에서 사용되고 있었다. 즉 정기 수입은 안정적이라고 판단했다. 또한 일단 아웃소싱 계약을 한 기업은 어지간해서는 해약하지 않으므로 릴로 그룹과 마찬가지

로 거래처의 정착률도 높을 것으로 판단했다. 그리고 수년 전에 시작한 신규 사업인 기업의 연결 결산 아웃소싱 서비스의 경우, 일본에서는 아직 같은 서비스를 하는 회사가 적어서 성장 여지가 크다고 봤다. 정성적 평가의 측면에서는 "세계로 나가자GO GLOBAL"을 외치는 사장의 의욕도 높게 평가했다. 또 구미에 진출해 사업을 전개할 경우 수익력이 한층 높아질 것으로 기대했다.

지금부터 투자한다면!

펀더멘털의 측면 ▶▶   우노사와

목표 주가   고가 1,150엔   저가 650엔

신용매수 잔고의 정리가 단숨에 진행됐다. 수급 요인의 호전으로 PER의 저평가감은 시정될 가능성이 높아졌다. 회사 계획은 보수적인 경향이 있어서 아직 발전 여지가 있어 보인다. 수익성이 높은 자사 라이선스의 매출비율 향상이 열쇠이다.

기술적 분석의 측면 ▶▶   히가시노

목표 주가   고가 1,250엔   저가 600엔

800엔 부근의 벽을 돌파해 네 자릿수로 올라간다면 상승세가 가속될 수도 있다. 다만 단기적으로는 5주 연속 양선으로 과열감이 강해 반락을 각오해야 할 것이다. 800엔 근방에서 3개월 정도 버틴다면 눌림목 매수의 호기이다.

요시무라 푸드 홀딩스

아직 더
성장할 수
있다!

주목하는 주요 투자자

B코미

2016년 3월에 도쿄증권거래소 마더스에 상장. 복수의 중소 식품 기업을 대상으로 M&A를 실시하며 업태를 확대, 산하에 중국 요리, 냉동식품, 면류 등 다양한 그룹 회사를 보유하고 있다. 최근에는 젤리 등을 만드는 제조 회사, 식육 가공 회사, 후쿠시마현의 주조 회사 등을 인수했다.

자신의 문제의식과 겹친 종목

증권 회사에서 딜러로 일한 경험이 있는 B코미 씨는 현재 기업 전체의 이익이 천장에 부딪혔다고 판단하여 중·장기 투자에서 종목을 엄선하는 전략을 실시하고 있다. 이때 엄선한 종목 중 하나가 요시무라 푸드 홀딩스다.

이 회사는 적자에 빠진 중소 식품 회사를 대상으로 인수를 제안해 회사를 재생시켜 사업을 확대해온 기업이다. 과거에 B코미 씨는 중소 식품 기업에 대해 후계자 부족과 설비의 노후화 등에 따른 이익 증가의 한계, 해외 요인의 영향을 받기 쉬운 사업 모델 등 문제 의식을 품고 있었다. 그리고 사업 재생의 노하우를 활용한다면 성장의 여지가 크며 높은 수익을 노릴 수 있는 분야라는 생각에서 주목해왔다.

이런 시점에서 먼저 투자했던 곳이 역

이 종목을 선택한
포인트

1
경쟁력이 낮은 중소 식품 업계의
성장 여지는 크다.

2
최고경영자가 주가에 엄격

3
실패 요인을 보완할 조건이
갖춰져 있다.

시 식품 기업에 대한 M&A로 업태를 확장하고 있는 아스라포트 다이닝이다. 그런데 기대한 만큼 주가가 오르지 않아 그 원인을 조사해본 결과 기업 재생에 직접 관여해 가장 많은 이익을 얻고 있는 곳은 비상장된 모회사였음을 알게 되었다. 그래서 아스라포트는 성장 여지가 적다고 판단해 일찌감치 손을 뗐다.

다만 중소 식품 업계가 M&A와 잘 어울리는 환경이며, 그 이점이 크다는 사실 자체는 변함이 없었다. 그래서 실패를 교훈 삼아 상장 회사이면서 직접 재생을 담당하는 요시무라 푸드 홀딩스로 갈아탄 것이다.

이 회사의 사장은 증권 회사에서 오랫동안 일한 MBA 보유자다. 기업 재생 비즈니스에 대한 안목이 있고 주가에 엄격한 눈을 가진 프로가 직접 참여함으로써 높은 수익을 기대할 수 있다고 생각했다. 난이도가 높은 종목 선택법이지만, 개념은 파악해두기 바란다.

지금부터 투자한다면!

펀더멘털의 측면 ▶▶   우노사와

목표 주가 고가 2,100엔 저가 1,200엔

상장에 따른 지명도 상승으로 인수·지원 등의 안건이 증가 경향으로 보인다. 식품 분야에 특화한 점도 강점으로, 2017년 2월기에 이어 다음 기에도 최고 이익 경신이 예상된다. 주가는 중장기적인 사업 확대가 반영되는 추이를 예상된다.

기술적 분석의 측면 ▶▶   히가시노

목표 주가 고가 2,200엔 저가 1,400엔

상장 시초가를 형성한 뒤에 네 자릿수가 무너지는 수준까지 조정을 겪었지만, 하락세의 2배나 되는 상승세로 파동은 오히려 강화되었을 가능성이 크다. 26주 이동평균선을 지지선 삼아 아랫수염을 단 양선(종가가 시가보다 높은 모양, 양봉)으로 반발 기조가 계속되는 전개가 예상되며, 상장 이래 최고가인 1,800엔을 돌파한다면 추격 매수도 나쁘지 않다.

거시 경제부터 확실히 파악해 선별한다

B코미라는 닉네임으로 알려진 개인투자자 사카모토 신타로 씨는 투자 노하우를 지도하는 고코로 트레이딩 연구소의 소장이기도 하다. 그런 B코미 씨가 소개하는 종목 선택의 기본은 거시 경제를 파악해 톱다운으로 종목을 고르는 것이다. 이때 다음 3단계를 의식한다.

B코미 씨의 기본적인 종목 선택 과정

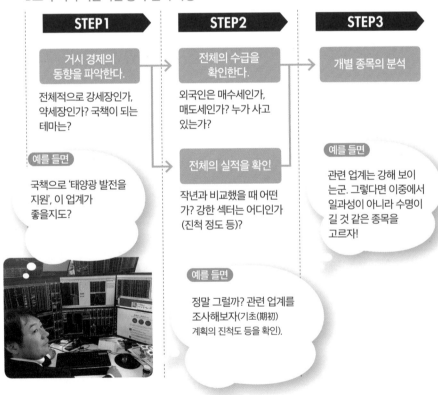

STEP 1
거시 경제의 동향을 파악한다.
전체적으로 강세장인가, 약세장인가? 국책이 되는 테마는?

예를 들면
국책으로 '태양광 발전을 지원', 이 업계가 좋을지도?

STEP 2
전체의 수급을 확인한다.
외국인은 매수세인가, 매도세인가? 누가 사고 있는가?

전체의 실적을 확인
작년과 비교했을 때 어떤가? 강한 섹터는 어디인가 (진척 정도 등)?

예를 들면
정말 그럴까? 관련 업계를 조사해보자(기초(期初) 계획의 진척도 등을 확인).

STEP 3
개별 종목의 분석

예를 들면
관련 업계는 강해 보이는군. 그렇다면 이중에서 일과성이 아니라 수명이 길 것 같은 종목을 고르자!

처음에는 큰 흐름부터

1단계에서는 거시 경제의 커다란 흐름을 파악한다. 단 각국 중앙은행의 금융 정책, 환율, 자원 가격 등 다양한 지표를 참고해야 하기 때문에 나름의 지식과 경험이 필요하다. 쉽고 빠르게 투자 아이디어를 얻기 위해서는 국책으로 어떤 분야를 지원하고 있는지 의식하는 방법에 주목하기 바란다.

2단계에서는 전체의 수급과 실적을 확인한다. 수급은 향후의 주가 동향을 예측하는 데 도움을 주는 요소인데, 외국인 거래 동향 등은 종목을 선택할 때도 참고가된다. 매수가 우세라면 외국인이 좋아하는 종목을 노리는 방법도 있다.

실적의 측면에서는 과거와의 비교를 통해 추세가 상승인지 하락인지 판단한다. 그리고 이에 입각해 섹터별로 예상 실적 달성도를 조사하면 어떤 섹터가 강한지구분할 수 있다. 이런 순서를 거친 뒤 3단계의 개별 종목 선택으로 나아가는 것이이상적이다.

테마주는 지속성을 중시

B코미 씨가 이런 과정을 거쳐서 발견한 성공 사례 중 하나가 도가미 전기 제작소다. 이 회사는 전력 회사를 대상으로 태양광 발전의 보급에 동반되는 설비 투자에필요한 부품을 만드는 사업 등을 한다. B코미 씨는 이 회사의 주식을 2013년에 매수했는데, 그 후 주가가 약 7배까지 상승했다.

당시는 '원자력 발전소 제로'를 외치는 민주당 정권 아래 태양광 발전의 도입이국가 정책으로 추진되던 시기였다. "국책 종목은 하락하지 않는다"라는 투자 격언이 있듯이, 주식시장에서도 주목하는 테마 중 하나였다.

B코미 씨는 일찍부터 이 분야의 수요가 강력하다고 생각해 주목하면서 깊게 분

석해왔다. 그 결과 태양광 발전 관련의 예상 실적 달성율이 다른 업종에 비해 높음을 눈으로 확인하고 어느 정도 승산이 있다는 자신감으로 개별 종목 물색에 나섰다. 그 후 각 회사의 업무 내용이 태양광 발전 사업 속에서 어떤 역할을 하는지 꼼꼼히 검토했는데, 일시적으로 각광을 받을 뿐이라는 생각이 드는 종목은 제외시켰다. 그리고 조금씩이라도 오랫동안 혜택을 누릴 수 있는 기업을 찾은 끝에 송전 개폐기를 만드는 도가미 전기를 선택했다. 태양광 발전의 수요 증가에 따른 왕성한 설비 투자자 장기간에 걸쳐 실적에 기여할 것이라는 판단이었다.

이 과정을 반복하면 '투자 뇌'가 단련되어 성공 투자를 실현할 수 있게 된다.

사가미 고무공업

도쿄올림픽도 호재

주목하는 주요 투자자

오발주

콘돔 제조사로, 공급이 수요를 따라가지 못해 1년 동안 생산을 중단했던 두께 0.01mm 콘돔의 신상품 판매를 2016년 6월에 재개했다. 외국인 방문객을 중심으로 인기를 모아, 2017년 3월기에는 순이익이 2배로 증가할 전망이다. 생산 능력을 1.5배로 확대해, 신흥국을 중심으로 성장이 기대된다.

독자적으로 1주당 이익을 계산해보고 '저평가'로 판단

인기 테마를 종목 선택의 실마리로 삼는 것은 비교적 실천하기 쉬운 방법이다. 오발주 씨가 '아직 더 오를 주식'으로 기대하는 종목이 사가미 고무공업이다. 매수 시기는 엔화 약세가 진행되어 인바운드 종목의 인기가 높아지던 무렵이다. 중국인 등의 대량 구매로 가전제품이나 보온병, 화장품 주식이 주목받았는데, 이때 오발주 씨는 '좀 더 수명이 긴 종목'에 주목했다. 가전제품 등은 충분히 보급되면 수요가 감소하지만, 저렴한 일용품이나 소모품의 강한 수요는 장기화될 것으로 생각한 것이다.

그리고 일상 소모품인 콘돔의 인기에 흥미를 느껴 조사하는 사이에 ① 얇을수록 인기가 많은 콘돔은 생산 체제가 갖춰지면 낮은 원가로 고부가 가치 상품을 만들 수 있어 이익률이 높다. ② 일본 국내에 상장된 콘돔 회사는 아직 3개사뿐으로, 얇은 두께와 품질을 실

이 종목을 선택한 포인트

1
호조였을 때의 EPS를 사용하면 아직 저평가

2
높은 기술력과 아시아에서의 인기에 기대

3
불황일 때도 수요가 있는 방어적 종목

주가	**916**엔		
PER	15.3배	PBR	2.55배

오발주 씨의 주요 매수 시기

2015년 7월 13일

그 무렵

주가	**694**엔		
PER	14.5배	PBR	1.87배

주봉 차트
－13주 이동평균 －26주 이동평균

매수 시기

주가(엔)
1000
800
600

거래량(만 주)
20

2016/1　　　11

현하기 위한 기술력은 다른 회사가 쉽게 흉내 낼 수 있는 것이 아니다. ③ 일본은 인구 감소 속에서 '초식계 남성'이 늘어난 결과 콘돔이 사양 산업으로 평가받아 저평가 상태로 방치되고 있었다. 하지만 앞으로는 신흥국의 수요가 더해져 성장 산업으로 전환될 것이다 등의 강점을 발견했다. 그리고 상장된 3개사 중에서 오카모토는 콘돔의 매출비율, 후지 라텍스는 재무의 측면에서 부족함이 보였기 때문에 사가미 고무공업을 선택했다.

인기 상품인 박형 콘돔의 생산 중단으로 대폭 조정되었던 주가는 2016년 여름의 생산 재개로 다시 상승하기 시작했다. 오발주 씨는 박형 상품 생산 중지 이전의 수준 등을 고려했을 때 이 회사의 EPS가 100엔 이상이 되어도 이상하지 않다고 생각한다. 취재 당시의 주가 수준이라면 EPS 100엔으로 계산했을 때 PER은 9배가 된다. 외국인 관광객에게 인기가 높은 조지루시가 20배가 넘는 수준까지 올랐던 것을 생각하면 아직 저평가라고 판단했다.

지금부터 투자한다면!

펀더멘털의 측면 ▶▶　　　　　　　　우노사와

목표 주가	고가 1,300엔	저가 750엔

외국인 방문객을 중심으로 신상품인 초박형 콘돔의 판매가 호조를 보인다. 29분기 만에 과거 최고 이익이 시야에 들어왔다. 해외 전개를 확대하기 위한 글로벌 생산 체제의 정비도 진행하고 있어 사업 영역의 확대를 기대할 수 있다. 한편 원재료 가격의 동향에는 주의가 필요하다.

기술적 분석의 측면 ▶▶　　　　　　　　히가시노

목표 주가	고가 1,090엔	저가 770엔

1,000엔 부근에 도달해 잠시 숨을 고르는 국면이다. 거래량 감소로 폭락도 우려되지만, 기본적으로는 2015년에 고가 도달 후 급락했던 범위 안에서 공방전이 벌어질 듯하다. 공방전은 지속적인 상승으로 이어지는 경우가 많다는 점도 고려하면 좋을 것이다.

일본 사택 서비스

민박에도
기대

주목하는 주요 투자자

DAIBOUCHOU

대기업 등이 보유한 임차 사택의 관리를 대행하는 기업이다. 아파트 관리나 보수, 리폼 등 주변 서비스도 견실하다. 2017년 6월기에는 3분기 연속으로 최고 이익을 경신할 전망이다. 도쿄증권거래소 마더스에 상장한 지 10년이 경과해, 2016년 11월에 도쿄증권거래소 2부로 시장을 변경했다.

지나치게 보수적인 실적 예상에 주목

일본 사택 서비스는 부동산 관련주 등으로 6년 만에 자산 10억 엔을 만든 DAIBOUCHOU 씨의 현재 주력 종목이다. 과거에는 신용거래를 이용해 집중투자를 했지만, 리먼브라더스 사태로 자산이 크게 줄어든 뼈아픈 경험을 한 뒤에는 실적이 호조인 저평가주를 노리는 투자로 전환했다. 주목하는 종목은 이익이 두 자릿수 이상 성장하고 있으며, PER이 10배 전후인 종목 또는 현재 주가를 3년 후의 1주

당 이익으로 나눴을 때 PER이 10배 수준으로 떨어지는 종목이다. 3년 후의 이익은 회사가 공표한 중기 경영 계획이나 지금까지의 실적 성장 추세 등을 바탕으로 추정한다. 먼저 이 조건에 따라서 후보 종목을 찾은 다음 한동안 주가의 움직임을 관찰하기만 해도 좋은 공부가 될 것 같다.

이 회사에 주목한 이유는 이런 '나만의 투

이 종목을 선택한
포인트

1
실적을 보면 전년에 비해 성장

2
상장 기업의 실적 호조는 호재

3
'고객의 해약 가능성이 낮다'는
점도 매력적

주가	**610**엔		
PER	**11.5**배	PBR	**1.47**배

DAIBOUCHOU씨의 주요 매수 시기

2015년 10월

그 무렵

주가	**338**엔(10월 1일)		
PER	**9.4**배	PBR	**0.91**배

주봉 차트
- 13주 이동평균 - 26주 이동평균

매수 시기

주가 (엔)
500
400
300

거래량 (만 주)
5

2016/1   11

자 조건'을 충족시키며 수익의 안정성을 느꼈기 때문이다. 이 회사는 대기업 등의 사택 관리를 대행하며, 그 대행 수수료가 주된 수익원이다. 자신이 보유한 임대용 부동산의 관리를 전문 대행 회사에 맡기고 있는 DAIBOUCHOU 씨는 이 사업의 견실함을 잘 알고 있다. 그럼에도 주가가 생각만큼 높지 않은 이유는 무엇인지 조사해본 결과, 실적은 전년 동기에 비해 성장하고 있지만 회사의 실적 예상이 지나치게 보수적이라고 판단했다. 과거에 하향 수정을 했다가 매물이 쏟아져 주가가 하락했던 적이 있는데, '시장도 회사도 그 트라우마가 남아 있어서 저평가 상태가 지속되고 있는 것이 아닐까?'라는 생각이 들었다. 이번 분기에 상장 기업의 전체적인 이익이 증가할 것으로 전망되고 있는 점도 사택 운영에는 호재다. 또한 외국인 여행자를 대상으로 한 민박 사업에도 진출 가능성이 있다고 생각해 기대를 품고 있다.

지금부터 투자한다면!

펀더멘털의 측면 ▶▶   우노사와

목표 주가	고가 850엔	저가 450엔

주력인 사택 관리 대행 사업이 견실하다. 기업 측이 사택 관리를 아웃소싱하는 경향은 점점 강해지고 있다. 중기 5개년 경영 계획에서는 목표 연결 배당 성향 30% 이상을 지향하고 있어 배당 수익주로서도 주목된다.

기술적 분석의 측면 ▶▶   히가시노

목표 주가	고가 764엔	저가 555엔

520엔 부근에 형성되었던 저항선을 거래량을 동반하며 돌파한 움직임은 명불허전이었다. 13주 이동평균선으로부터의 괴리율이 벌어지고 있어 고가 경계감이 강하지만, 매도 신호가 된 11월 11일의 '하락 장악형'을 상회한다면 이날 고가에서의 하락분의 2배 이상 반등을 기대할 수 있을 것이다.

뷰티 개러지

불황일 때도 머리카락은 자란다.

주목하는 주요 투자자

펜타

이·미용실용 기기와 화장품 등을 판매하는 전문 상사이다. 90만 점이 넘는 상품을 취급하는 판매 사이트도 운영하며, 약 29만 개의 미용실이 이용하고 있다. 2016년 11월에는 침·뜸 접골원을 운영하는 아트라와 업무 제휴를 발표했다. 침·뜸 접골원에 타월과 베개 등을 판매해 고객층을 넓히고 있다.

'낡은 체질을 바꾸고 싶다'는 열의에 기대감

펜타 씨는 견실한 고정 수입을 기대할 수 있다며 뷰티 개러지도 주목하고 있다. 회사 정보지나 결산 단신에서 유망 종목을 찾을 때는 스톡 비즈니스인지를 중시하면서 제공하는 서비스가 생활 필수형인지, 기가프라이즈처럼 쉽게 해약할 수 없는 구조인지 등을 점검하는 과정에서 눈에 들어온 종목이다.

실적이 호조인 것은 당연하고, 특히 마음에 든 점은 '미용 업계의 낡은 체질을 바꾸고 싶다'는 사장의 열의다. 미용실이 미용 기구 등의 상품을 사들일 때면 제조원과의 사이에 복수의 도매업자가 관여한다. 당연히 그만큼 수수료가 붙어 가격이 비싸지는데, 기존에는 이것을 당연하게 여겨왔다. 이 구조를 뒤엎고 최대한 낮은 가격으로 상품을 유통시키겠다는 생각에 공감한 것이다.

펜타 씨는 복수의 후보 중에서 투자처를 압

이 종목을 선택한 포인트

1
고객의 해약 가능성이 낮아 안정적

2
불황일 때도 수요가 줄기 어려운 견실한 분야

3
사장의 열의와 의욕에 기대

주가 **1,231**엔

PER **21.0**배　PBR **4.16**배

펜타 씨의 최초 매수 시기

2015년 12월 11일

그 무렵

주가 **807**엔

PER **16.0**배　PBR **3.03**배

주봉 차트

- 13주 이동평균　- 26주 이동평균

주가(엔)
1200
1000
800

거래량(만 주)
10

매수 시기

2016/1　　11

축할 때 사장의 생각이나 임원·종업원과의 관계, IR 체제 등의 평가도 중시한다. 그래서 주주총회나 IR 이벤트에 적극적으로 참가하며 IR 부문에 직접 물어보기도 한다. '사장의 생각에 공감할 수 있다', '나도 일해 보고 싶다는 생각이 드는 회사다'라고 느껴지지 않으면 투자는 보류다. 거래처가 미용실이라는 점도 이상적인 견실한 성장 시나리오에 딱 들어맞는다. 머리카락은 경기가 좋든 나쁘든 자라기 때문에 불황일 때도 견실하다. 미용실은 샴푸 등의 브랜드를 그렇게 자주 바꾸지 않으며, 일단 고객이 된 미용실은 안정 고객이 될 가능성이 높다는 점도 평가 포인트라고 한다. 회사원은 평일의 주주총회에 참가하기가 어렵지만, 휴일에 개최되는 IR 이벤트 등에서도 투자 종목 물색은 가능할 것이다.

지금부터 투자한다면!

펀더멘털의 측면 ▶▶　　　　　　　우노사와

목표 주가　고가 **1,800**엔　저가 **800**엔

아트라와의 업무 제휴, 모바일 채널의 강화, 치과 업계를 대상으로 한 판매 등으로 판로 확대를 노리고 있다. 안정적인 수요가 예상되는 리피트 사업이 많아 점유율 확대를 동반한 고성장이 계속될 것이다. 한편 엔화 강세의 이점이 향후 역풍으로 작용할 위험성은 있다.

기술적 분석의 측면 ▶▶　　　　　　히가시노

목표 주가　고가 **1,600**엔　저가 **1,050**엔

2015년 6월 이후는 고가에서 추이하고 있으며, 2016년 여름부터는 미니 삼각형 패턴도 형성 중이다. 윗수염을 다발하지만 하락하지 않고 견실함을 유지하고 있다. 바닥을 끌어올리는 파동이 계속되고 있어, 종가로 1,400엔을 상회한다면 상승 지속의 신호로 볼 수 있다.

쇼와 홀딩스

투자 동료
사이에서
도 화제

주목하는 주요 투자자

DAIBOUCHOU

소프트 테니스볼 제조 회사이며, 테니스 클럽도 운영한다. 그룹 산하의 웨지 홀딩스가 실시하는 동남 아시아에서의 파이낸스 사업이 호조. 인도네시아, 캄보디아 등지에서 모터사이클과 농기구 구입자를 대상으로 한 자금 대출 사업을 확장 중이다.

'리스크'를 감수하고 승부

"단순히 저평가되었다는 이유만으로 선택해도 주가가 움직이지 않을 때가 있습니다. 투자자들에게 성장의 기세와 안정성이 있는 기업이라는 생각을 심어주는 것이 중요하지요."

이렇게 말하는 DAIBOUCHOU씨는 현재 자산의 상당 부분을 투자하고 있는 쇼와 홀딩스에 기대를 걸고 있다.

그 계기는 투자 동료에게 얻은 정보였다. IR 이벤트에 참가했을 때 투자 동료에게 이 회사의 매력에 관한 이야기를 듣고 집으로 돌아와 실적 등을 확인한 뒤 다음 영업일에 즉시 매수 주문을 넣었다.

투자 동료들 사이에서 특히 주목받은 것은 자회사인 웨지 홀딩스의 사업이었다.

쇼와 홀딩스에는 우려되는 재료도 있다. 2013년에 증권거래 등 감시 위원회는 고노 시타 다쓰야 회장이 웨지 홀딩스의 주가를 끌어올릴 목적으로 가공 거래를 공표했다며 금융상품거래법 위법으로 약 40억 엔의 과징금 납부를 명령하도록 금융청에 권고했다. 금융청이 납부 명령을 내릴지의 여부는 2017년 2월 7일 현재 아직 불투명하다. DAIBOUCHOU 씨는 이 건에 대해 우려하면서도 '하자가 있는 종목을 보유하더라도 누구도 뭐라고 하지 않는 것이 개인투자자의 강점'이라며 보유를 계속할 자세다.

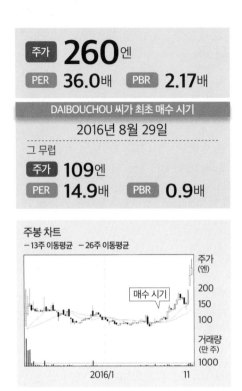

주가 **260**엔
PER **36.0**배 PBR **2.17**배

DAIBOUCHOU 씨가 최초 매수 시기
2016년 8월 29일
그 무렵
주가 **109**엔
PER **14.9**배 PBR **0.9**배

주봉 차트
— 13주 이동평균 — 26주 이동평균

매수 시기

주가
(엔)
200
150
100

거래량
(만주)
1000

2016/1   11

웨지 홀딩스는 타이증권거래소에 상장한 자회사 그룹리스와의 협업으로 모터사이클이나 농기구를 구입하는 사람에게 자금을 빌려주는 사업을 하고 있다. 타이와 인도네시아, 캄보디아 등 경제 발전의 가능성이 큰 지역이 사업 대상인 만큼 기대감이 크다. 자세히 조사하는 가운데 이 회사의 대부 사업이 의외로 견실하다는 사실도 알게 되었다. 도시 지역 외에 시골 지역에서도 사업을 전개하고 있으며, 시골 특유의 '친밀한 인간관계'에 착안한 독자적인 심사 시스템이 확립되어 있었다. 특히 시골에서는 '저 사람은 빌린 돈을 갚지 않는다'라는 악평이 퍼질까 두려워 체납이나 미납을 잘 하지 않는다. 즉 지역의 중요 인물이나 누가 누구와 친분이 있는지 등 현지의 인맥 정보를 풍부하게 보유하고 있어 대손이 적은 견실한 사업 전개가 가능하다고 판단했다. 쇼와 홀딩스와 자회사인 웨지 홀딩스는 모두 상장되어 있으며, DAIBOUCHOU 씨는 두 종목 모두 높은 비율로 보유 중이다.

지금부터 투자한다면!

펀더멘털의 측면 ▶▶   우노사와

목표 주가 **고가 350**엔 **저가 150**엔

본사의 실적 자체는 저공비행 중이어서 수익성 기반의 주가지표를 보면 고평가되었다는 느낌이 강하다. 한편 자회사인 웨지 홀딩스는 아시아에서의 사업 전개와 신규 사업이 수확기를 맞이하고 있어, 동사의 주가 상승이 평가이익을 끌어올리고 있다.

기술적 분석의 측면 ▶▶   히가시노

목표 주가 **고가 440**엔 **저가 200**엔

주봉의 창문은 트렌드 강화의 신호이다. 2015년 고가(199엔)의 경신으로 7년 동안 계속되었던 하락에서의 반등을 확인한 상황이다. 장기적으로는 네 자릿수도 가능하지만, 일단은 2015년의 고가에서 하락한 분량의 3배 반등(400엔 부근)이 기준이다.

특집 칼럼 4

억대 투자자의
트레이딩 환경
대연구

격랑의 주식시장에서 매일매일 투자에
성공하는 억대 투자자들은 어떤 환경에서
거래를 하고 있을까? 애용하는 하드웨어와
도구, 심리를 유지하기 위한 아이템을 통해
그들의 승리 비결을 살펴봤다.

File.01

투자 스타일 ▶ 이벤트 투자
연령 ▶ 40대 후반
직업 ▶ 전업 투자가
투자 경력 ▶ 약 17년
운용 자산 ▶ 1억 엔 이상
사이트 ▶ 단토쓰 투자연구소
(http://www.geocities.jp/yuunagi_
dan/)

유나기

주주 우대 권리 확정일이나 TOB(주식 공개매수) 같은 이벤트에 맞춰서 주식을 매입하는 투자법으로 운용 자산을 늘려온 유나기 씨(닉네임). 17년 전에 30만 엔이었던 자본금은 현재 1억 엔 이상으로 불어났다.

유나기 씨의 트레이딩 환경의 특징은 '주가 변동의 감시', '관심 종목의 개별 조사', '주문 발주' 같은 목적에 맞춰서 다른 증권사의 도구를 사용한다는 점이다. 최대한 단시간에 알고 싶은 정보를 얻고, 발주할 수 있으며, 소유한 모니터의 구성에 맞는 도구를 물색한 결과 현재의 조합이 되었다고 한다.

"kabu 스테이션은 종목을 많이 등록할 수 있어서 한눈에 보기는 편하지만, 개인적으로 발주가 까다롭고 주주 우대 종목의 크로스 거래도 어려운 감이 있었습니다. 그에 비해 '슈퍼 발주군'은 빠르게 발주할 수 있고 크로스 주문도 편하며 수수료와 금리도 낮지요. '마켓 스피드'의 경우는 한 화면에 모든 정보가 담겨 있기 때문에 작은 화면에서 이것저것 알아볼 때 편합니다. 이렇게 자신의 투자 스타일에 딱 맞는 도구를 찾는 것이 중요하다고 생각합니다."

자신의 투자 스타일에 맞는 도구를 엄선

 세계의 주가

http://sekai-kabuka.com/ 달러 인덱스, 다우존스지수 등의 지수를 확인한다.

 엑셀

라쿠텐 증권 '마켓 스피드'의 RSS 기능으로, 엑셀에 실시간 주가를 표시해준다. 주목 종목의 주가 변동을 감시한다.

 트위터

빠르게 뉴스를 알기 위해 트위터를 표시한다. 관련 뉴스를 올려 주는 개인투자자들의 트윗을 확인한다.

kabu스테이션

주가 변동의 감시에는 종목을 한눈에 볼 수 있는 주식닷컴 증권의 도구를 사용한다. 선물, 달러·엔 환율 등의 지표도 표시되어 있다. 회사 사계보의 정보도 확인할 수 있다.

 닛케이CNBC
라디오NIKKEI

주식시장 전체를 파악하기 위해 '닛케이CNBC'를 시청한다. 신문의 특종을 먼저 알 수 있을 때도 있다. 소개된 종목의 영향력이 큰 '라디오 NIKKEI'도 확인한다.

四季報の情報も確認できる

 QUICK
Corporate Alert

https://www.qcalert.jp/, 주가의 변동이 두드러지거나, 연내 최고가에 근접했거나, 상한가에 접근하는 등 움직임이 있는 종목을 감시한다. 실적 발표도 여기에서 확인한다.

 웹 브라우저

궁금한 것이 있으면 즉시 검색할 수 있도록 항상 웹 브라우저를 띄워놓는다.

마켓 스피드

관심 종목의 개별 조사에는 라쿠텐 증권의 도구를 사용한다. 좁은 화면에 많은 정보를 표시할 수 있어서 마음에 든다.

슈퍼 발주군

거래에는 사용이 편리하고 수수료와 신용거래의 금리가 낮은 GMO 클릭 증권을 주로 이용한다.

 아이다 미쓰오의 시

벽에는 아이다 미쓰오의 시가 붙어 있다. "자금이 좀처럼 모이지 않아서 고생하던 시절에 자주 읽었습니다."

도프레 REALFORCE

오랫동안 애용하고 있는 키보드. "다른 키보드에 비해 굉장히 비싸지만, 타건 감은 최고입니다."

금전운 상승 부적

동료 투자자와 이세구마노로 개운(開運) 여행을 갔을 때 산 금전운 부적. "이걸 산 덕분인지, 그 뒤로 투자 성적이 괜찮습니다."

File.02

야맨

투자 스타일 ▶ 데이 트레이딩
연령 ▶ 30대 전반
직업 ▶ 겸업 투자가
투자 경력 ▶ 약 4년
운용 자산 ▶ 4,500만 엔
사이트 ▶ 야맨의 주식 일기(http://blog.livedoor.jp/kabushikiwork/)

증권 딜러로 일한 뒤 데이 트레이더로 변신한 야맨(닉네임) 씨. 몇 년 전부터 오사카에서 미용실 두 곳을 경영하는 사업가이기도 하다. 야맨 씨의 트레이딩 스타일은 어떤 테마의 주력 종목에 연동하는 종목을 빠르게 찾아내 공매도하는 방식이다. 그래서 7개의 모니터 중 5개의 화면에 150개나 되는 종목의 차트를 띄워놓는다. 하나의 모니터에 하나의 섹터를 표시하며, 섹터별로 표시를 전환한다.

"예를 들어 트위터에서 화제가 된 종목이 있으면 실적을 조사하고, 관련 종목도 등록해놓습니다."

수많은 투자 스타일 중에서도 데이 트레이딩은 특히 강한 심리가 요구된다. 야맨 씨는 투자가 벽에 부딪힐 때마다 딜러 시절의 선배에게 추천받은《데이 트레이딩》(닛케이BP사)을 다시 읽어본다고 한다.

"실패에서 교훈을 얻는 일의 중요성이 적혀 있는 책입니다. 블로그에 하루의 투자 성적을 정리하는 것도 이 책의 영향이지요. 손실을 낼 때마다 이 책을 다시 읽어보는데, 그러면 반드시 무엇인가 짚이는 점을 발견하게 됩니다."

섹터별로 표시해 연동 종목을 찾아낸다

 레이저 트레이드

GMO 클릭 증권에서 제공하는 도구. 작게 표시한 차트 중에 관심이 가는 종목이 있으면 이 도구를 사용해서 크게 표시해 확인한다.

 트위터

트위터 애플리케이션인 '트위타마'를 사용해 실시간으로 표시한다. 주목하는 개인투자자나 투자 정보 발신 계정의 트윗을 확인한다.

신 모넥스 트레이더

7개의 화면 중 5개에 모넥스 증권의 도구를 사용해 차트를 표시한다. 한 화면에 한 섹터의 30종목의 차트를 표시하고 주력 종목에 연동해서 움직이는 종목을 찾아낸다.

 1일 신용거래

실제 거래에는 마쓰이 증권의 1일 신용거래를 주로 사용한다. 상환 기한이 당일이며 거래 수수료가 무료인 데이트레이딩 전용 신용거래 서비스다.

 슈퍼 발주군

매매하려고 생각한 종목은 GMO 클릭 증권의 도구를 사용해서 '풀판'으로 표시한다. 호가, 주문 건수, 시간 외 주문 수량 같은 정보를 확인한다.

에르고휴먼 프로 의자

장시간 앉아도 피로가 덜한 의자를 애용한다. 피곤할 때는 내장되어 있는 오토만 의자에 발을 올리고 쉰다. "매쉬 소재여서 여름에도 쾌적합니다."

 읽고 또 읽는 책

책상에는 투자 관련 서적들이 있다. 그중에서도 애독서인 《데이트레이딩: 시장에서 승리하기 위한 발상법》(닛케이BP사)에는 포스트잇이 잔뜩 붙어 있다.

포스트잇

"상승 종목을 어중간한 타이밍에 공매도하지 않는다", "하락폭이 지나치다고 멋대로 판단하지 않는다" 등 투자 결과가 좋지 않았을 때 깨달은 점이나 유념하고 싶은 점을 적어서 책상에 붙여 놓았다.

100조 짐바브웨 달러

성공한 선배 투자자에게 받은 지폐를 소중히 보관하고 있다. "언젠가 제 자산에 '0'이 이만큼 많이 붙게 되었으면 좋겠네요(웃음)."

File.03

투자 스타일 ▶ 성장주 투자
연령 ▶ 40대 전반
직업 ▶ 겸업 투자가
투자 경력 ▶ 약 10년
운용 자산 ▶ 수천만 엔
사이트 ▶ 스포 씨의 투자 블로그
(http://www.spotoushi.net/)

스포

재무제표에서 매출액 성장률, 매출액 영업이익률, 순자산 등을 파악하고 비즈니스 모델에서 성장의 이유를 분석해 현재 저평가된 투자처를 찾는 스타일의 스포(닉네임) 씨. 현재는 그런 시점에서 엄선한 6종목에 집중투자한 상태다.

스포 씨가 투자처를 찾는 계기로 삼고 있는 것은 자신의 블로그에 들어오는 '종목 분석 의뢰'다. 의뢰가 들어온 종목에 대해 투고자와 토론하면서 분석한다.

"테마나 이벤트에 투자하지는 않기 때문에 딱히 정보 수집은 하지 않습니다. 《회사 사계보》도 읽지 않습니다. 정보의 90%를 각 회사의 IR과 GMO 클릭 증권의 재무 분석 페이지에서 수집합니다."

사용하는 도구도 간단해서, "책상에 앉아서 매매하는 스타일은 아닙니다. 컴퓨터도 거의 사용하지 않습니다. 대부분의 거래를 아이패드로 합니다"라고 한다. 투자가 벽에 부딪혔을 때는 존경하는 사업가 규 에이칸의 "주식으로 벌어들이는 돈의 90%는 인내의 대가다"라는 말을 떠올린다.

"실적에 문제가 없으면 주가는 회복된다는 것이 저의 신조입니다. 그런 자신만의 신조가 있으면 심리도 강하게 유지할 수 있습니다."

아이패드와 스마트폰을 사용해 심플하게 거래

🔧 컴퓨터

컴퓨터는 블로그에 글을 올릴 때 등에만 사용한다. 블로그에서는 뜻을 함께하는 개인투자자들과 토론하면서 기업 분석을 한다.

💾 GMO 클릭 증권

https://www.click.sec.com/, 거래에 사용하는 아이패드 미니 3. 재무 분석에는 GMO 클릭 증권의 회원 전용 페이지를 이용한다. 재무제표가 컬러 그래프로 해설되어 있어 알기 쉬운 점이 마음에 든다고. 매매에는 기능이 다양하고 수수료가 저렴한 SBI 증권을 이용한다.

🔧 Yahoo! 파이낸스 주가 · 외환 종합 애플리케이션

사용하는 스마트폰은 안드로이드폰이다. 'Yahoo! 파이낸스 애플리케이션'을 사용해 주가 동향을 확인한다. "매일의 손익을 확인하고 게시판에서 정보를 수집하는 등의 용도로 활용하고 있습니다."

🔧 주주 우대권용 지갑

주주 우대권을 가득 집어넣을 수 있는 지갑을 애용한다. 쇠고기 덮밥 체인점을 운영하는 요시노야 홀딩스, 가정식 식당 체인점을 운영하는 오토야 홀딩스 등의 우대권을 가지고 다닌다.

🔧 메모 작성 애플리케이션

스마트폰에서는 메모 작성 애플리케이션 'ColorNote', 아이패드 미니에서는 기본 메모 애플리케이션을 사용해 외출해서도 블로그에 올릴 글의 소재 등을 메모한다.

File.04

마쓰노스케

투자 스타일 ▶ 이벤트 투자, 가치
(저평가)주 투자, 우대주 투자
연령 ▶ 30대 전반
직업 ▶ 겸업 투자가
투자 경력 ▶ 10년
운용 자산 ▶ 1억 엔
사이트 ▶ The Goal(http://
matsunosuke.jp/)

"겸업을 하다 보니 시간이 없다는 점이 고민거리입니다. 그래서 정보를 찾거나 정리하는 시간을 최대한 줄이려고 노력 중입니다"라고 말하는 마쓰노스케(닉네임) 씨. 지표나 실적, 사업 내용 등을 종합적으로 고려하며 종목을 선정해 매년 30%의 수익을 달성해온 마쓰노스케 씨는 '마켓 스피드'의 RSS 기능을 활용한다. 함수를 사용해 '연내 최고가', '배당', '신규 대주貸株' 등 자신이 확인하고 싶은 항목만을 엑셀에 표시하는데, 이 수치가 거래 판단의 핵심이 된다고 한다. 외출지에서는 노트북 컴퓨터나 스마트폰, 태블릿으로 거래한다. 기억해두고 싶은 정보 등은 어디에서나 접근·검색할 수 있도록 전부 디지털 단말기에 기록한다. 거래에 사용할 수 있는 시간은 한정되어 있지만, 손실이 났을 때는 시간을 들여서 원인을 철저히 분석한다.

"이번에는 무엇이 좋지 않았는지, 상황이 변화해 기댓값이 떨어진 것은 아닌지, 같은 실수를 반복하지 않으려면 어떻게 해야 하는지, 사고방식을 어떻게 수정해야 할지 등을 확인합니다. 손실이 단순히 불운했던 탓인지 그렇지 않은지 판단하는 것이 중요하다고 생각합니다."

시간이 없는 겸업 투자자 정보의 검색성을 중시

🔧 **마켓 스피드**

라쿠텐 증권 '마켓 스피드'의 RSS 기능을 활용한다. 함수를 사용해 '연내 최고가', '배당', '신규 대주(貸株)' 등 자신이 확인하고 싶은 항목을 엑셀에 표시해놓았다.

🔧 **kabu 스테이션**

주식닷컴 증권에서 제공하는 도구. 주문 동향에 맞춰서 실시간으로 예상 가격을 산출하는 '실시간 주가 예측'을 확인한다. 장 시작 전과 마감 전에 유용하다.

💾 **구글 캘린더/에버노트**

일정은 구글 캘린더, 메모는 에버노트에 기입한다. 나중에 검색 기능을 활용하기 위해 종이 메모는 사용하지 않는다.

❤️ **인형**

손실이 났을 때는 철저히 원인을 분석하지만, 그전에 인형이나 데스크톱의 하프물범 새끼를 보면서 마음을 치유한다.

🔧 **닛케이 인터넷판**

닛케이신문은 인터넷판을 구독한다. 특히 월요일의 '경기 지표'는 펀더멘털(경제의 기초적 조건)을 파악하는 데 유용하다.

❤️ **녹즙**

아무리 투자를 잘해도 건강을 해쳐서는 행복한 인생을 살 수 없다며 식생활에도 주의를 기울이고 있다.

❤️ **마음가짐을 재인식하는 말**

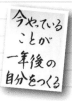

매일의 투자 연구와 경험 축적이 미래로 이어짐을 잊지 않도록 책상에 좋아하는 말인 "지금 하고 있는 일이 1년 후의 나를 만든다"를 적은 종이를 붙여 놓았다.

File.05

오발주

투자 스타일 ▶ 가치(저평가)주 투자
연령 ▶ 30대 후반
직업 ▶ 겸업 투자가
투자 경력 ▶ 약 14년
운용 자산 ▶ 2억 3,000만 엔
사이트 ▶ 오발주(주주의 복지)
@erroneousOrder

　기업에서 일하는 가운데 저평가된 성장주에 집중투자하는 스타일로 2억 엔의 자산을 쌓아온 오발주(닉네임) 씨. 오발주 씨가 종목 선정의 계기로 삼는 것은 일본 거래소 그룹의 '적시 공시 정보 열람 서비스'다. 여기에서 관심이 가는 종목을 발견하면 《회사 사계보》를 펼쳐 지표와 배당, 매출과 이익의 추이 등을 확인한다. 그래서 흥미가 더 커지면 과거의 《회사 사계보》와 결산 단신, 중기 경영 계획을 찾아보고 '① 장래에 이익이 성장해 PER이 5~7이 될 종목', '② 배당수익률이 5% 이상이 될 종목', '③ 우대+배당 이익률이 5% 이상이 될 종목'일 확률과 계속성을 예상한다.

　투자를 처음 시작했을 때는 남는 시간을 전부 주식 연구에 사용했다. 하지만 현재 주식 연구에 할애하는 시간은 하루에 2시간 정도라고 한다. 지금은 '시장이 고평가 상태에 접어들었다'는 판단 아래 상황을 냉정하게 바라보고 현금의 비율을 높이는 중이다.

　"2017년에는 당분간 복리의 혜택을 포기하고 이익분을 현금화하면서 일정 금액만 투자하는 '출금 투자법'을 실행할 예정입니다. 그러면서 다시 찾아올 기회를 참을성 있게 기다리려 합니다."

정해진 순서로 정보를 냉정하게 판단

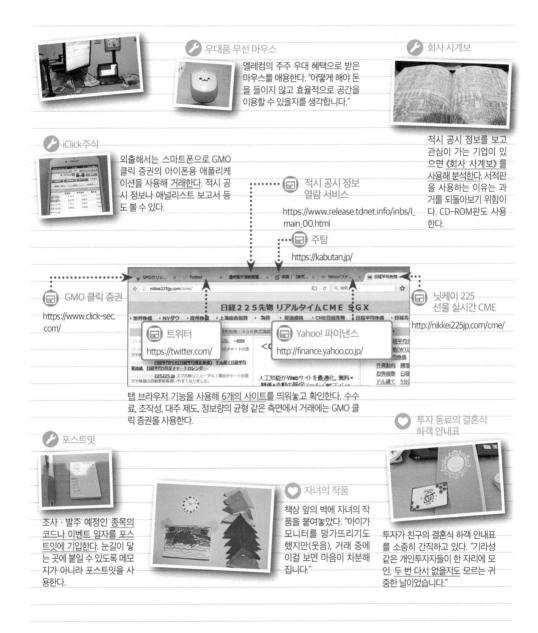

우대품 무선 마우스
엘레컴의 주주 우대 혜택으로 받은 마우스를 애용한다. "어떻게 해야 돈을 들이지 않고 효율적으로 공간을 이용할 수 있을지를 생각합니다."

회사 사계보
적시 공시 정보를 보고 관심이 가는 기업이 있으면 《회사 사계보》를 사용해 분석한다. 서적판을 사용하는 이유는 과거를 되돌아보기 위함이다. CD-ROM판도 사용한다.

iClick주식
외출해서는 스마트폰으로 GMO 클릭 증권의 아이폰용 애플리케이션을 사용해 거래한다. 적시 공시 정보나 애널리스트 보고서 등도 볼 수 있다.

적시 공시 정보 열람 서비스
https://www.release.tdnet.info/inbs/I_main_00.html

주탐
https://kabutan.jp/

GMO 클릭 증권
https://www.click-sec.com/

트위터
https://twitter.com/

Yahoo! 파이낸스
http://finance.yahoo.co.jp/

닛케이 225 선물 실시간 CME
http://nikkei225jp.com/cme/

탭 브라우저 기능을 사용해 6개의 사이트를 띄워놓고 확인한다. 수수료, 조작성, 대주 제도, 정보량의 균형 같은 측면에서 거래에는 GMO 클릭 증권을 사용한다.

투자 동료의 결혼식 하객 안내표

포스트잇
조사·발주 예정인 종목의 코드나 이벤트 일자를 포스트잇에 기입한다. 눈길이 닿는 곳에 붙일 수 있도록 메모지가 아니라 포스트잇을 사용한다.

자녀의 작품
책상 앞의 벽에 자녀의 작품을 붙여놓았다. "아이가 모니터를 망가뜨리기도 했지만(웃음), 거래 중에 이걸 보면 마음이 차분해집니다."

투자가 친구의 결혼식 하객 안내표를 소중히 간직하고 있다. "기라성 같은 개인투자자들이 한 자리에 모인, 두 번 다시 없을지도 모르는 귀중한 날이었습니다."

실패를 양분으로 삼아 일보 전진!

강한 심리로 투자에
임할 수 있는 환경이란?

투자자는 항상 불안감, 스트레스와 마주해야 한다.
그렇다면 어떻게 해야 강한 심리로 만들 수 있을까?
그 방법을 리질리언스 코치인 후카야 스미코 씨에게 물어봤다.

후카야 스미코
Sumiko Fukaya

리질리언스 코치. 1988년에 일본 IBM에 입사해 은행 시스템의 SE, 아시아 퍼시픽 총괄 회사의 매니저 등을 역임했다. 2011년에 후카야 리질리언스 연구소를 설립해 연수와 코칭을 실시하고 있다. 저서로는 《미련을 남기지 않는 기술(ひきずらない技術)》(아사출판)이 있다.

| 마음이 건강한 상태 | 스트레스를 받으면… |

마음

자신감 · 의욕

스트레스

컵은 인간의 마음. 자신감이나 의욕 같은 에너지가 있으면 건강한 상태다.

스트레스를 받으면 안에 들어 있던 물이 쏟아져 의욕도 사라지고 만다.

'손실을 견디지 못한다', '자신이 통제할 수 없는 요인 때문에 가슴앓이를 한다', '혼자서 결정해야 한다는 강박관념에 시달린다' 등 투자자는 항상 불안감과 스트레스에 노출되어 있다. 이런 불안감과 스트레스 속에서도 투자를 계속할 수 있는 강한 마음을 손에 넣으려면 어떻게 해야 할까?

"어떤 상황에서도 무너지지 않는 강인한 정신력이 아니라 좌절에 빠지더라도 원래의 마음가짐으로 되돌아가는 회복력이 필요합니다."

리질리언스 코치인 스카야 스미코 씨는 이렇게 말했다. '리질리언스Resilience'란 심리학 용어로, 실패나 좌절에서 다시 일어서는 힘을 의미한다.

"중요한 것은 실패 경험을 미래를 위한 양분으로 삼는 것입니다. 그 경험에서 얻은 교훈을 살려서 더 나은 성과를 낼 수 있도록 성장하는 것이지요. 과거의 실패를 이미 지나간 일이라며 잊어버리면 틀림없이 똑같은 실패를 반복하게 됩니다. 이런 관점에서 생각하면 미련을 전혀 남기지 않는 사람보다 어느 정도는 남기는 사람이 투자에 적합하지 않을까요? 이때 실패를 '좋은 미련'으로 바꾸는 것이 중요하지요. 그리고 이 힘은 누구나 단련할 수 있답니다."

인간의 마음을 물이 들어 있는 컵이라고 생각하면 리질리언스를 단련하는 방법을 이해하는 데 도움이 된다. 마음이 컵이고 물은 자신감 또는 의욕이다. 무엇인가 스트레스를 받으면 컵에 들어 있었던 물이 엎질러지고, 큰 충격을 받으면 컵이 쓰러져 물이 물이 전부 쏟아지고 만다. 그러므로 물이 줄어들지 않도록 물(성공 경험이나 지식)을 보충하고, 엎지른 물(실패 경험)을 받아서 다시 컵에 담으며, 컵이 안정을 유지하도록 쿠션(동료나 상담 상대)을 만든다.

"버드나무처럼 유연한 마음을 유지하려면 이 작업을 계속하는 것이 중요하지요. 전부 실천하기는 무리라면 몇 가지만이라도 괜찮습니다."

또한 투자 과정에서 스트레스를 받았다면 '그 원인을 규명하는 것이 중요하다'고 한다. '정보 수집이 부족한 탓에 투자에 실패했다'라든가 '다른 사람과 나의 투자 성적을 비교했다' 같은 원인을 찾아내는 것이다. 원인을 발견하면 대응책도 보이게 된다.

"스트레스를 전혀 받지 않는 투자자는 없을 겁니다. 여기에서 소개한 방법으로 유연하고 긍정적인 사고를 유지한다면 실패 경험에서 교훈을 얻으면서 투자자로서 성장할 수 있지 않을까 합니다."

쿠션을 두껍게 만든다.

▼

동료나 상담 상대를 늘린다.

정보를 교환하거나 서로 의지할 수 있는 투자 동료 또는 상담 상대를 늘려서 컵을 받치는 쿠션을 두껍게 만들자. 자신과는 다른 다양한 유형의 동료를 만들면 좋다. 그러면 예기치 못한 사건이나 시련이 찾아왔을 때 그 시련을 극복할 수 있도록 동료들이 손을 내밀어줄 것이다.

마쓰노스케 씨가 실천!
SNS에서 동료들과 의견을 교환하고, 존경하는 투자가의 출판 파티에도 참석하고 있습니다.

엎지른 물을 컵에 다시 담는다.

▼

실패를 받아들이고 되돌아본다.

왜 실패했는지, 어떻게 했으면 성공했을지 냉정하게 분석하자. 자신의 약점이나 부족함을 직시하고 인정하는 것이 중요하다. 그것을 잊어버리지 않도록 종이에 적어서 방에 붙여 놓는 것도 효과적이다. 실패를 앞으로 나아가기 위한 '좋은 미련'으로 바꿀 수 있다.

오발주 씨가 실천!
닉네임을 오발주라고 지은 것은 과거에 오발주로 큰 손실을 냈던 실수를 되풀이하지 않기 위해서입니다.

물을 많이 담는다.

▼

성공 경험이나 지식을 쌓아 자신감을 키운다.

사람은 성공했던 경험을 쉽게 잊어버리는 습성이 있는데, 그런 경험을 잊지 않도록 적어놓거나 그때의 기분을 떠올려보자. 또 달성하고 싶은 목표를 종이에 적어서 방에 붙여놓는 것도 효과적이다. 투자에 관한 지식을 쌓아서 자신감을 키우는 것도 중요하다.

야맨 씨가 실천!
매일 블로그에 글을 씀으로써 그날의 거래를 확인합니다. 수익을 냈든 손해를 봤든 머릿속을 정리하는 것이 중요하다고 생각합니다.

루틴이나 기도가 투자에 효과가 있을까?

메이저리그의 이치로 선수가 매일 똑같은 행동을 반복(루틴 워크)함으로써 집중력을 높인다는 이야기는 유명한데, 이것은 투자에도 효과적일까? "비즈니스 코칭의 세계에서는 루틴 작업으로 의욕을 유지하는 수법이 종종 사용됩니다. '주먹을 쥐고 머리 위로 올려서 아자! 아자! 아자! 라고 세 번 외친다', '초콜릿 등 좋아하는 음식을 준비해놓고 일이 잘 안 풀릴 때마다 한 알씩 먹으며 생각한다' 같은 방법도 효과가 있다고 생각합니다(후카야 씨)."

스트레스의 원인을 줄인다.

▼

투자 이외의 고민을 해결한다.

사람은 고민거리가 있으면 집중하지 못한다. 적절한 판단을 할 수 있도록 투자 이외의 고민을 해결하는 것도 중요하다. 또 투자 일기를 다시 읽어보며 과거에는 실패에 어떻게 대응했는지 재확인하거나 이완 효과가 있는 향을 사용하는 등 베스트 컨디션으로 임할 수 있는 환경을 조성하자.

마쓰노스케 씨가 실천!
긴장을 풀기 위해 방에 항상 디퓨저를 놓아두고 있습니다. 또 가급적 생화로 방을 장식합니다.

스트레스 내성을 키운다.

▼

분한 마음이나 후회를 받아들이고, 잊는다.

투자에 열중한 결과 생기는 분함, 후회, 분노 같은 부정적인 감정을 일단 잊어버리고 기분을 전환한다. 산책이나 스트레칭으로 몸을 움직이는 등 의식을 다른 곳으로 향하는 것도 효과적이다. 또 자신의 힘으로는 통제할 수 없는 불가항력은 분리해서 생각하는 것도 중요하다.

유나기 씨가 실천!
컨디션이 나쁜 날은 방을 청소하거나 유리를 닦습니다. 일단 방을 깔끔하게 만들면 기분도 상쾌해집니다.

＊일러두기

이 책은『일본의 주식 부자들』의 리커버판입니다.

나는 이런 생각으로 이 회사 주식을 샀다!
일본 주식시장의 승부사들 I

초판 1쇄 발행 2018년 10월 10일
개정판 2쇄 발행 2023년 6월 16일

지은이 닛케이 머니 | 옮긴이 김정환

펴낸곳 (주)이레미디어
전화 031-908-8516(편집부), 031-919-8511(주문 및 관리) | 팩스 0303-0515-8907
주소 경기도 파주시 문예로 21 2층
홈페이지 www.iremedia.co.kr | 이메일 mango@mangou.co.kr
등록 제396-2004-35호

재무총괄 이종미 | 경영지원 김지선
편집 주혜란, 이병철 | 마케팅 김하경 | 표지 디자인 유어텍스트 | 본문 디자인 박정현

저작권자ⓒNikkei Business Publications, Inc., 2017

이 책의 저작권은 저작권자에게 있습니다. 서면에 의한 허락 없이
내용의 전부 혹은 일부를 인용하거나 발췌하는 것을 금합니다.

ISBN 979-11-91328-81-3 03320

· 가격은 뒤표지에 있습니다.
· 잘못된 책은 구입하신 서점에서 교환해드립니다.
· 이 책은 투자 참고용이며, 투자손실에 대해서는 법적 책임을 지지 않습니다.

당신의 소중한 원고를 기다립니다. mango@mangou.co.kr